Türkische Erzählungen des 20. Jahrhunderts

Herausgegeben
von Petra Kappert und Tevfik Turan

Mit einem Nachwort
von Petra Kappert

Insel

Die Übersetzungen wurden vom Kulturkreis
im Bundesverband der Deutschen Industrie e.V.,
Köln, angeregt und gefördert.

Erste Auflage 1992

Satz: Utesch Satztechnik GmbH, Hamburg
Druck: Freiburger Graphische Betriebe, Freiburg
Printed in Germany

Inhalt

Türkische Erzählungen

Ahmet Hamdi Tanpinar

Kapitulation

Anderthalb Stunden blieben noch bis zur Abfahrt des Zuges. Die ganze Gruppe hatte sich auf die niedrigen Schemel vor dem Krämerlädchen hinter dem Bahnhof verteilt, das auch als Erfrischungsstation für die Durchreisenden diente. Jeder wartete auf seinen Tee. In allen Gesichtern stand die Erschöpfung der vergangenen drei Tage geschrieben. Schlaflosigkeit und Alkohol hatten ihnen feine, harte, wie aus Leim geformte Masken aufgelegt. Dennoch war man durchaus wach und lebendig, nicht unhöflich gegeneinander und fest entschlossen, diese letzten Gelegenheiten nicht ungenutzt verstreichen zu lassen. Fast jeder versank ab und zu für einen Moment in Geistesabwesenheit, um in der Tiefe seines Gedächtnisses nach etwa noch vergessenen Dingen zu forschen, warf gegebenenfalls einen Blick in irgendein kleines Heft oder eilig aus Mantel- oder Jackentaschen hervorgekramte Papiere, um sich dann an seinen Nachbarn zu wenden und ihm kurz etwas zuzuraunen.

Neben diesen geflüsterten Unterhaltungen zu zweit lag noch ein anderes Gespräch in der Luft, wohl etwas lockerer geführt als jene, doch ebenso bedeutungsvoll: gelegentliche kleine Zeichen mit den Augenbrauen, eindringliche Blicke über größere Abstände hin, die mahnendes Erinnern, beharrliches Drängen, zweifelndes Nachdenken oder beruhigendes Versprechen enthielten. Trotz mancher Späße und nebensächlicher Bemerkungen blieb aber eine Art Ernsthaftigkeit gewahrt.

Einer der jungen Männer, die mit ihren Proviantpaketen in der Hand mehr im Hintergrund saßen und warteten, bot ihm schon zum dritten Mal seinen Schemel an. Emin Bey dankte. Er wußte nur zu gut, daß er in diesen letzten Minuten ohnehin allein bleiben würde. Allmählich fühlte er sich unter diesen Menschen, denen er keinen einzigen seiner Gedanken hatte nahebringen können, unnütz, wenn nicht gar fremd. »Nein«, sagte er, »ich möchte noch etwas spazierengehen.« Trotzdem konnte er sich noch nicht zum Aufbruch entschließen. Fasziniert verfolgte er das lautlose, pantomimenartige Gespräch, in dessen Verlauf die Masken aus Müdigkeit und Benommenheit immer wieder kurz gelüftet wurden, sah die Fülle der winzigen, bedeutungsvollen Gesten.

Ihm war, als stehe er ganz kurz vor einem Punkt, an dem sehr grundlegende neue Erkenntnisse verborgen lagen, und wollte deshalb noch nicht von seinem Beobachtungsposten weichen.

Der junge Mann von vorhin hielt eines seiner Proviantpakete, vermutlich aus Langeweile, direkt vor einen ansehnlichen Truthahn hin, der seinen Hals aus einem großen Korb hervorstreckte und ohne Unterlaß seinen Schnabel auf- und zusperrte, als müsse er ersticken. Das Tier starrte mit seinen Perlenaugen kurz auf das Paket, dann streckte es seinen Kopf wieder in die Luft. Vielleicht wollte es sich von dem Benzingestank befreien, der ihm von einer langen Busreise noch in der Nase saß. Mit seinem leuchtend blauen Kamm und dem ständig sich öffnenden und schließenden Schnabel wirkte es regelrecht verstört und hatte auch für den Betrachter etwas Verwirrendes.

Mit einer Handbewegung deutete Emin Bey an, daß er bloß kurz fortgehe, und entfernte sich von der Gruppe. Niemand versuchte, ihn zurückzuhalten: Möglicherweise nahm man sein Weggehen nicht einmal wahr. »In diesem Moment bemüht sich jeder noch ein letztes Mal um Blühen und Gedeihen seiner eigenen Interessen«, dachte er bei sich. »Und wie gut sie sich verstehen!« Weil er sich linkisch vorkam und wußte, daß fast alle dasselbe über ihn dachten, war er etwas befangen. In dieser letzten Phase ihrer Reise hatte ihm ja auch niemand mehr besondere Beachtung geschenkt. Sie waren sich seiner Anwesenheit kaum bewußt. Und dabei hatte er ihnen von solch herrlichen Dingen gesprochen! Würden sie auf seine Worte hören, so könnte sich das Städtchen in wenigen Jahren von Grund auf verändern und ein ganz neues Leben führen. Aber es war wohl aussichtslos.

Auf dem Pfad, der hinter dem Bahnhof entlangführte, wanderte er auf die Eisenbahnbrücke zu. »Ich werde die Provinz nie verstehen. Ich kann sie auch nicht richtig einschätzen«, gestand er sich ein. In seinen etwas abgetragenen Kleidern fühlte er sich unwohl und hatte immer wieder das Bild jenes Truthahns vor Augen, der seinen Kopf nach unerreichbaren Höhen reckte und so mühevoll nach Luft schnappte. »In ihrer Mitte bin ich ebenso lächerlich, armselig und fremd wie dieses Tier.«

In solche Gedanken versunken wanderte er den Weg entlang und sah zugleich sich selbst, wie er dahinging, mit seinem leichten Buckel, der in dem alten Mantel besonders auffiel, seinem kurzen, untersetzten Körper und seinem gebrochenen Stolz. »Wenn mich in diesem Augenblick jemand anschaut, dann sieht er mich bestimmt so, wie ich mich jetzt sehe«, sagte er sich. Das Gefühl von Niederlage, Rückzug und einer Art Flucht hatte ihn zu dieser Haltung gebracht. »Ganz wie der Truthahn«, dachte er. »Genau wie sie ihn erst beachten und schätzen, wenn er vor ihnen auf dem Tisch steht, wenn er also nicht mehr er selbst ist, so mögen sie mich auch nur dann, wenn ich mich wie sie benehme, wenn ich nicht ich selbst bin und mich und meine Gedanken verleugne. Bei Tisch mögen sie mich, wenn ich Witze reiße. Aus ihren ernsteren Angelegenheiten halten sie mich ja heraus.«

Bis dahin hatte er geglaubt, Politik spiele sich in erster Linie in den großen Zentren ab, kreise um Fragen von höchster Wichtigkeit und sei vor allem ein Kampf der Meinungen. Aber auf der kurzen Reise hatte er gelernt, daß die eigentliche Politik in diesen Kleinstädten konzentriert war, in den Gesichtern, den lauten Stimmen und dem bedächtigen Kopfnicken finanzkräftiger Arbeitgeber, daß sie eine Ware war, die man in Geschäften, Läden und Vorratslagern finden konnte und in einstmals prächtigen Honoratiorenhäusern, die nun von außen betrachtet wirkten, als hätten sie eine Naturkatastrophe überstehen müssen. Politik bedeutete Land, bedeutete Handel.

Schon in den ersten Tagen hatte er gefühlt, daß die Menschen hier völlig anders beschaffen waren als er und die, die er sonst kannte, daß ihre Köpfe voller unsichtbarer, unfehlbarer Kalkulationen steckten. Bald sprachen sie ruhig und bedächtig, wogen jedes ihrer Worte sorgfältig ab, dann wieder verfielen sie in stundenlanges, belangloses Geschwätz über nichts und wieder nichts, hinter dem sie sich selbst verborgen hielten. Sie vermochten mit einem einzigen Blick gegenseitig ihre Macht einzuschätzen, blitzschnell einen Hinterhalt zu legen, vertraut miteinander zu lachen oder Bündnisse zu schließen, die jede der beiden Seiten schon bei der ersten Gelegenheit wieder brechen würde.

Bei einem Außenstehenden, der nur flüchtig hinhörte, erweckten ihre Gespräche, deren Fäden einander wild übersprangen und umschlangen, den Eindruck eines etwas unordentlichen Flechtwerks. Sie klangen halb scherzhaft und fanden oft in ausgelassener Stimmung statt, schienen also ingesamt völlig harmlos, und dennoch war in ihnen jede Einzelheit von Bedeutung. Hinter einem winzigen Mienenspiel, einer Handbewegung, einem Seitenblick, einem plötzlichen Wegstecken der Gebetskette oder einem belanglosen Satz wie: »Reich mal die Tabakdose her, Neffe!« konnten schwerwiegende Entschlüsse, tiefe und vielleicht verheerende Geheimnisse verborgen sein.

Es waren lauter verschlüsselte Botschaften, die nur Eingeweihte zu deuten vermochten. Wer den Schlüssel nicht kannte, der konnte nichts wirklich wahrnehmen in der Welt dieser Menschen, deren Leben einem ständigem Kampf gut getarnter Mächte glich und bei denen selbst ein freundliches Lächeln, eine kleine Aufmerksamkeit oder ein Scherz Ausdruck irgendwelcher unsichtbarer Gefechte sein konnte. Aber auch wenn man den Schlüssel kannte, war noch nicht viel gewonnen. Denn angestachelt und bestimmt wurde dieses emsige Treiben von Leidenschaften und Ambitionen, deren Inhalte für Außenstehende fremd und nichtssagend waren.

Immer wenn Emin Bey über diese Dinge nachgrübelte, empfand er die Oberflächlichkeit seines Daseins und des Daseins derer, die ihm glichen. Bei ihnen war alles auf den jeweiligen Tag bezogen. Hier dagegen handelte jeder sein ganzes Leben lang völlig unbeirrt wie nach einem vorgeschriebenen Programm, das womöglich schon vor seiner Geburt feststand. Dieses Lebensprogramm überlieferte der Vater dem Sohn, und wenn der davon abfiel, so wurde es von der Tochter bewahrt und weitervererbt.

So war hier alles Politik, selbst Geburt, Heirat und Tod. Die Kinder wurden einander schon vor der Geburt versprochen, die Hinterlassenschaft war bereits aufgeteilt, ehe der Besitzer starb, und die großen Reisfelder schon verpachtet, wenn noch lange alles trocken lag. Um diesen ganzen Mechanismus des Lebens in Gang zu halten, inszenierte man ab und zu kleine lokale Krisen, die auf das Städtchen beschränkt blieben und über dessen Grenzen hinaus keine Wellen schlugen, beschwor Skandale herauf und setzte Gerüchte in Umlauf, die schon bald nach der Beilegung der jeweiligen Angelegenheit wieder vergessen waren.

Während Emin Bey das versteckte, pulsierende Leben der Stadt beobachtet hatte, war ihm klargeworden, was das von einigen Ideologen häufig verwendete Wort von den »Wurzeln« bedeutete. Denn im Leben der hiesigen Menschen war alles fest verwurzelt, begann alles in der Tiefe. Gleich den Wurzeln führten sie fern von den im Sonnenlicht sichtbaren Blättern, Zweigen und Stämmen ihr eigenes, ganz anderes, tiefgründiges und intensives Leben voller schwerster Kämpfe und Attacken. Dort waren sie fest miteinander verbunden, bedrängten sich gegenseitig und vermehrten oder verminderten einer des anderen Überlebenschancen.

Bisweilen meinte einer von ihnen, es in dieser Enge nicht mehr aushalten zu können, schnellte von seinem Platz fort wie ein Baumstumpf, den ein wildes Wasser mit sich reißt, ging nach İstanbul, Ankara oder anderswohin und versuchte, sein Leben unter neuen Bedingungen fortzusetzen. Doch die Wurzel führte ihr eigenes Dasein weiter, ihr Leben unten in der Erde, und das derart, daß sie imstande war, eines Tages plötzlich den zwanzig Jahre zuvor von sich Geflohenen zurückzurufen, und daß dieser, kaum daß er den Ruf vernommen hatte, wieder herbeigeeilt kam.

»Und trotzdem: Was für liebenswerte Menschen! Wie ausgezeichnet sie sich und ihre Umgebung kennen!« dachte Emin Bey. In welch angenehmer, halb spielerischer Weise ihr Leben, von außen betrachtet, zu verlaufen schien! Nie würde er selbst eine solche Meisterschaft erlangen. In ihrem Leben steckte jeder Moment voll höchster Konzentration, wie bei einem Schachspiel. Es durchfuhr ihn jedesmal ein Schrecken, wenn er sich den Unterschied zwischen einem derartigen Leben und seinem eigenen klarmachte, das er ein wenig zertreut verbrachte, immer irgendwelchen nur halb verstandenen Ideen auf der Spur, die sich in ihm eingenistet hatten, und ständig in dem Bemühen, die ganze Fülle des Lebens, die sich doch allen Bändigungsversuchen entzog, zu erfassen und gleichsam in einen Schmelztiegel zu zwängen. »Wenn ihr alle wie ich werdet und wie ich denkt, dann werdet ihr einsehen, was ich sage!« Mein Gott, wie lächerlich das war, wieviel Hartnäckigkeit und wieviele Veränderungen es brauchen würde, bis ein solches Ziel erreicht wäre.

Mit diesen Gedanken wanderte er langsam vor sich hin. Als er an die Eisenbahnbrücke gelangte, die über den Sumpf führte, begegnete er einem Bauern mit seinem Esel und blieb stehen. »Merhaba, Efendi«, grüßte der Bauer aus einigen Schritt Entfernung und wartete darauf, daß Emin Bey vorbeigehe. Für ihn und seinen Esel gehörte dieses Warten zur selbstverständlichen Ordnung der Dinge. »Merhaba, mein Lieber«, grüßte Emin Bey zurück. Der andere, der nun annahm, Emin Bey wolle noch mit ihm sprechen, hielt weiterhin den Esel zurück und wartete. Emin Bey suchte ein paar Augenblicke lang vergeblich nach passenden Worten, dann gab er schließlich auf.

Noch immer von jenem Gefühl der Fremdheit beherrscht, setzte er seinen Weg fort. Genau in der Mitte der Brücke stützte er sich auf das Geländer und betrachtete den Sumpf unter sich. Mit den kleinen Schilfbüscheln, die hier und da wie Inseln hervorsahen, und den Mückenschwärmen, die sie umschwirrten, glich das Wasser einer mit kunstvollen schwarzen Mustern verzierten Silberschmiedearbeit. Umgeben von einem tiefen Schweigen, das nur ab und zu von einem Laut durchbrochen wurde, lag das Bild der gegenüberliegenden Berggipfel, des Bahnhofsgebäudes und der ganzen umgebenden Landschaft auf dem Wasser, geriet immer wieder scheinbar grundlos in leicht zitternde Bewegung, zerriß in kleine Stücke und wechselte Farben und Hintergrund.

Eine Schwalbe funkelte im Sonnenlicht auf wie ein schwarzer Kieselstein, der von der Schleuder schnellt. Im Näherkommen wurde sie größer, breitete ihre feinen Flügel aus und ließ sich in die unter ihrem rasenden Flug noch anwachsende Stille hinab. Einen Moment lang nur streiften die kleinen Flügel das Wasser, als suchten sie ihren Platz auf einem japanischen Wandschirmgemälde, dann schossen die Schwalbe und ihr Schatten schon ebenso pfeilschnell wieder auseinander. An der Stelle der Wasseroberfläche, die sie leer zurückgelassen hatte, streckte ein Frosch seinen Kopf hervor und lauschte einem Hahn, dessen Krähen von ferne erklang, gefärbt von der Schläfrigkeit des späten Vormittages.

Emin Bey hob den Kopf, um sich aus dem Zauber der Sumpflandschaft zu lösen. Auch der Himmel lag unbewegt da, in einem Traum von ewigem Stillstand. Das Sonnenlicht umhüllte alle Dinge wie mit hellen, gut durchtränkten Wachstüchern, als sollten sie, mumiengleich, noch lange Zeiten unverändert überdauern. Wie um sich diesem Zugriff des Lichtes zu entziehen und nicht auch selbst in ewige Starre zu verfallen, setzte Emin Bey seinen Weg eilig fort. »Ob es nicht falsch war, vom Bahnhof wegzugehen? Vielleicht wollte mich auch jemand um etwas bitten.« Einen Moment lang war er versucht umzukehren. Aber dann besann er sich darauf, daß von ihm sicher niemand etwas wollen würde. Sie hatten sich gegenseitig nichts zu sagen. Er wußte ja genau, wie sie all ihre Angelegenheiten untereinander regelten und wie speziell auf sie bezogen auch deren Inhalte waren.

Ob man dazugehörte oder nicht, war zweifellos nicht einfach eine Frage des Einheimischseins. Denn auch die meisten seiner Kameraden waren fremd hier, genau wie er. Eher kam es auf die Art an, in der man selbst aufgewachsen war, auf Veranlagung, Geschick und auch die geistige Haltung. Er, Emin Bey, stand außerhalb dieser Welt. Bei diesem Gedanken straffte er seine Schultern, so daß der Buckel etwas zurücktrat: »Ich beginne, ich selbst zu sein!«

Er schritt eilig voran. Die Wiesenblumen, die in diesem Jahr früher als sonst erblüht waren, Gräser, große Distelbüsche und tausendfarbige Schmetterlinge veranstalteten ihr eigenes Leben und scherten sich nicht um den Menschen. Die Landschaft rechts des Bahndamms gehörte ganz ihnen. Inmitten überall verstreuter, scheinbar vom Himmel gefallener Steine hatte die Natur hier ein wenig ihre eigene Phantasie spielen lassen. Auf der linken Seite stand die Reihe der Häuser. Einige waren weiß verputzt, bei anderen lag der dunkle Luftziegel im Freien. Vor jedem erstreckte sich ein Garten, und es sah aus, als hätten die Häuser sich die mageren, wiederkäuenden Kühe, die Esel, die mit ihrem Schwanz nach Mücken schlugen, Hähne, Hühner und die zum Trocknen im Garten hängende schäbige Wäsche vorgebunden wie eine jener neumodischen, bunt bedruckten Kattunschürzen. So standen sie da und betrachteten mit ihren glaslosen Fenstern die Sonne, die fernen Berge, auf die sie ohne Unterlaß niederbrannte, und die unendlich sich dahinstreckende Einöde des Bahndammes.

Plötzlich ertönte hinter Emin eine Stimme: »Emin! Emin Bey! Beyefendi! Emin Beyefendi!« Er stutzte. »Wer sollte mich hier mit meinem Namen rufen?« dachte er und drehte sich um. Einige Schritte entfernt erblickte er einen hochgewachsenen Mann in zerschlissenen Pyjamahosen. Sobald dieser gewahr wurde, daß Emin ihn anschaute, streckte er ihm stürmisch beide Arme entgegen. Auf seinem Gesicht verbreitete sich ein Strahlen, als sei ihm das größte Glück der Welt begegnet.

»Mensch, erkennst du mich denn nicht? So was von Vergeßlichkeit. Ich bin doch Süleyman!«

Emin war verblüfft. Dies sollte Süleyman sein? Süleyman, sein ehemaliger Schulkamerad, der Beliebteste in der ganzen Klasse, vielleicht sogar in der Schule? Schließlich siegte die Freude über seine Verwunderung. »Süleyman ... ja natürlich!« rief er und breitete selbst die Arme aus. Dieses zufällige Zusammentreffen war entschieden das erfreulichste Ereignis seiner ganzen Reise.

Sie hatten zusammen die Hochschule besucht, im Schlafsaal nebeneinander gelegen, im Unterricht in derselben Reihe gesessen, die gleichen Bücher gelesen und sich für die gleichen Dinge interessiert. Die ganze Klasse hatte ihre Freundschaft eifersüchtig beneidet. Denn Süleyman war einer jener Menschen, die dazu geschaffen schienen, überall an der Spitze zu stehen. Ihn hier in dieser wunderlichen Gegend und in einem solch armseligen Aufzug anzutreffen, versetzte Emin in tiefstes Erstaunen. »Du hier, in diesem Zustand?« Süleyman lächelte. »Ich bin schon seit acht Jahren hier! Komm, ich lade dich auf einen Kaffee zu mir nach Hause ein.«

Sie traten kurz darauf durch ein Gartentor. Süleyman war so glücklich, daß er seinen Freund offenbar am liebsten auf dem Arm getragen hätte. Aus der Haustür kamen zwei sieben- oder achtjährige, ärmlich gekleidete Kinder auf sie zugelaufen und küßten ihnen zur Begrüßung die Hände. Emins Verwunderung hielt an. Ein etwas jüngeres Mädchen spielte zusammen mit einem noch kleineren Jungen auf dem schmutzigen Boden nahe der rechten Hauswand. Ein wenig entfernt war ein etwa dreizehnjähriger Junge damit beschäftigt, einen an der Gartenhecke festgebundenen Esel zu ärgern, indem er mit einem Reisigbüschel nach ihm schlug. Der Esel zog nur die Ohren ein, als wollte er zeigen, daß er mit seiner Weisheit betreffs menschlicher Dummheiten nun am Ende sei. Bei allem Schmutz und aller Armseligkeit war der Garten doch angefüllt von den Düften des noch etwas schwächlichen Frühlings und dem Gesumm der Bienen.

»Nun ja, warum nicht?« dachte Emin bei sich. »Dies ist schließlich auch eine Art zu leben. Wenn er dabei glücklich ist! Er war ja schon immer ein sehr freier und eigenständiger Mensch.« Unvermittelt fuhr er zusammen, als direkt hinter ihm ein Gewehrschuß krachte. Aus den gegenüberliegenden Bäumen stob ein Schwarm von Krähen auf.

Süleyman beruhigte seinen Freund: »Stör dich nicht daran, das ist nur mein Vater. Er ist inzwischen pensioniert, der Arme. Aus Langeweile spielt er dauernd Jagd.«

Zuerst begriff Emin nicht. Dann erinnerte er sich. »Du hast deinen Vater also doch noch wiedergefunden?« fragte er und sah seinen Freund aufmerksam an. Süleyman gehörte zu den Flüchtlingen aus Manastır.[1] Auf der Flucht war er von seinem Vater

1 Mazedonische Stadt (Monastır, Bitolj), die um 1913 im Zuge der Balkankriege vom Osmanischen Reich an Serbien verloren wurde.

getrennt worden. Während der ganzen Gymnasial- und Hochschulzeit war dies sein einziger Kummer gewesen. Beinahe wöchentlich erschienen in jenen Jahren, immer in mehreren Zeitungen zugleich, Süleymans Suchanzeigen. Das war auch der Grund, weshalb er in seinen Schülerjahren ein leidenschaftliches Interesse für den Journalismus entwickelt hatte. Emin kannte diese Anzeigen jetzt noch auswendig: »Wer die Adresse des Notabeln Tahir Beyzade Ömer Bey aus Manastır kennt, wird im Namen der Menschlichkeit gebeten, diese seinem sehnsüchtig wartenden Sohn Süleyman mitzuteilen.«

Süleyman legte ihm seine Hand auf die Schulter und antwortete: »Ja, das habe ich, vor drei Jahren!« Dann wechselte er unversehens das Thema. »Ich wußte, daß ihr in die Stadt kommen würdet. Aber ich war krank, ich habe mich auf der Hochzeit erkältet. Ach, das kannst du ja nicht wissen! Wir haben nämlich meinen ältesten Bruder verheiratet. Wärst du eine Woche eher hier gewesen, hättest du die Hochzeit miterleben können. Es war gar nicht so übel.« Er beugte sich vor: »Eines Tages seh ich so hin und merke, daß aus dem Burschen schon ein richtiges Mannsbild geworden ist, das überall herumflirtet. Ich dachte, das wird noch mal ein Unglück geben, wenn ich ihn nicht bald verheirate. Na ja, auf der Hochzeit habe ich mir den Schnupfen geholt. Aber heute geht's mir schon wieder besser.« Er zog den zerschlissenen Pyjama enger um sich und sah mit etwas trüben Augen seinen Freund an: »Wenn alles gut geht, können wir nächstes Jahr den Zweitältesten verheiraten...«

»Du hast also auch Geschwister?« fragte Emin verwirrt. Wieder breitete sich eine Welle der Freude über Süleymans Gesicht. »Ja, und zwar gleich acht! Alle, die du hier siehst, sind meine Geschwister. Mein Vater hat nämlich nach der Flucht wieder geheiratet. Weißt du, er lebte hier ganz in der Nähe, sozusagen direkt vor meiner Nase, und ich hatte keine Ahnung davon. Er hatte sich in ›...‹ niedergelassen und dort eine Frau genommen. Neun Kinder hatten sie, eins ist gestorben. Hab ich's dir nicht immer gesagt: Ein Mann wie ein Bär!« Er drehte sich nach den Kindern um. »Na los, sagt guten Tag und küßt die Hand!«

Nein, Süleyman war nicht mehr derselbe wie früher. Er ging

völlig in seiner neu gefundenen Familie auf. Einen Augenblick lang wollte Emin ihn nach seinem großen Werk fragen, das er in der Schulzeit zu schreiben begonnen hatte. Aber er sah ein, daß er ihm nur unnötig die Freude trüben würde, indem er ihn daran erinnerte. Um irgend etwas zu sagen, fragte er: »Und du, bist du nicht verheiratet?«

»Warte, gleich erzähle ich dir alles. Setzen wir uns erst. – Bringt mal zwei Stühle her!« rief er in die offene Haustür hinein. Kurz darauf erschien ein hübsches, ungefähr fünfzehnjähriges Mädchen, das in jeder Hand einen Schemel trug. Ihre Kleidung war die der hiesigen Frauen. Nur war ihr Kopftuch sehr weit nach hinten gerückt, so daß es bloß ihre langen Zöpfe verhüllte.

»Komm, Ayten, komm nur. Das ist kein Fremder. Er ist wie dein älterer Bruder!« Schüchtern kam Ayten näher und setzte die Schemel ab. Sie küßte Emins Hand. Erleichtert, endlich etwas gefunden zu haben, woran er, ohne lügen zu müssen, Gefallen zeigen konnte, lobte Emin die Schönheit des Mädchens. Süleymans Gesicht strahlte vor Freude hell auf wie eine Meeresbucht, in der sich die Sonne spiegelt. »Ja, hübsch ist sie, klein und hübsch, nur ziemlich widerspenstig ...«

Zwei unmittelbar hintereinander abgefeuerte Gewehrschüsse unterbrachen ihn. »Gibt es in eurem Garten denn so viele Vögel?« Noch ehe Süleyman antworten konnte, fuhr ihn von hinten eine scharfe Stimme an: »Wofür hat mir Allah dich eigentlich als Strafe gesandt? Hab' ich dir nicht gesagt, daß ich diese Sorte Schrot nicht will? Wann wird aus dir endlich mal was Brauchbares?«

Verwundert betrachtete Emin den grauhaarigen Mann, der mit der Pose eines altehrwürdigen Generalfeldmarschalles in einer Art Rollstuhl thronte. Während er seinen Sohn beschimpfte, richtete er gleichzeitig das Jagdgewehr an ihnen vorbei auf ein unsichtbares Ziel. »Eine einzige kleine Freude ist mir auf dieser Welt geblieben, und die mußt du mir noch versauen!«

»Vater, ich konnte die ganze letzte Woche nicht zur Stadt; morgen besorge ich dir anderen.« Der Alte hörte ihm gar nicht zu. Er war völlig mit dem Zielen beschäftigt. Unversehens krachte der nächste Schuß.

»Sieh mal, das ist mein Freund Emin. Ich habe dir oft von ihm erzählt...« Süleymans Stimme klang verschüchtert. Aber sein gelähmter Vater scherte sich nicht um den Freund. Ruckartig wendete er mit seinem Stuhl nach links, in Richtung des angebundenen Esels. »He, laß das Tier in Ruhe! Oder ich jag' dir das Gehirn aus dem Schädel!«

Er hatte das Gewehr jetzt auf den Kopf seines eigenen Sohnes gerichtet. Das kleine Mädchen, das auf dem schmutzigen Boden saß und spielte, wurde von der wütenden Stimme so verschreckt, daß es zu weinen begann. Süleyman lief hin und nahm seine Schwester auf den Arm. Er reichte sie Emin. »Das ist Aysel. Ist sie nicht niedlich?«

»Ayten ... Aysel ...« wiederholte Emin in Gedanken. Wenigstens dazu waren die ganzen Neuerungen,[2] Anstrengungen und Hoffnungen also letztlich gut: daß hinterher plötzlich ein paar neue Vornamen in Mode kamen. Genau wie in der jungtürkischen Ära[3] ...

Etwas unbeholfen nahm Emin das Kind auf den Schoß. Der Junge, der den Esel geärgert hatte, war behende über die Hecke gesprungen und pfiff nun mit größter Selbstsicherheit im Nachbarsgarten eine Jazzmelodie vor sich hin. »Der scheint etwas robuster veranlagt!« dachte Emin.

Süleyman entfernte mit seinem Taschentuch die Spuren von Aysels schmutzigen Händen aus ihrem Gesicht und schickte sie ins Haus: »Sag deiner Mutter, sie soll uns einen Kaffee kochen!«

Dann wandte er sich wieder an seinen Freund. »Ob ich verheiratet bin? Natürlich bin ich das. Ich hatte geheiratet, als ich in Niğde[4] lebte. Ich habe auch eine Tochter. Aber als mein Vater und meine Geschwister zu uns zogen, hielt meine Frau es nicht lange aus. Sie nahm das Kind und ging zurück zu ihrem Vater. Jetzt lassen wir uns scheiden. Wenn ich nur das Kind bekomme!«

2 Gemeint sind die kemalistischen Reformen der zwanziger und dreißiger Jahre.

3 Sie dauerte von 1908 bis 1918; im Jahre 1908 wurde die Sultansherrschaft in eine konstitutionelle Monarchie umgewandelt.

4 Stadt in Zentralanatolien.

Er sah Emin in die Augen. »Was sollte ich machen? Sollte ich ihr zuliebe meinen Vater aufgeben?« Offensichtlich machte ihm die Trennung nicht sonderlich zu schaffen. Um nicht aus Höflichkeit lügen zu müssen, wechselte Emin das Thema: »Du hast noch nicht erzählt, wie du deinen Vater eigentlich gefunden hast.«

»Ja, wie ich schon sagte, ich wohne seit acht Jahren in dieser Gegend. Wie überall, wo ich hinkam, fing ich auch hier bald an, nach meinem Vater zu suchen. Stell dir vor, fünf Jahre hat das gedauert, obwohl er nur zwei Tagesreisen entfernt wohnte, ach, was rede ich: vier Stunden entfernt, wenn man den Zug nimmt! Alle, die Rang und Namen haben in der Stadt, haben es gewußt, nur ich nicht. Hübsch, was? Dann eines Tages, vor drei Jahren, war ich zu einer Inspektion rausgefahren. Ich hatte mein Rasierzeug vergessen und war darum in der Kreisstadt in einen Barbierladen gegangen, direkt gegenüber dem Regierungsgebäude. Als wir uns so über alles mögliche unterhielten, erwähnte ich, daß ich aus Manastir bin. Und da lacht doch der Barbier und sagt: ›Ach, da kommt ja unser Ömer, der Unteroffizier, auch her!‹ – ›Was für ein Ömer?‹ fragte ich. – ›Na, der Ömer Tahir Efendi eben. Der wohnt schon seit zwanzig Jahren hier. Der Ärmste, er erzählt dauernd von seinem mißratenen Sohn, den er mal hatte und den es anscheinend gar nicht kümmert, was aus seinem Vater geworden ist.‹

Den Rest kannst du dir ja denken. Wir sind sofort hingegangen, und nachdem mein Vater mich wiedergesehen hatte, wollte er natürlich nicht dort bleiben. Und ich hätte ihn auch nicht wieder verlassen können. So habe ich sie einfach alle eingesammelt und hergebracht. Meine Frau konnte die vielen Kinder nicht ertragen und hat sich davongemacht. Aber das ist ja nicht das eigentlich Schlimme. Denk mal, da wissen diese ganzen Leute über meinen Vater Bescheid und verschweigen es mir fünf Jahre lang! Ach, dieser Cebbarzade! Vor allem der hat das angezettelt. Sie hätten es getan, weil mein Vater ein Trinker sei. Er habe zu viele Kinder. Die Familie werde sich auf mich stürzen und mich nur belasten. Hast du schon mal so einen Unsinn gehört? Jetzt hat sie sich auf mich gestürzt, und was ist Schlimmes dabei passiert? Nichts!

Mein Haus in der Stadt habe ich aufgegeben, weil es hier ruhiger ist. Morgens stehe ich eben etwas früher auf, ungefähr um sechs. Ein Pferd oder einen Wagen, irgendwas finde ich immer, um in die Stadt zu kommen. Abends geht es genauso. Es ist so, als wenn ich in Bostancı wohnen würde, und meine Arbeit wäre in Kocamustafapaşa[5], ach was, sogar noch näher!« Er hielt plötzlich inne. »Damit ich meinem Vater nur ja nicht begegne, wollten sie sogar erreichen, daß ich von hier strafversetzt werde. Sie hatten Gerüchte über mich verbreitet, aber zum Glück war der Beamte, der zur Inspektion kam, ein alter Freund von mir, da habe ich die Sache gut überstanden. Zu der Zeit hatte ich auch gerade meinen Vater gefunden.«

Er reichte Emin eine Zigarette aus geschmuggeltem Tabak und zündete sich auch selbst eine an. Aber der Tabak war ihm zu stark, so daß er gleich beim ersten Zug husten mußte. »Ah, da kommt ja schon unser Kaffee. Es lebe meine Stiefmutter! Sie ist solch eine gute Frau ...«

Emin war von dem schönen, stillen und lebensklugen Gesicht der Frau tatsächlich hingerissen. Nachdem sie den Kaffee serviert hatte, trat sie neben ihn und klagte mit leiser Stimme: »Ach, rück du doch dem da mal den Kopf zurecht! Er hat ja rein gar keine Vernunft. Lädt sich eine solche Bagage auf den Hals, bringt uns um unser Zuhause, verliert Frau und Kind, und das alles für diesen verrückten Alten. Was den angeht: Er war eben mein Schicksal. Ich habe seine guten Tage erlebt, und ich hätte auch seine schlechten ertragen. Aber jetzt sind wir aus unserer alten Umgebung gerissen, und die Kinder fangen an, alle möglichen eigenen Wege zu gehen. Und Süleyman, der ist doch inzwischen selbst erbärmlich dran! Jeden Tag krank ...« Sie war den Tränen nahe und zog sich eilig ins Haus zurück.

Süleyman lachte: »Siehst du, dauernd ist man um mich besorgt!« Emin trank langsam seinen Tee aus, wobei er immer wieder unter dem Lärm der Gewehrschüsse zusammenfuhr. Dann zog er seine Uhr hervor: »Es tut mir sehr leid, aber ich muß schon wieder weiter! Der Zug kommt gleich.« Traurig und voller

5 Vororte von İstanbul

Resignation blickte er seinem Freund ins Gesicht. Dies war nun Süleyman? So sollte es mit ihm weitergehen?

Der versuchte derweil hartnäckig, ihn umzustimmen: »Ach, wo willst du denn hin, bleib doch heute nacht hier. Wir finden schon einen Platz für dich. Morgen könntest du auch die Braut sehen!«

Emin erklärte ihm kurz seine Lage. Die anderen warteten am Bahnhof auf ihn. Sie mußten unbedingt zusammen in die Hauptstadt, und er hatte auch sonst noch einiges zu erledigen. Aber im Sommer würde er wiederkommen und länger dableiben. Unvermittelt setzte er hinzu: »Natürlich weiß ich, daß es bei so vielen auf einen mehr oder weniger auch nicht ankommt! Trotzdem muß ich jetzt gehen.«

»Aber im Sommer bleibst du bei mir, da laß' ich dich nirgends hin!«

»Hoffentlich! Komm du aber auch selbst und erkundige dich nach mir, sonst lassen sie mich nur schwer weg.«

»In Ordnung. Wir werden uns ja sowieso in der Stadt begegnen, wenn wieder einmal irgendwelche Feierlichkeiten anstehen. Diesesmal war ich ja krank und konnte nicht dabeisein. Das hatte eigentlich auch sein Gutes, so hatte ich Zeit, den Heuschober zu reparieren. Aber wenn du es genau wissen willst: Ich halte nicht mehr viel von diesen Leuten! Fünf Jahre lang ein solches Geheimnis für sich behalten!« Sie umarmten sich zum Abschied.

Verwirrt und aufgewühlt ging Emin langsamen Schrittes denselben Weg zurück, den er gekommen war. »Fünf Jahre lang haben sie ihn beschützt, Cebbarzade und die anderen! Fünf Jahre lang haben sie ihm die größte Gunst der Welt erwiesen, und er begreift das nicht. So etwas tut einem ja sonst nicht einmal der eigene Vater!« Als er bemerkte, welch traurige Ironie in seinem letzten Gedanken lag, lächelte er bitter. »Er begreift es nicht ... und hat sich noch dazu mit Cebbarzade entzweit! Aber was liegt schon noch daran. Es ist ja nicht mehr der alte Süleyman.«

Er beschleunigte seine Schritte. Was ihn inzwischen an dem ganzen Erlebnis am meisten beschäftigte, war nicht Süleyman, sondern dessen Stiefmutter. Er würde weder die innere Ruhe, noch das tiefe Mitleid im Blick jener Frau je vergessen. »Eins verloren, eins gewonnen! Im Grunde genommen stehe ich ja gar nicht so schlecht da!«

Aber doch war es mit Süleyman etwas anderes. Süleyman bedeutete eine ganze Welt für ihn. Wieviel sie einst voneinander gelernt, welche Erkenntnisse sie sich gegenseitig erschlossen hatten! Verzweifelt zermarterte er sich den Kopf darüber, wie Süleyman zu retten sei. Es schien unmöglich. Aber etwas, irgend etwas mußte doch getan werden!

Auf der Brücke angelangt, beugte er sich wieder hinab, um den Sumpf zu betrachten. Weltvergessen träumte das Wasser seine eigenen Träume, und seine leicht gekräuselte Oberfläche lag diamantenfunkelnd im Sonnenlicht. Aber Emin konnte diese Schönheit nicht wie zuvor ruhig genießen. Diesmal bemerkte er vor allem die Mücken, die sich rund um die Schilfbüschel herum tummelten.

Als er auf den Bahnhof kam, saßen die anderen noch genauso da wie vorher. Cebbarzade ließ in einer Ecke finster und unruhig die Perlen seiner Gebetskette durch die Finger gleiten. Sobald er Emin erblickte, setzte er zu einer Bewegung an, als wolle er ihn neben sich bitten. Dann hielt er jedoch inne. Er steckte seine Gebetskette in die Tasche zurück. Offensichtlich war er nervös.

»Wir haben uns schon Sorgen gemacht. Bald wären wir losgegangen, um nach dir zu suchen.«

»Ihr seht ja, daß mich der Erdboden nicht verschluckt hat!« antwortete Emin lachend. Er nahm den Schemel, den man ihm reichte und setzte sich neben Cebbarzade. »Nun, was gibt's?« fragte er.

Der andere war erfreut, ihn neben sich zu sehen. Nun hatte er Gelegenheit, noch einmal mit diesem sonderbaren Mann zu sprechen, der so ganz anders war als die übrigen und dem eine unergründliche Laune des Schicksals die Entscheidung über eine für ihn, Cebbarzade, lebenswichtige Angelegenheit in die Hand gespielt hatte. Aber mit welchen Worten sollte er beginnen? Er konnte es nur schwer verwinden, daß er Emin ausgeliefert war. Schließlich legte er seine Hände ineinander und setzte sein übliches, ruhiges, leicht spöttisches Lächeln auf. »Als einen Vater hast du mich in dieser Sache zwar geschlagen, aber nicht als

Cebbarzade«, schien seine ganze Haltung zum Ausdruck zu bringen. »Was soll es schon geben, Beyefendi? Ich bin in deiner Hand.«

»Jetzt nicht mehr«, gab Emin lakonisch zurück.

Cebbarzade sah ihn aufmerksam an. Seine blauen Perlenaugen hatten sich zu schmalen Schlitzen verengt. »Ich verstehe nicht recht...«

»Da gibt es nichts zu verstehen. Ich werde tun, was du von mir verlangst. Wenigstens soweit es in meiner Macht steht.« Cebbarzades Blick drückte ungläubiges Staunen aus.

»Ja, ich werde ihm sagen, daß du recht hast. Ich werde versuchen, ihn zu beeinflussen und ihm die Heirat mit dieser Frau auszureden. Er wird auf sein Land zurückkehren. Du weißt ja, dein Sohn schätzt mich und hört auf mich. Er wird vergessen, was er gelernt hat. Er wird werden wie du!« Seine Stimme war bitter. Scharf sah er den anderen an. »Weißt du, ich habe mich geändert. Ich kapituliere. Verstehst du? Ich kapituliere. Ihr habt immer recht. Aber nicht nur in dieser Sache, auch in anderen, in allen anderen, überhaupt. Ich kapituliere!«

Cebbarzade dachte lange und angestrengt nach. Seine Freude war deutlich sichtbar, aber trotzdem blieben seine Brauen zusammengezogen. In seinem Gesicht stand eine seltsame Unruhe. Endlich lächelte er. Dieses Lächeln nahm sich in dem alten, lebenserfahrenen Gesicht irgendwie sonderbar aus. Es war, als schimmere es von innen her durch alle Falten und Runzeln hervor. Doch dann verlosch es plötzlich wieder. Cebbarzade hatte die überraschende Wendung nicht verstanden. Und Dinge, die er nicht verstand, waren ihm unheimlich. Er zog seine Gebetskette wieder hervor und begann damit zu spielen. »Weshalb? Wieso?« wollte er fragen, doch das ließ sein Stolz nicht zu. Schließlich versuchte er es auf die scherzhafte Weise: »Ist das nicht gleich ein bißchen des Guten zuviel?«

»Seid ihr etwa nicht zufrieden?« Emin sah ihn an. »Das war es doch, was ihr gewollt habt. Was heißt da zuviel?«

Cebbarzade machte eine Bewegung, als wolle er ihn umarmen. Stockend und fast ein wenig verlegen sagte er: »Ich meine nur... Wie sollen wir von nun an das Richtige erkennen? Bis jetzt haben wir uns immer mit dem Blick auf euch entschieden, welcher Weg für uns gut oder schlecht war. Aber was soll werden, wenn zwischen uns kein Unterschied mehr bleibt?«

Dann warf er den Kopf zurück. Während er auf die Reihe der Gewehrschüsse lauschte, wuchs auf seinem Gesicht ein Lächeln, das Emin niemals mehr vergessen würde.

Schwerfällig schnaufend näherte sich der Zug.

Sait Faik

Der Samowar

– Das Morgengebet ist schon ausgerufen worden. Steh auf, Sohn! Du kommst zu spät zur Arbeit.

Ali hatte endlich Arbeit gefunden. Er ging seit einer Woche in die Fabrik. Die Mutter war glücklich darüber. Jetzt hatte sie ihr Gebet verrichtet und das Bittgebet gesprochen. Als sie, Gott im Innern, Alis Zimmer betrat, konnte sie es erst nicht übers Herz bringen, den Sohn zu wecken, der mit seinen langen Gliedern, dem großen Körper und blutjungen Gesicht dalag und im Traum Maschinen, Batterien, Glühbirnen sah, sich mit Maschinenöl einrieb und Dieselmotoren lauschte. Er war verschwitzt und hatte ein gerötetes Gesicht, als ob er gerade von der Arbeit gekommen wäre.

Mit dem erhobenen Haupt und dem Stolz eines Hahns blickte der Schornstein der Fabrik in Halıcıoğlu in den Morgen, in die Dämmerung, die sich über den Hängen von Kâğıthane[1] breitete, als müsse er loskrähen.

Endlich wachte Ali auf, umarmte die Mutter und zog sich die Decke wieder über den Kopf – wie jeden Morgen. Und die Mutter kitzelte ihn an den Füßen, die unter der Decke hervorlugten. Eine Frau, die mit ihrem vom Bett aufspringenden Sohn wieder ins Bett fiel und dabei in Mädchengelächter ausbrach, konnte man doch glücklich schätzen. Waren sie nicht Kinder eines Viertels, das so wenig Glückliche kannte? Und hatte die Mutter ein anderes Vermögen als ihren Sohn und umgekehrt? Arm in Arm gingen sie ins Eßzimmer, das nach geröstetem Brot duftete. Wie herrlich sprudelte es im Samowar. Ali empfand ihn wie eine Fabrik, in der es weder Mühsal noch Streiks oder Unfälle gab. Eine, die nur Duft, Dampf und Morgenglück produzierte.

1 Halıcıoğlu und Kâğıthane: Stadtteile im İstanbuler Industriegebiet am nördlichen Goldenen Horn.

Morgens hatte er Freude erstens am Samowar und zweitens am Kessel des Salepverkäufers[2] vor der Fabrik. Und an den Stimmen. Die Fanfare der Kadettenschule in Halıcıoğlu und die Fabriksirene, die lang erklang und das ganze Goldene Horn erfüllte, riefen in ihm Wünsche wach und löschten auch Wünsche. Wir sehen, Ali hatte etwas Poetisches. Vielleicht ist die Empfindlichkeit bei einem Elektroarbeiter in Büyükdeğirmen so fehl am Platze wie ein Transatlanik im Goldenen Horn, aber so ähnlich sind wir, Ali, Mehmet oder Hasan, schließlich alle. In jedem Herzen schlummert ein Löwe.[3]

Ali küßte der Mutter die Hand. Dann fuhr er mit der Zunge über seine Lippen, als hätte er etwas Süßes geschmeckt. Die Mutter lachte wieder über dieses tägliche Schlecken nach dem Handkuß. Als er durch den kleinen Garten ging, pflückte er aus den Töpfen ein paar Basilikumblätter und zerrieb sie zwischen den Fingern, ging weiter, während er nun an den Händen roch.

Der Morgen war kühl, das Goldene Horn neblig. Er traf am Bootsanleger die Kollegen – alle kräftige, junge Männer. Zu fünft fuhren sie hinüber nach Halıcıoğlu.

Ali wird nun den ganzen Tag mit Spaß, Ehrgeiz und Hingabe arbeiten, ohne jedoch seine Kollegen ausstechen zu wollen, also ehrlich und ohne Schau. Dabei weiß er ganz genau, wie man bei der Arbeit Eindruck macht, war doch sein Meister der Beste in ganz İstanbul, ein Deutscher, der ihn sehr mochte und ihm auch den Schwindel der Arbeit beigebracht hatte. Das Geheimnis der Überlegenheit über andere, die im Grunde genauso viel konnten, lag in der Behendigkeit, im Tempo, d. h. ungefähr im Sport, also in der Jugend.

Am Abend kehrte er zurück nach Hause mit der Gewißheit, die Kollegen um einen neuen Freund und die Meister um einen tüchtigen Arbeiter bereichert zu haben, und war zufrieden.

Er umarmte die Mutter, ging dann ins Kaffeehaus drüben – zu

2 Ein rundlicher Kessel aus Messing, in dem das aus Milch, Zucker und Saleppulver bestehende Getränk durch ein Kohlebecken warmgehalten wird.

3 »Im Herzen eines jeden liegt ein Löwe.« – Sprichwort.

seinen Freunden. Sie spielten Karten; er sah sich eine aufregende Partie Backgammon an und ging schließlich wieder nach Hause. Die Mutter war beim Nachtgebet. Wie immer hockte er sich vor sie, schlug Purzelbäume vor dem Gebetsteppich, streckte die Zunge heraus und brachte sie endlich zum Lachen, gerade bevor die arme Frau ihr Ritual beendet hatte.

»Ach Ali!« sagte sie, »Das ist doch Sünde, mach bitte so was nicht!«

»Gott wird es schon verzeihen, Mütterchen«, sagte er und fragte unschuldig: »Lacht Gott eigentlich nie?«

Nach dem Essen vertiefte er sich in einen Nat-Pinkerton-Krimi und die Mutter strickte an einem Pullover für ihn. Sie holten dann aus dem Einbauschrank lavendelduftende Matratzen und legten sich schlafen.

Die Mutter weckte ihn, als zum Morgengebet gerufen wurde.

Wie schön sprudelte es in dem Samowar, während es im Zimmer nach geröstetem Brot roch. Ali empfand ihn wie eine Fabrik, in der es weder Leiden noch Streiks oder Unfälle gab. Eine, die nur Duft, Dampf und Morgenglück produzierte.

Der Tod kam zu Alis Mutter wie ein Gast, wie eine fromme Nachbarin mit Kopftuch. Ihre Tagesbeschäftigung bestand zwar nur darin, morgens den Tee und abends ein warmes Essen für ihren Sohn zu kochen, sie spürte aber am Rande ihres Herzens einen schwachen Schmerz und fühlte ihren faltigen und nach Baumwolltüchern duftenden Körper schwach, verschwitzt und weich, wenn sie abends die Treppe etwas schnell hinaufgestiegen war.

Eines Morgens, noch bevor Ali aufwachte, bekam sie am Samowar einen Anfall und sank auf den nächsten Stuhl. Das war es.

Er wunderte sich darüber, warum sie ihn diesmal wohl nicht weckte, merkte aber lange nicht, daß es spät wurde. Die Fabriksirene drang durch die Fensterscheiben wie durch einen Schwamm und erreichte erweicht und ihrer herzzerreißenden Schärfe entledigt sein Ohr. Er sprang auf, blieb in der Tür zum Eßzimmer stehen, betrachtete die Tote, die, die Hände auf den Tisch gelegt, ein Nickerchen zu halten schien, und glaubte, daß sie schlief. Langsam ging er zu ihr, hielt sie an den Schultern fest und schauderte, als seine Lippen die abgekühlte Wange berührten.

Was wir auch angesichts des Todes anstellen mögen, wir werden nichts anderes sein als ein Schauspieler, dem seine Rolle gelungen ist. Nichts mehr als ein Schauspieler, dem die Rolle gelungen ist.

Er umarmte sie, legte sie in sein eigenes Bett, zog die Decke über und versuchte den erkaltenden Körper zu erwärmen, seinen eigenen Körper, seine eigene Lebendigkeit in diesen kalten Menschen einzuflößen. Ohnmächtig legte er ihn dann aufs Sitzkissen in der Ecke. Er konnte den ganzen Tag nicht weinen, obwohl es ihm sehr danach war. Die Augen brannten, gaben aber keine einzige Träne. Er sah in den Spiegel. Sollte es angesichts der größten Trauer nicht möglich sein, ein anderes Gesicht zu haben als das eines Übernächtigten?

Er wollte plötzlich abgemagert sein, plötzlich weiße Haare haben, mit einem schrecklichen Schmerz im Kreuz auf einmal krumm und sofort hundert Jahre alt sein. Er sah noch einmal zur Toten hinüber. Sie war überhaupt nicht zum Fürchten. Im Gegenteil, das Gesicht war zärtlich und mild wie vorher. Seine Hand war nun beherzt, als er ihr die Augen zudrückte. Er rannte hinaus und sagte der alten Frau von nebenan Bescheid. Die Nachbarn kamen bald, und er machte sich auf den Weg zur Fabrik. Auf der Bootsfahrt war ihm, als hätte er sich schon an den Tod gewöhnt.

Sie hatten nebeneinander gelegen und unter derselben Decke gekuschelt. Der Tod hatte, wie er in die sanftmütige Mutter eingedrungen war, ihre ganze Aufmerksamkeit, Fürsorge, ihre Weichheit angenommen. Nur war er etwas kalt. Nichts Furchtbares war der Tod, wie wir von ihm denken. Nur etwas kalt.

Tagelang ging er durch die leeren Zimmer im Haus, saß nachts ohne Licht und lauschte der Nacht und dachte an die Mutter, konnte aber nicht weinen.

Eines Morgens begegneten sie sich im Eßzimmer. Er stand ruhig und glänzend auf dem Wachstuch des Eßtisches. Die Sonne war erstarrt auf dem Messing. Ali hielt ihn an den Griffen fest und trug ihn an einen Platz, wo ihn kein Auge mehr sehen konnte. Er setzte sich auf einen Stuhl und weinte ausgiebig – wie ein stiller Regen. Und der Samowar hat nie wieder gesprudelt, solange er in diesem Haus blieb.

Von diesem Tag an hatte ein Salepkessel einen festen Platz in Alis Leben.

Der Winter verläuft am Goldenen Horn härter und nebliger als im übrigen İstanbul. Arbeiter, Lehrer, Viehhändler oder Schlachthofkunden, Menschen, die in aller Frühe auf unebenen Kopfsteinpflastern vereiste Schlammklumpen zertretend zur Arbeit gehen, machen eine Pause von der Fabrik, sie lehnen sich an die hohe Mauer und trinken einen Salep, mit Ingwer und Zimt bestreut.

Arbeiter, manchmal blond, mit Schnupfen in der Nase, Mühsal und Streik im Kopf, Arbeiter, die ihre wertvollen Hände in Wollhandschuhen versteckt an den Salepkessel hielten, Lehrer, Viehhändler oder Schlachthofkunden und ab und zu arme Studenten lehnten an der mächtigen Fabrikmauer und tranken Schluck für Schluck aus dem Salep, auf den der Rest ihrer Träume gestreut war.

Sabahattin Ali

Der Ochsenkarren

Wegen einer Grenzstreitigkeit bei den Äckern erschoß Hüseyin Savruk am Bewässerungskanal Mehmet, genannt »Sarı«.

Das Dorf von dreißig Haushalten geriet in große Aufregung. Alle warteten in Angst auf die Gendarmerie. Dabei lag die Station in sechs Stunden Entfernung, und wenn niemand aus dem Dorf die Mordnachricht überbrachte, kamen die Gendarmen wochenlang nicht vorbei. Daran dachten sie aber erst nach einer ganzen Weile; daraufhin versammelten sich die Dorfältesten im Kaffeehaus um den Mevlût Ağa, den Vater von Hüseyin. »Sarı« Mehmet hatte keine Verwandten bis auf die alte Mutter, die nun geholt wurde, und auf die sie einredeten.

»Hör zu, Alte«, sagte der İmam, »was hast du davon, wenn du ihn anzeigst? Wer würde aus diesem Dorf hingehen und gegen den Sohn von Mevlût Ağa aussagen? Selbst wenn einer das tun sollte, dann mußt du ja ein- oder zweimal im Monat in die Kreisstadt und mußt jedesmal vier, fünf Tage opfern. Wer bestellt dann deinen Acker? Du brauchst zwei Tage bis zur Kreisstadt, du kommst da an, und es heißt: ›Die Zeugen sind nicht da, Sie müssen nächste Woche wieder reinschauen, wir vertagen die Sitzung.‹ Oder es passiert halt, daß du nicht aufpaßt und den Gerichtstermin versäumst. Dann wirst du aber von den Gendarmen abgeholt. Ein Jammer für dich, und es gibt kein Zurück mehr, wenn es mal so weit ist. Es ist nun mal ein Unglück passiert, weil der Allmächtige es so bestimmt hat. Kann man etwa gegen Seine Vorsehung mit dem Gericht angehen? Oder kriegst du dadurch den Sohn wieder? Laß uns doch diese Angelegenheit zu einem guten Ende bringen. Der »Sarı« war eh ein Taugenichts: er ist ja von einem Fest zum nächsten gegangen und hat das Geld von deinen zwei Scheffel Weizen bei den Weibern gelassen. Schau, Mevlût Ağa verspricht dir, sich immer um dich zu kümmern. Was meinst du?«

Die alte Frau, die sich all das mit leichtem Kopfwiegen auf

ihrem Stuhl angehört hatte, wobei sie hin und wieder nur ihre vor Weinen roten Augen mit den schwerknochigen, rissigen Händen wischte, zeigte immer noch keine andere Regung. Dann streifte sie die grauen Haare, deren Henna längst geblichen war und die wie ein Büschel Stroh aus dem geflickten, schmutzigen Kopftuch heraushingen, vom Gesicht und den nassen Wangen und murmelte etwas Unverständliches.

Einige der Anwesenden hockten sich ihr gegenüber und drangen halb beschwichtigend, halb drohend in sie: »Aber das stimmt, oder? Sag doch ja! Du siehst es ein, nicht wahr? Sag's doch gleich!«

Währenddessen lag der Tote draußen auf der Strohmatte der Sitzbank im Kaffeegarten. Man hatte ihn mit einer schmutzigen Filzdecke bedeckt. Über dem Kopf flogen summend ein paar Fliegen herum. Etwas weiter hinten starrte ein Haufen kleiner Kinder lautlos, vor der grellen Sonne mit den Augen zwinkernd und sich auf Stöcke stützend, die größer waren als sie, die toten Füße an, die aus dem Filz hervorlugten. Sie hatten ein Vergnügen an diesen reglosen, bleichen Füßen in dicken Wollsocken, die an den Sohlen und Fersen fast völlig zerschlissen waren, und den Fliegen, die grün schimmerten, wenn sie einen Sonnenstrahl streiften. Hin und wieder eilte eins der Kinder zur Mutter, die von ferne rief, um wenig später wiederzukommen und die unbewegte Zuschauerhaltung an seinem alten Platz wieder einzunehmen.

Die im Kaffeehaus versammelt waren, traten nach und nach heraus. Die Alte setzte sich ans Kopfende des Sohnes und begann, mit einer Hand langsam die Fliegen fortzuwedeln, während sie sich mit der anderen die vor Alter und Gebrechen erbsenklein gewordenen Augen wischte. Sie war, als hütete sie einen Kranken. Ein alter Mann schrie mit heiserer Stimme die Kinder an und vertrieb sie nach Hause. Auch die anderen verzogen sich nach und nach. Gegen Abend war alles wieder beim alten. »Sarı« Mehmet wurde in aller Ruhe gewaschen und bestattet, so, als wäre er an einer langwierigen, schweren Krankheit gestorben. Noch vor dem Gebetsruf schickte Mevlût Ağa der Mutter zwei Milchziegen, einen Sack Mehl und eine Tüte Zukker.

Etwa einen Monat später kamen zwei berittene Gendarmen ins Dorf. Schon als er sie sah, bekam der Ortsvorsteher einen Schreck, denn sie gehörten nicht zu der zuständigen Station in der Kreisstadt und mußten wohl aus der Provinzhauptstadt kommen. Einer der Soldaten holte im Kaffeehaus gleich seine Schreibsachen hervor und begann, alle zu vernehmen, wobei zuerst der Ortsvorsteher an der Reihe war. Der andere ging währenddessen auf dem Dorfplatz auf und ab.

In Windeseile erfuhr das ganze Dorf die Neuigkeit. »Garip« Mehmet, Schuhmacher in der Kreisstadt, hatte von den Bauern über den Mord gehört und Hüseyin angezeigt, mit dem er zerstritten war. Erst wollte der Staatsanwalt mit dem Arzt ins Dorf reiten, fand aber dann die tagelange Reise in der Augusthitze zu beschwerlich und beauftragte zwei von den aufgewecktesten Gendarmeriesoldaten, in der Angelegenheit zu ermitteln. Um sicherzugehen, befahl der Arzt den beiden, die Leiche in die Kreisstadt mitzunehmen, falls sich der Mordverdacht erhärtete.

Die Mutter Mehmets sagte nichts anderes aus, als daß sie gegen niemanden Klage erhebe. Selbst die Frage, ob ihr Sohn eines natürlichen Todes gestorben oder ermordet worden sei, erwiderte sie mit demselben Satz. Noch hatte der Schmerz um den Sohn die alte Frau nicht verlassen. Was ihr jedoch noch schrecklicher erschien, waren mögliche Auseinandersetzungen mit den Behörden. Vor dreißig Jahren war es ihr einmal zugestoßen, daß sie einer aus dem Dorf, dem in der Kreisstadt auf dem Markt ein Beutel Weizengrütze gestohlen worden war, als Zeugin angegeben hatte. Jetzt dachte sie daran, daß sie damals ein halbes Jahr lang immer wieder zum Gericht hatte gehen müssen, so daß die Arbeit auf dem Feld liegenblieb. Dabei war sie damals noch jung gewesen.

Außerdem hätte ihr das alles Mehmet nicht zurückgegeben. Und zuallerletzt konnte sie sich die Feindschaft von Mevlût Ağa nicht leisten. Das bedeutete den Hungertod für sie. Deshalb blieb sie stur und sagte nichts.

Gegen Abend gingen die Gendarmen mit Leuten aus dem Dorf auf den Friedhof und holten den Leichnam heraus. Er stank so stark, daß alle unwillkürlich zurückwichen. Die Gendarmen ließen die Mutter kommen: »Spann mal den Ochsenkarren! Du mußt deinen Sohn in die Kreisstadt bringen, zur ärztlichen Untersuchung!«

Sie schlug die Hände ratlos an die Seiten und klagte, daß man ihren lieben Sohn nicht einmal im Grab in Ruhe lassen könne, und weinte leise schluchzend und ohne zu jammern, wie eben die Frauen in Anatolien trauern. Sie hatte sich gehockt, schaukelte unaufhörlich und preßte die trockenen, zerfurchten Fäuste gegen die Augen und den Mund. Ein Gendarm stieß sie von hinten mit der Schuhspitze an: »Nun, los!«

Die Frau spannte ihren Ochsenkarren, wickelte den verwurmten Leichnam in eine Bettdecke ein, breitete eine alte Matratze auf der Ladefläche aus, legte den Toten darauf und band alles fest. Dabei hielt sie immer wieder inne, schluchzte eine Weile, murmelte vor sich hin und machte weiter. Als sie sich allein auf den Weg machte, war die Nacht angebrochen. Die Gendarmen waren bereits losgeritten, und vor ihnen her gingen der Dorfvorsteher, der İmam und Hüseyin aneinandergebunden.

Sie selbst ging nun hinter dem Karren her, der von zwei schmächtigen, kleinen Ochsen – sie waren so klein wie Esel – gezogen wurde. Immer wieder stolperte sie mit ihren nackten Füßen über Steine, hielt einen Stock in der Hand und bemühte sich, heiser vor Weinen, den Ochsen zuzurufen. Man hätte nie vermutet, daß dieses Gefährt, das in dem sommerlich hellen Mondlicht mit einem Knarren gemächlich vorankam, das das Hyänengeheul übertönte, einen Toten beförderte. Die Ochsen wirkten mit ihren glänzenden Rücken gesund und kräftig und der Karren samt der geflickten Decke schön, neu und wie aus einem außerordentlich wertvollen Metall gegossen. Der Schatten der Frau hüpfte zepterschwingend über die weißen Steine, über das Gebüsch, als ob sie tanzte.

Dabei war sie betäubt durch den schweren Geruch, der aus dem Karren verströmte, und versuchte torkelnd mit den Ochsen Schritt zu halten, die manchmal einfach schneller wurden. Allmählich konnten sich die Füße nicht mehr vom Boden heben, und die Brust, in die so viel Weinen hineingedrückt war, nicht mehr richtig atmen.

Sie ging, sich am Karren festhaltend, noch ein wenig mit, doch die Beine verfingen sich nur noch. Sie versuchte, mit einem »Oohaa!« zu den Ochsen vorzudringen, konnte aber ihrer Kehle keinen Ton entlocken, die Hände ließen den Karren los, sie stürzte auf den Boden, stand aber wieder auf und lief dem Gespann nach. Jetzt hob ein kühler Wind an, der die Beine ihrer Pluderhosen blähte und ihr zerschlissenes Kopftuch aus billigem, bedrucktem Stoff wie eine schwarze Fahne zum Flattern brachte. Bevor sie den Karren erreichen konnte, fiel sie wieder hin, und ihr Gesicht tauchte in den feinen, hellen, ascheähnlichen Staub der Straße.

Im Mondlicht, in der Stille der Nacht fuhr der Karren auf der mit Steinen übersäten Straße ruckelnd und den festgebundenen Leichnam auf der Ladefläche schaukelnd, mit abwechselnd hohem und tiefem Trauerknarren und einer feinen Staubwolke hinter sich in eine Richtung, die nur er kannte.

Orhan Kemal

Hühnerfleisch

Die Frau war ratlos, was zu tun sei.

»Nun hör mir mal zu: Such dir ein Hundejunges, seine Augen sollen noch nicht geöffnet sein. Probier das mal. Schneid ihm die Kehle durch, zieh ihm die Haut ab, brat es in Öl und gib es ihm zu essen ... bei Gott, das hilft ...«, meinte die Nachbarin.

»Was hab ich dem Armen nicht schon alles zu essen gegeben ...«, sagte die Frau. »Sie rieten mir, Pfirsichblätter zu kochen und ihn das morgens auf nüchternen Magen trinken zu lassen. Das habe ich getan. Sie sagten, ich solle ihm Hundedreck zu essen geben. Das habe ich getan. Dann sollte ich hundertundeine Schnecken in Wasser kochen, Knoblauchjoghurt darüber gießen und ihm das reichen, und ich habe es getan. Eine Schildkröte sollte ich schlachten und ihm das Blut zu trinken geben. Auch das befolgte ich ...« Sie versetzte ihrem Sohn, der seit einiger Zeit an ihrem Rockzipfel zog und quengelte, weil die Mutter ihm einen Lutscher kaufen sollte, einen Tritt. »Du Aas!« schrie sie. »Im Hals soll's dir stecken bleiben. Du wirst schon noch sehen was passiert, wenn du bald keinen Vater mehr hast ...«

»Schäm dich, Mädchen«, sagte die Nachbarin, »er ist doch noch ein Kind!«

»Von mir aus soll ihn die Pest holen ... Die Kinder sind mir schon keinen Pfennig mehr wert. Der Kerl stirbt mir unter den Händen weg ... Und niemand kann helfen. Da schicken sie einen von Haus zu Haus. Was ist denn das für ein Zustand!«

»Mach es so wie ich es dir gesagt habe. Du wirst sehen, daß es viel nützt ... Find einen Welpen ...«

»Von Haus aus ist er bestimmt nicht so«, murmelte sie. »Als junger Mann war er stark wie ein Baum ... Er trug eisenverschnürte Zweihundertkiloballen auf dem Rücken. Es machte ihm nichts aus, sogar die Krankheit hatte Angst vor ihm. Was weiß ich, wie er nun zu diesem verfluchten Leiden gekommen ist ...«

»Mach es so. Schlachte ein Hundejunges ...«

»Wenn ich wüßte, daß es was nützt ...«

»Brat es in Öl, dann wird es wie Hühnerfleisch!«

»Wenn man auf den Doktor hört ...«

»Ach was ... laß den Doktor ... die sind doch alle nur aufs Geld aus ... Mach es so, wie ich es dir sage. Es hat ja noch Zeit bis morgen. Dann gehst du zu diesem Mieter von Hediye, seine Hunde haben geworfen. Geh schnell runter in den Keller, einfach so. Dann nimmst du einen, schlachtest ihn, ziehst ihm die Haut ab, nimmst ihn sauber aus und brätst ihn ...«

Die Frau blieb vor der Zimmertür, hinter der ihr Mann lag, stehen. Der Mann stöhnte wieder und redete vor sich hin. »Verdammt, Herr, was habe ich dir getan? Hab ich etwa jemanden beraubt oder umgebracht? Dein Zorn scheint ja nicht zu besänftigen. Nimm mich zu dir, sage ich, doch du tust es nicht. Du hast mich zum Weib gemacht. Du hast dafür gesorgt, daß meine Feinde leichtes Spiel mit mir haben. Paßt das denn zu dir, Mann, sieht so etwa deine Gerechtigkeit aus?«

Die Frau fühlte sich elend, sie lehnte sich an die Wand. Ihre junge Brust bewegte sich unter dem alten, zerrissenen Arbeitskittel auf und nieder. Zwei Tränen rollten ihr sonnenverbranntes Gesicht herunter.

»Du hast mich schwächlich wie eine Frau gemacht. Ich war doch immer so gesund. Jetzt ist meine Frau in irgendeiner Fabrik auf irgendwelche Leute angewiesen. Ist das Gerechtigkeit, Mann? Gehört das dazu?«

Plötzlich begann er zu husten. Als er wie ein Hahn krächzte, rannte die Frau hinein. Das halbdunkle Zimmer, dessen Wände zur Hälfte feucht waren, roch schimmelig. Die Frau setzte ihren Mann, der auf einer dünnen Steppmatte auf dem Rücken lag, langsam auf. Der Mund des Mannes hatte sich mit Schleim gefüllt. Die Frau hielt ihm die runde Dose hin, die an der Seite des Bettes stand: »Spuck rein, spuck rein, Väterchen, na los!«

Nachdem der Mann den blutigen Schleim ausgespuckt hatte, ging es ihm besser. Die Frau trocknete die Schläfen ihres Mannes, an denen eiskalter Schweiß herablief, sorgfältig ab. Sie bettete ihn wieder auf den Rücken und steckte die Decke ordentlich an beiden Seiten fest. Dann sagte sie: »Du kennst doch Meryem, die Frau des Altwarenhändlers nebenan ...«

»Hmm?«

»Sie wird dir gebratenes Huhn schicken!«

In den Augen des Mannes zeigte sich ein Hoffnungsschimmer.

»Gebratenes Huhn? Meryem? Die Frau des Altwarenhändlers, wie? Wirklich? Wird die mir ein ganzes Huhn schicken?«

»Ja doch, sie wird ein ganzes Huhn schicken ...«

»Sag ihr auf jeden Fall, daß sie es mit Tomatenmark einreiben und gut durchbraten soll. Die Haut soll ganz knusprig sein, ja?«

»Hmmm, ich sag's ihr.«

»Wenn ich nur ein bißchen Kraft hätte und aufstehen und mich vor die Tür setzen könnte. Dann zum gebratenen Huhn eine Flasche dunklen Wein ... Wenn Gott mir Kraft gibt und ich dann wie früher recht und schlecht Geld verdiene, weißt du, was ich dann mache? Ich kaufe ein gutes Lamm und viel Fett ... Dann sag ich dir: Nimm das, Frau, spar nicht an Fett, brat das mal ordentlich ... Eine Keule gebe ich auch unserer Meryem, nicht wahr?«

»Werd erst mal gesund ... So Gott will ...«

»Also hat Meryem an mich gedacht, was? Wenn ich aufstehe, werde ich ihr auf jeden Fall ein Kopftuch kaufen. Kopf und Innereien vom Lamm, Wurst und Leber sollen für Meryem sein. Sie ist also eine gute Frau ... Wie oft habe ich dieser Frau Unrecht getan ... Sie wird das Huhn ganz schicken, nicht wahr?«

»Sie schickt es ganz.«

»Ihr eßt auch davon, du und die Kinder ...«

»Nein, nein. Denk du mal an dich selbst. Wir essen schon irgend etwas.«

»Dann krieg ich keinen Bissen runter, Frau, ich schwör's dir. Keinen Bissen ...«

»Das geht schon. Werd du mal gesund, das ist dann unser Huhn und unser Fest ... Hauptsache, daß du gesund wirst ...«

»Frau, Gott sei mit dir zufrieden! Er möge dich in beiden Welten gleich gut behandeln ... Du hast mich in meinem Jammerzustand nicht alleine gelassen ... Gott möge aus jedem Stein in deiner Hand Gold machen ...«

»Werd du erst wieder gesund. Solange du nicht gesund bist, soll er sein Gold behalten und sein Silber auch ... Werd gesund, das genügt. Mein Gold, das bist du und mein Silber auch ...«

»Ich mag Hühnerfleisch sehr, ich werde alles aufessen, und dunkler Wein muß dabei sein ... Aber nicht jetzt, später ... Wenn's mir wieder gut ginge, könnten wir auch nach Mersin zu meiner Schwester fahren ... Wo sind meine Kinder?«

»Auf der Straße, sie spielen ...«

»Ach, meine Kinder, meine Kleinen ... Ich kann sie nicht mal richtig küssen. Möge Gott ...« Wieder wurde er von einem Hustenanfall geschüttelt.

Die Frau ging vorsichtig in den Keller von Hediyes Mieter. Sie steckte einen der gut genährten Welpen ein und lief nach Hause. Sie schlachtete den Welpen, ließ das Blut in einen Behälter fließen, zog ihm das Fell ab, nahm ihn aus, briet ihn sorgfältig in Öl und zerteilte ihn. Daß das Sünde war, kümmerte sie nicht. Er ist doch nur ein ganz gewöhnlicher Lastenträger, sagten alle, doch die redeten ja alle Unsinn. Sie trat mit einer Schüssel, in der das gebratene Hundefleisch lag, ins Zimmer. »Schläfst du?« fragte sie. »Schau, was ich dir gebracht habe ... Steh auf, steh auf und iß, solange es heiß ist ...« Der dürre Hals des Mannes wandte den riesigen Kopf nur mühsam um, seine trüben Augen blickten auf die Schüssel. Er schnupperte den Duft, der sich im Zimmer ausbreitete. »Dies sieht mir aber nicht nach Hühnerfleisch aus, Frau!« sagte er. Die Frau wurde nervös. »Bei Gott, dem Gnädigen und Barmherzigen. Das ist Huhn, ich schwöre es. Was soll es denn sonst sein. Das soll kein Huhn sein ... Meryem hat es selbst gebraten, ich stand noch neben ihr. Wenn das kein Huhn ist ...«

»Das ist kein Huhn, Frau, lüg mich nicht an. Das ist kein Huhn ...«

»Ich schwöre, es ist Huhn ...« Die Frau nahm eins von den Fleischstücken. »Schau, das ist doch Huhn. Knusprig gebraten ...«

»Hühnerfleisch wird nicht so, das weiß ich doch!«

»Ich schwöre bei allen Vier Heiligen Büchern ...«

»Laß doch den Quatsch mit den Vier Büchern ... Das ist kein

Huhn. Aber wenn es Hühnerfleisch ist, dann iß es doch! Iß du, dann esse ich auch ... Na los ...« Damit hatte die Frau nicht gerechnet. Ihr Herz begann zu klopfen. Sie schaute auf das Fleischstück in ihrer Hand, ihr wurde übel. »Und? Warum ißt du nicht, wenn es doch Huhn ist?« Nach einem kurzen Zögern entschloß sich die Frau: »Ja, na gut, ich esse ja.« Mit ihren kräftigen Zähnen biß sie etwas von dem Fleisch ab und begann zu kauen. Sie konnte sich nur schwer im Zaum halten, der Bissen in ihrem Mund wurde immer größer, ihre Schläfen troffen vor Schweiß. Sie kaute lange, doch irgendwie gelang ihr das Schlukken nicht. Der Mann glaubte ihr nun. Während er das gutgebratene knusprige Fleisch mit Appetit aß, achtete er nicht auf die Frau. Etwas später stand sie unter einem Vorwand auf. Sie konnte gerade noch in das Aborthäuschen des Nachbarn stürzen, dessen Wände aus schmutzigen, zerrissenen Decken bestanden, dann übergab sie sich würgend. Sie würgte so angestrengt, daß es ihr fast die Eingeweide herausriß. Alles an ihr zitterte stark, sie schwitzte eiskalten Schweiß aus. Als ihr etwas leichter war, kam die Nachbarin, in der Hand einen großen Henkeltopf: »Was ist los, Mädchen? Bist du erkältet, wie siehst du denn aus?«

»Von wegen erkältet, Schwester ...«

»Was ist los, Mensch?«

Sie erzählte alles. »Wirklich, Mädchen? Das hast du gegessen? Wie konntest du bloß?«

»Ich hab es gegessen, weil er seit zehn Jahren mein Mann ist ... Ich würde sogar Gift trinken ...« Ihre Augen strahlten. »Er ist der Vater meiner Kinder«, fuhr sie fort, »mein Mann!« Drinnen rasselte laut der Wecker, der sie zur Arbeit wecken sollte. Die Frau zuckte zusammen, als wäre sie schon zu spät gekommen.

Aziz Nesin

Eine Liebe zu Tülsü

Meine liebe V. D.,

Als Du mein Telegramm »Ich liebe Dich, Tülsü« erhalten hast, warst Du sicher sehr verwundert: Was soll das? Wer ist Tülsü, hast Du Dich wahrscheinlich gefragt.

In der Tat, so etwas unternimmt ein vernünftiger Mensch ja wirklich nicht. Aber als ich das Telegramm aufgab, war ich wohl nicht richtig »bei Sinnen«. An jenem Tag fühlte ich mich wie ein Schlafwandler. Wie in Trance habe ich Dir dieses Telegramm geschickt.

Erstmals seit einer Woche war ich in dieser ungeheuer turbulenten fremden Stadt an jenem Abend allein. In einer unbekannten Stadt wächst die Einsamkeit eines Menschen noch. Mir war, als würde sich die Luft um mich herum durch dieses Alleinsein verdichten, und wie in einem Netz gefangen konnte ich mich nur schwerfällig bewegen. So hatte ich das Gefühl, ich müßte mich betäuben, durch Alkohol, und würde dann alles vergessen. Ich hatte keine Lust, in eines der teuren Restaurants nahe bei meinem Hotel zu gehen. Denn ich wollte nicht unter geschniegelten und gebügelten Menschen sitzen, die an fein gedeckten Tischen feine Gespräche führten; nein, ich wollte unter ungebügelten Menschen mit krausen Gesprächen, an zerknitterten Tischdecken allein sein, ganz allein mit mir.

Ich geriet in irgendwelche Nebenstraßen, und bald hatte ich mich in dieser großen Stadt verloren. Ich liebe es, mich in solchen fremden Städten dem Getriebe zu überlassen und mich einfach zu verlieren. Ich konnte ja immer ein Taxi nehmen und ins Hotel zurückkehren.

Ich stieß auf ein paar ganz passable Kneipen, sah mich an ihrem Eingang um oder blickte durch ihre beschlagenen Fenster ins Innere. Dann fand ich einen Platz, wo ich allein sitzen konnte; es war der einzige freie Tisch, wohl weil er nahe der Garderobe war. Er gefiel mir. Neben dem Stimmengeschwirr spürte man den

Alkoholdunst. Es bedienten drei Kellnerinnen. Eine von ihnen, südländisch dunkel, kam an meinen Tisch und fragte nach meinen Wünschen. Ich bestellte etwas Käse, Salat und Weißwein. Sie, die südländische Kellnerin, war sogar so aufmerksam, mir eine kleine Glasvase mit einer roten Nelke auf den Tisch zu stellen. Diese einzelne Nelke war keine von den großen, für das Auge so schönen, nein, sie gehörte zu den kleinen mit jenem betörenden Duft, den ich in mich einsog, als sollte ich daran vergehen. Ich roch daran und fand langsam wieder zu mir. Ich saß mit dem Rücken zum Ausgang. Daß sich die Tür geöffnet hatte, hatte ich nicht bemerkt, aber dann sah ich den Mann am Eingang stehen. Er war wohl so alt wie ich, stand da und suchte mit den Augen einen freien Tisch. Er musterte mich und kam dann heran.

»Erlauben Sie, daß ich mich setze?« fragte er.

Unwillig antwortete ich: »Bitte sehr.«

Ich wollte in meinem Alleinsein nicht gestört werden und schon gar nicht von so jemandem …

Ich ärgerte mich. Er bedankte sich und setzte sich zu mir.

Dann bestellte er bei der südländischen Kellnerin das gleiche wie ich: Käse, Salat und Weißwein.

Genau wie ich sog er den Duft der Nelke tief in sich ein.

»Ich mag diese kleinen Nelken mit ihrem starken Geruch viel lieber als die großen, pompösen«, meinte er, »die haben zwar so eine eitle Aufmachung, aber sie riechen nach gar nichts. Die kleinen unscheinbaren stellen überhaupt nichts vor, aber ihr Duft, mein Gott …«

Er hob sein gefülltes Weinglas: »Zum Wohl«.

Ich stieß mit ihm an: »Zum Wohl«.

Unsere Unterhaltung hatte begonnen. Auch er war fremd in dieser Stadt und seit einer Woche hier.

»So wie ich«, sagte ich.

Um nicht unhöflich zu sein, richtete ich dann das Wort an ihn und fragte, welcher Arbeit er nachgehe.

»Ich liebe Tülsü«, antwortete er.

Er mußte mich falsch verstanden haben.

»Ich fragte nach Ihrer Arbeit«, sagte ich.

»Ich sagte doch: Ich liebe Tülsü«.

Als er mein Erstaunen bemerkte, meinte er, eine Erklärung schuldig zu sein.

»Gibt es etwas Wichtigeres auf der Welt als zu lieben? Bis zum heutigen Tag habe ich Tülsü geliebt und werde sie weiterlieben bis zu meinem Tod. Es ist doch das größte Glück, wenn man tut, was man gern hat; wobei die meisten Menschen das tun, was ihnen keinen Spaß macht.«

Als ich fragte, was er tue, hatte ich wissen wollen, wovon er lebte.

»Seine Arbeit lieben, was heißt das?« fragte er und gab selber die Antwort: »Jeden Tag vierundzwanzig Stunden und selbst noch im Schlaf an das Liebste denken ...«

Wir hatten unseren Wein beendet und bestellten jeder noch eine Flasche. Die Geliebte eines Mannes in dem Alter, was mochte die darstellen?

»Darf ich fragen, wie alt Sie sind?« meinte ich.

»Daß jemand in meinem Alter sagt, das Wichtigste in seinem Leben sei, jemanden zu lieben, das finden Sie natürlich auch sehr ungewöhnlich, wie alle ... Ich bin jetzt siebzig«, erwiderte er.

»Da sind wir gleich alt.«

»Gewiß – und Sie interessieren sich für Tülsü, nicht wahr? Jeder tut das – die Geliebte eines Siebzigjährigen ...«

»Natürlich, die Frau, für die Sie Ihr Leben gäben ...«

Wir stießen wieder an und prosteten uns zu.

»Meine erste Begegnung mit ihr hatte wirklich etwas Traumhaftes. Ich kann mich daran nur ziemlich undeutlich aus den Erzählungen meines Vaters erinnern. Damals muß ich so vier oder fünf Jahre alt gewesen sein. Es war an einem Abend. Wir saßen mit meinem Vater vor dem Laden eines seiner Freunde, auf einer ziemlich steilen Straße mit teilweise zerbrochenen Treppen. Da ging ein Mädchen vorüber, das heißt, sie soll vorbeigegangen sein, ein langhaariges Mädchen, vielleicht vierzehn oder fünfzehn Jahre alt, wie es hieß. Da soll ich plötzlich gesagt haben »Dieses Mädchen werde ich heiraten«. Mein Vater hat dies so oft geschildert, daß für mich dieser Vorfall später, aus seinen Erzählungen, Wirklichkeit geworden ist, und auch das Mädchen bekam eine ganz konkrete Gestalt. Mein Vater erzählte und erzählte, und mir war, als würde ich die Begebenheit, an die ich mich nur undeutlich erinnerte, wirklich erleben. Und Tülsü – sie ist das Mädchen von damals.«

»Dann muß sie heute um die achtzig sein.«

»Wieso?«

»Wenn Sie damals vier oder fünf waren und sie etwa fünfzehn ...«

»Aber Tülsü wird nicht älter.«

»Das heißt, Sie haben sie später wiedergesehen?«

»Ich habe ständig nach ihr gesucht, warum bin ich wohl sonst in diese Stadt gekommen? Tülsü ist eine Frau, die an irgendeinem Ort, den ich nicht kenne, lebt, unter einer Adresse, die ich ebenfalls nicht kenne; und ich weiß nicht, ob sie auf mich wartet. Ich glaube, daß es sie gibt, und ich suche sie fortwährend. Deswegen reise ich auch dauernd durch die ganze Welt.«

»Haben Sie sie denn nach Ihrer ersten Begegnung nicht mehr wiedergesehen?«

»Doch. Damals war ich dreißig. Auf der Suche nach ihr war ich wieder in eine große Hauptstadt gekommen. Ich fuhr gerade auf der Metrorolltreppe hinab, da erkannte ich auf einmal auf der Rolltreppe neben mir, die nach oben führte, Tülsü. Sie war ungefähr zwanzig. Ihre kastanienbraunen Haare waren ganz kurz geschnitten. Sie fuhr an mir vorbei und entfernte sich. Ich wollte rufen »Tülsü«, aber meine Rolltreppe lief unaufhaltsam nach unten.

»Haben Sie sie nochmals gesehen?«

»Noch ein paarmal. Als ich zum erstenmal in diese Stadt an der Donau kam. Damals war ich vierzig. Ich war gerade aus dem Zug gestiegen. Auf dem Bahnhof herrschte großes Gewühl, die Reisenden stiegen hastig ein und aus. In diesem Durcheinander stieß ich mit jemandem zusammen. Als ich den Kopf hob, erblickte ich ein Mädchen, hellblond mit großen blauen Augen, etwa fünfundzwanzig Jahre alt: Tülsü ... Einen Augenblick starrten wir uns an. Beim Zusammenprall waren ihr ein paar Päckchen aus der Hand geglitten. Ich setzte meinen Koffer ab, hob sie auf und reichte sie ihr. »Entschuldigung«, sagte ich, und sie bedankte sich. Sie hakte sich bei dem Mann an ihrer Seite ein und stieg in den Zug.

Fünf oder sechs Jahre nach dieser Begegnung sah ich sie in einer Stadt im Fernen Osten, in einem Autobus. Wir fuhren vier Stationen zusammen.«

»Haben Sie nicht mit ihr gesprochen?«

»Wie denn? Ich verstand doch ihre Sprache nicht... Einmal habe ich sie auch gesehen bei einem internationalen Kongreß, in einem der kleinen Mittelmeerländer. Da haben wir uns kurz gegenübergesessen, am gleichen Tisch. Ihr Mann, ein Äthiopier, war auch dabei...«

»Ihr Mann war Äthiopier?«

»Ja, sie doch auch. Eine wunderschöne Äthiopierin.«

»Und Sie haben wieder nicht mit ihr gesprochen?«

»›Haben Sie außer der dreiseitigen Zusammenfassung noch mehr Unterlagen?‹ hat sie mich gefragt. Mehr nicht... Die Jahre vergingen, und ich habe Tülsü immer gesucht.«

»Aber Sie werden sie finden.«

»Finden, aber wie... Ein Augenblick. Als ob man sie im Aufzucken eines Blitzes sieht. Ich erkenne sie wie in einer Flamme, die plötzlich auflodert und dann wieder verlischt. Kaum gefunden, entgleitet sie mir wieder. Ich erreiche sie nicht. Um sie zu erreichen, wie oft bin ich da um die Erde gereist. Ich sah sie in einem Palais in einem Balkanland. Da war sie noch nicht dreißig. Ich war schon um die sechzig. Sie saß da zwischen zwei Männern, an einer breiten Marmorbrüstung, in der Hand ein breites Glas mit irgendeinem rötlichen Getränk. Sie lachte zu den Bemerkungen der beiden, die neben ihr standen, und schüttelte ihren Drink. Ihre Haare waren rot, ihre Augen tiefdunkel.

Vor fünf Jahren, ganz unerwartet – ich entdecke Tülsü immer an ganz unerwarteten Orten und zu ungewohnter Zeit: Irgendwo in der Provinz ging ich in eine Bank. Da sah ich sie, etwas entfernt, mit einem Beamten sprechen. Ihre Augen waren grün, und sie hatte die Haare zu einem Knoten geschlungen. Dann verließ sie das Gebäude, stieg in ein Auto, das vor der Tür stand und fuhr los.

Zuletzt sah ich sie im vorigen Jahr, in einem Strandmotel am Mittelmeer. Sie war noch nicht zwanzig, ganz zart. Ich las im Schatten einer Pergola vor meinem Zimmer in einem Buch. ›Entschuldigen Sie, wie spät ist es?‹ Bei dieser Frage hob ich den Kopf – vor mir stand Tülsü. Neben ihr ein junger Mann. Sie waren gerade aus dem Meer vom Baden gekommen, auf der Haut Wassertropfen wie Perlen. Ich antwortete, und sie bedankte sich. Ich glaubte, mir würde das Herz stehenbleiben, dann gingen sie. Ich habe sie nicht noch einmal gesehen in dem Hotel.«

Wir hatten unseren Wein schon wieder ausgetrunken.

»Wollen wir noch eine Flasche bestellen?« fragte ich.

»Gut«, meinte er.

Die südländische Kellnerin brachte noch eine Flasche.

»Wem ich auch von meiner Liebe zu Tülsü erzähle, der macht sich über mich lustig. Sie ist da und da, sagen sie und schicken mich dahin und dorthin. Ich sei verrückt, verhöhnen sie mich. Sie sind der erste, dem ich von meiner Leidenschaft erzähle und der mich nicht verspottet.«

»Warum lieben Sie sie so sehr?« fragte ich voller Anteilnahme.

»Es gibt viele Gründe. Einmal vielleicht wird meine Leidenschaft für sie noch stärker, weil ich sie suche und nicht finden oder nicht fassen kann, wenn ich sie finde. Es ist eine Sehnsucht, die langsam entstanden, mit leisem Knistern entflammt ist und mich verbrennt... Ich erreiche sie nie, doch schon der Brand in meinem Innern läßt mich zu Asche werden und löscht mich aus. Tülsü ist so gut... warum? Weil sie nie, wie die vielen Frauen, die ich fälschlich für Tülsü hielt, Streit mit mir gesucht hat, nie eine Gelegenheit dazu ausgenutzt hätte. Sie war nie auf ihren Vorteil bedacht; was sie auch von mir bekam, sie war nie auf mehr aus; wenn sie sagte, ich liebe dich, hat sie weder mich noch sich selbst betrogen; sie kannte keine Heuchelei, hatte keine Hintergedanken. Denn für all das gab es gar nicht die Zeit, die wir miteinander hätten verbringen können... Tülsü blieb für mich immer ein Phantom, ein Bild ohne dritte Dimension. Nur im Aufzucken eines Blitzes erlebe ich sie. Darum liebe ich sie und werde sie immer lieben. Eine andere Aufgabe, als Tülsü zu lieben, habe ich nicht und werde ich auch nie haben.

»Verzeihen Sie, aber wovon leben Sie denn? Haben Sie irgendein Einkommen?«

»Nein.«

»Aber wie können Sie denn so leben?«

»Indem ich das tue, was mich auch nicht einen Augenblick daran hindert, an Tülsü zu denken, sie zu lieben und nach ihr zu suchen; im Gegenteil, ich tue alles, was mir dabei hilft, sie zu lieben und an sie zu denken. Natürlich ist es wichtig, sie zu lieben, aber das ist nicht genug, aller Welt muß ich von dieser Liebe erzählen, alle sollen wissen, daß ich sie liebe. Wenn ich nicht davon berichtete, wäre mein Leben ohne Bedeutung. Jeder muß für sein Leben in eigener Weise vor anderen Zeugnis ablegen, sonst ist sein Dasein sinnlos.«

Vielleicht hatte ich ihn nicht richtig verstanden, darum fragte ich nach: »Wie bitte?«

»Es genügt nicht, daß ein Mensch selber weiß, daß er existiert. Er ist ja nicht allein auf der Welt. Daß er vorhanden ist, daß er lebt, müssen auch seine Mitmenschen wissen. Und je mehr davon wissen, desto mehr ist er auch da. Die Gründe für sein Vorhandensein sind sehr verschieden. Die Begründung für mein Dasein ist, Tülsü zu lieben. Indem ich sie liebe und alle von dieser Liebe wissen lasse, bin ich vorhanden, hier auf dieser Welt.«

»Und wie bewerkstelligen Sie das?«

»Indem ich es allen erzähle, zum Beispiel heute abend Ihnen. Jetzt wissen Sie, daß ich Tülsü liebe. Dadurch bin ich für Sie *wirklich*, Sie wissen, daß ich wahrhaftig lebe. Ich versuche, dies allen zu sagen. Früher bin ich in die Berge, in die Einöde oder in die Wälder gezogen und habe geschrien, so laut ich konnte: ›Tülsü, ich liebe Dich!‹ Ich lauschte auf das Echo meiner Stimme. Weil es nicht schön war, immer in der gleichen Weise zu rufen, begann ich dieselben Worte umzustellen und mal mit höherer, mal mit tieferer Stimme zu schreien.«

Und er rief mit verhaltener Stimme, wie er es im Wald oder in der Einöde getan hatte, aber ohne daß man es an den Nebentischen hören konnte:

»Tülsü, Dich liebe ich!

Dich liebe ich, Tülsü!

Ich liebe Dich, Tülsü!
Tülsü, ich liebe Dich!
Ich liebe, Tülsü, Dich!
Dich, Tülsü, liebe ich! –

Alle sollten meine Stimme hören und von meiner Liebe wissen und daraus erkennen, daß ich lebte, daß ich da war, das wollte ich. Und darum fing ich an, auf der Straße, auf dem Feld oder mitten im Gedränge es wie ein Lied zu singen ›Tülsü, Dich liebe ich!‹«

»Ist Ihre Stimme denn gut?«

»Nein, sogar ganz furchtbar, auch mein Gehör ist nicht gut, und Ihres?«

»Bei mir ist es genauso.«

»Und weil meine Stimme so häßlich und mein Gehör nicht ausreichend sind, fällt das, was ich singe, immer anders aus. So ziehe ich durch die Welt. Überall, wo ich hinkomme, gehe ich zur Post und gebe ein Telegramm auf: ›Dich liebe ich, Tülsü‹ an Tülsü. Je nachdem, wie viel Geld ich habe, schicke ich wohl fünf oder sechs am Tag.«

»Also kennen Sie Tülsüs Adresse?«

»Nein, woher denn? Ich schicke sie an irgendeine ausgedachte Adresse.«

»Und wenn man die nicht findet, kommt das Telegramm an Sie zurück.«

»Das mag schon sein. Aber nicht an mich zurück, denn meine Adresse ist auch ausgedacht. Weil man mich in manchen Städten auf der Post oft schon kennt und sich über mich lustig macht, schicke ich die Telegramme von verschiedenen Postämtern ab. Sollen sie mich verspotten, aber sie haben schließlich gemerkt, daß ich Tülsü liebe. Je mehr man das weiß, um so wirklicher ist mein Dasein.«

Allmählich wurden die Tische in der Kneipe leer. Nach Mitternacht erhoben wir uns und gingen. Wir konnten uns zwar nur schwankend auf den Beinen halten, doch waren wir nicht so betrunken, daß wir nicht gewußt hätten, was wir sagten, oder es nicht verstanden hätten.

»Seit vier Tagen bin ich nachmittags ein, zwei Stunden auf dem

Platz des Kulturzentrums«, meinte er, »kommen Sie doch auch morgen.«

»Was tun Sie da?« fragte ich.

»Dort rufe ich ›Tülsü, ich liebe Dich!‹, bis mir die Stimme versagt... Sie haben mich doch gefragt, welcher Arbeit ich nachgehe. Dies ist eben meine Arbeit. Ich kann Ihnen erzählen, wie es damit angefangen hat. An jenem Tag hatte ich mein letztes Telegramm an Tülsü geschickt und hatte keinen Pfennig mehr. Ich lief ziellos umher und kam zum Platz des Kulturzentrums. Das ist dort ein recht vergnüglicher Ort, ich weiß nicht, ob Sie da gewesen sind. Da kann jeder seine Künste vorführen. Einer zeigt seine Hundedressur: Er läßt drei, vier kleine Hunde verrückte Kunststückchen aufführen. Ein anderer gibt ein kleines Konzert, indem er ganz allein drei oder vier Instrumente spielt. Ein weiterer zeichnet in Windeseile eine Karikatur von dem, der es wünscht. Ein Junge und ein Mädchen zeigen Pantomime, ein Mann verschluckt ein Schwert und zieht es sich dann wieder aus dem Rachen heraus, ein bärtiger Mensch zeichnet mit bunter Kreide Bilder auf das Pflaster. Ein anderer wird mit Applaus begrüßt, wenn er eine Nummer mit fünf Affen vorführt. Und alles mögliche andere. Um alle herum herrscht Gedränge, bei den interessantesten Attraktionen natürlich am meisten. Wenn die Nummern vorbei sind, spenden die Zuschauer Geld in den Kasten der Akteure oder legen ein bißchen Kleingeld vor ihnen auf den Boden. Dies ist ein vorzüglicher Ort, besonders für mich, der beste um zu erklären, daß ich Tülsü liebe. Ich bin auch dort hingegangen und habe mich hingestellt, mehr am Rand und angefangen zu rufen ... wie und wie sehr ich Tülsü liebe, habe ich gerufen und zu erzählen begonnen. Ich habe nicht gehofft, daß sie auch bei mir zusammenlaufen würden. Aber viele Menschen strömten herbei, einige verspotteten mich, andere schrien, andere hörten auch zu. Ich redete bis zur Erschöpfung und erzählte es ihnen. Dann schwieg ich. Man begann, mir Geld zuzuwerfen, eine solche Menge... Sofort lief ich zum Postamt und gab ein Telegramm an Tülsü auf. Seither gehe ich jeden Tag am Nachmittag auf diesen Platz. Wenn Sie Lust haben, kommen Sie doch morgen.«

Wir bestiegen zusammen ein Taxi, und ich erinnere mich, daß ich dem Chauffeur den Namen meines Hotels sagte. Alles andere weiß ich nicht mehr. Ich muß doch betrunkener gewesen sein, als ich dachte.

Als ich am nächsten Morgen sehr spät erwachte, kam mir die gestrige Nacht wie ein Traum vor. Nachmittags machte ich mich zum Platz des Kulturzentrums auf. Und es war dies wirklich, wie der Mann gestern abend erzählt hatte, ein sehr vergnüglicher Ort: der Feuerschlucker, der Schlangenbeschwörer, der minutenschnelle Porträtzeichner... Ich spazierte umher, dann fand ich ihn, am Rand des Platzes. Hätte ich ihn nicht rufen hören »Ich liebe Dich, Tülsü!« wäre es nicht leicht gewesen, ihn zu entdecken. Er war dicht umringt. Ich tauchte ein in dieses Gewühl. Ich glaube nicht, daß er mich bemerkte. Denn als ich herantrat, hatte er die Augen geschlossen und schrie laut. So kann man es nur nennen, denn es war kein schönes Lied. Seine Stimme war wirklich furchtbar, aber er schrie wie ein Mensch, der Schmerzen leidet, voller Bitterkeit rief er und stöhnte bisweilen. Um ihn herum drängten sich Frauen und Männer, Alte und Kinder. Einige hatten einen Kassettenrecorder dabei und nahmen sein Geschrei auf. Wie er gesagt hatte, waren unter ihnen welche, die sich über ihn lustig machten, die brüllten oder sogar Steine nach ihm warfen. Aber die anderen verhinderten das.

Ich bedauerte, daß ich kein Band mitgebracht hatte, um seinen lauten Vortrag aufzunehmen. Aber morgen würde ich dies tun. Einige Leute schrieben auf, was er schrie. Das fiel mir erst spät ein, dann begann auch ich zu schreiben. Was ich, in Bruchstükken nur, notieren konnte, war dies: »He, hört mir zu, hört zu und merkt euch: Ich liebe Tülsü. Dies darf keinem entgehen, selbst die Tauben sollen es hören, wissen und sich merken. Die Brüste der stillenden Frau sollen es hören, das entflammte Blut der Verliebten, das reine Blut der Neugeborenen, die Finger der Liebenden, die einander erstmals berühren, die Lippen, die zum erstenmal geküßt werden, diejenigen, die den Schmerz der Unersättlichkeit in sich fühlen, die schlaflosen Nächte... Und die Zeit und die Geschichte und die Natur, alle sollen sie wissen: Ich liebe Tülsü!«

In seinen Schreien klang es wie nach dem ganzen großen Schmerz eines Höhlenmenschen, der noch keine Worte kennt. So muß ein Mensch vor hunderttausend Jahren seinen größten Kummer herausgeschrien haben, und so würde er es noch hunderttausend Jahre später tun. In der Menge gab es einige, die nicht einmal die Sprache des Mannes verstanden, und doch lauschten sie ihm gebannt. Also war es nicht die Bedeutung dessen, was sie hörten, sondern die Stimme. Ihrem Schmerz, ihrer Sehnsucht, ihrer Leidenschaft gaben sie sich hin. Dabei quälte sie die Ohren und drehte einem das Herz im Leibe um. Mit einer Stimme, die bald vom Auftrumpfen, bald vom Weinen rauh und heiser geworden war, wiederholte er; als sie dann, gepreßt, ganz versagen wollte, flüsterte er; dann bewegte er nur noch lautlos die Lippen: »Tülsü, ich liebe Dich.«

Ich überlegte, was all die Leute wohl bei diesem primitiven Gestammel empfanden. Wollten sie vielleicht alle – ob Frau, ob Mann, alt oder jung – so herausschreien »Tülsü, ich liebe Dich«? Aber weil sie den Mut dazu nicht fanden, projizierten sie sich selbst an die Stelle dieses schreienden Mannes? Vielleicht verkündete er, weinend, stöhnend und schreiend seine Liebe zu Tülsü an unser aller statt?

Er brach plötzlich zusammen. Man ließ ihm Geld zurück, und die Menge zerstreute sich. Einige Zeit verharrte er so. Ich überlegte, ob er Komödie spielte. Spielte auch er nur ein Spiel wie all die Akteure hier auf dem Platz? Ein wenig später raffte er sich auf und erhob sich. Er erkannte mich, und wir begrüßten uns. Dann sammelte er die Münzen vom Boden auf.

»Lassen Sie uns zum Postamt gehen und Tülsü ein Telegramm schicken«, sagte er.

Ich fragte ihn, ob er immer die gleiche Vorstellung gebe. Nein, er wiederhole sich nicht, meinte er.

»Benutzen Sie immer die gleichen Worte?«

»Nein, ich bin kein Schauspieler. Das Leben verändert sich doch jeden Augenblick und damit auch die Stimme oder die Worte.«

Wir gingen zum Postamt. Er eilte die Stufen hinauf, mit einer für sein Alter ganz ungewöhnlichen Frische. In dem großen

Hauptraum suchte er einen freien Platz, um das Telegramm aufzusetzen.

Ich stand dicht neben ihm und konnte lesen, wie er »Ich liebe Dich, Tülsü« schrieb und eine erfundene Adresse angab. Am Telegrammschalter bemerkte ich einen Beamten, der auf ihn wies und mit einem Kollegen ein paar höhnische Worte wechselte. Sie kannten ihn hier also. Aber sie wiesen sein Telegramm nicht zurück.

Wir verließen das Gebäude.

»Wenn ich noch von einigen anderen Postämtern hier Telegramme an Tülsü abgeschickt habe, werde ich diese Stadt verlassen«, meinte er.

»Wohin wollen Sie gehen?« fragte ich.

»Ich weiß noch nicht. Irgendwohin, wo ich Tülsü hoffentlich finde.«

Wir schüttelten uns die Hände und trennten uns dann. Eine Zeitlang blickte ich ihm nach. Als er sich schon ziemlich weit entfernt hatte, schien er zu spüren, daß ich ihm nachschaute, wandte sich um und winkte mit der Hand. Ich winkte zurück.

Danach betrat ich nochmals das Postamt, nahm ein Telegrammformular und schrieb »Ich liebe Dich, Tülsü« darauf. An wen hätte ich es senden können?

Auf einmal kamst du mir in den Sinn, liebe V. D. Ich gab deine Adresse an und überreichte das Formular dem Schalterbeamten.

»Ich liebe Dich, Tülsü!«

Du wirst das Telegramm wohl nicht verstanden haben und hast Dich wahrscheinlich sehr gewundert.

Yaşar Kemal

Der Besen

Der Name des einen war Reşid, der andere hieß Durmuş. Reşid war lang und dünn, Durmuş klein und dick, geradezu rundlich.

Es war Frühling. Die Erde war durch den Regen in Helligkeit getaucht. Der Boden glänzte, und es war, als gingen Lichtstrahlen von ihm aus.

Bis zum Morgen waren sie durch den Regen gelaufen, und nun stieg von ihren durchnäßten Rücken ein leichter Dunst auf. Eine ganze Weile standen sie da, mitten auf dem Weg, ohne ein Wort zu sagen, und dachten nach. Bis zu den Hüften waren sie mit Schlamm verschmiert. Weit hinten in der Ebene glitzerten die verzinkten Dächer der Höfe wie Spiegel.

Durmuş hob langsam den Kopf. Reşid ließ vor Müdigkeit die Schultern hängen. Sein trockenes, sonnenverbranntes Gesicht war eingefallen wie das eines alten Mannes. Sie schauten sich an. Dann gingen sie schweigend weiter. Bis zu den Fersen versanken sie im Schlamm, und vor Erschöpfung machten ihre Füße nicht mehr recht mit.

So gingen sie bis zum Nachmittag. Ein Nebel hatte sich auf die sonnige Erde niedergelassen. Von Süden her näherte sich ihnen eine dunkle Wolke. Sie kamen zu einem Bauernhof. Ein weißer Hahn scharrte auf dem Misthaufen. Dann lief ein ängstlicher Hund an ihnen vorbei. Ein Fohlen mit glänzendem Hals blieb stehen und reckte sich, um gleich darauf wieder tollkühne Sprünge zu vollführen. Der säuerliche Geruch von Dung stieg ihnen in die Nase.

Durmuş blieb stehen und blickte zu Reşid herüber. Auch Reşid blieb stehen. Dann gingen sie auf das große, lange Lehmgebäude zu, das einem Schuppen glich.

Als sie die Tür erreichten, tauchte plötzlich ein Mann auf. Er war klein und unscheinbar, ein Winzling geradezu. Er trug eine schwarze, zerrissene Hose, durch die seine krummen Beine zu erkennen waren.

»Bleibt stehen!« rief er plötzlich. »Los, nehmt die Decken vom Rücken!« Reşid und Durmuş lösten wortlos ihre Decken von den Rücken und legten sie an der Mauer nieder.

»Darf ich um deinen Namen bitten, Herr?« fragte Reşid.

»Ich heiße Veli«, entgegnete der Mann. »Ich bin auf diesem Hof der zweite nach dem Ağa. Daß ihr das wißt! Ich bin die rechte Hand des Ağas. Auf diesem Hof gehen alle Fragen an mich, also ...«

Durmuş und Reşid rafften ihre letzten Kräfte zusammen und nahmen vor Veli eine respektvolle Haltung an. Veli plusterte sich auf: »Wer hat euch geschickt? Haben sie euch meinen Namen genannt?«

Reşid antwortete: »Wir haben uns selbst auf den Weg gemacht.«

Veli wurde böse: »Zu wem wolltet ihr? Es ist doch nicht möglich, daß man auf die Linsenfarm kommt, ohne dabei an Veli zu denken!«

»Wir sind nur so gekommen ... Wir haben niemanden gefragt. Wir haben sie nur gesehen und sind dann gekommen ...«

Veli stampfte wütend auf. »He, hat euch denn keiner gesagt, daß da ein gewisser Veli ist, der euch Arbeit gibt?«

Reşid schwieg.

»Nun sagt etwas! Hat man euch das nicht gesagt?« drängte Veli.

»Deinen Namen, Herr, haben wir im Dorf gehört«, entgegnete Reşid.

»Wieso habt ihr das nicht gleich gesagt?« ereiferte sich Veli. »Das heißt also, man spricht im Dorf von mir!«

»Ja, du bist bekannt!« erwiderte Reşid.

Veli machte eine Geste mit der Hand und ging ihnen voraus. Durmuş und Reşid folgten ihm. Sie kamen an eine kleine Hütte, die dem Einsturz nahe war. Ein alter verfallener Zaun umsäumte sie. Dort blieben sie stehen.

Veli war aufgeregt wie eine Heuschrecke. »Weib! Weib!« schrie er herrisch. In der Tür erschien eine Frau mit zerknittertem Gesicht, die Haare wirr durcheinander, eine Hand über der offenen Brust, um sie zu verdecken ... Veli: »Dies sind unsere Gäste, Weib!«

Die Frau ging ins Haus zurück. Veli grollte: »Mach ihnen Lager und Decken zurecht, sie sind aus Albustan[1] gekommen, um Veli zu sehen!« Veli trat in die Hütte, sie folgten ihm. Die Frau breitete hastig die Decken auf dem schlammigen Boden der Hütte aus.

Veli deutete auf den Ehrenplatz und sagte: »Setzt euch. Wenn ihr gekommen seid, Veli zu sehen, so seid ihr jederzeit willkommene Ehrengäste.«

In dem kleinen Haus, das nur aus einem Zimmer bestand und dessen Strohdach undicht wie ein Sieb war, gab es kaum etwas, was man als Möbelstück bezeichnen konnte. Nur in der einen Ecke lag eine unbezogene Bettdecke und eine kleine Matratze, die wiederum so alt und dreckig war, daß ... nun ja, man sagt doch ... so, daß nicht einmal ein Hund darauf liegen möchte – genauso war sie. Und dann ... Da war noch der Wasserbecher aus Tannenholz, der inmitten einer Pfütze auslaufenden Wassers stand.

Veli erklärte: »Weib, bis nach Albustan haben sie meinen Namen vernommen und sind daraufhin gekommen. Mach schnell einen Mokka!« Die Frau zündete zwei Streichhölzer an und entfachte den Gasherd in der Ecke. Dann füllte sie ein riesiges Mokkagefäß mit Wasser und stellte es auf die Flamme.

Veli sagte: »Der Mokka soll gut werden, koch ihn mit viel Zucker! Die Gäste sind ...«

Der alte Hund, der neben dem Mittelpfeiler des Hauses lag – sein Kopf ruhte auf beiden Vorderpfoten, Zähne und Fell gingen ihm bereits aus – öffnete bei dem Lärm zögernd ein Auge, um es darauf gleich wieder zu schließen.

Veli erklärte: »Für euch müssen wir eine ganz besondere Arbeit finden!«

Reşid erwiderte: »Danke schön, Veli Efendi. Wir haben von dir gehört, darum sind wir gekommen.«

Veli drehte sich zu seiner Frau um: »Schau, Weib, was sie da

1 eigentlich die türkische Stadt Elbistan

sagen!« Dann sagte er, Reşid zugewandt: »Sag's noch einmal, damit das Weib es auch hört!«

Reşid wiederholte: »Wir haben deinen Ruhm vernommen ... ganz da unten in der Heimat ...«

Veli fragte: »Welche Arbeit hättet ihr am liebsten?«

»Wir möchten am liebsten Land pachten!« entgegnete Reşid.

»Ja, wir möchten als Pächter arbeiten!« sagte Durmuş.

»Ich werde eine angemessene Arbeit für euch finden.«

Reşid zog langsam den Kopf ein und fragte vorsichtig: »Veli Efendi, welche Arbeit steht uns denn zu?«

Veli antwortete: »Genau die gleiche, die auch den anderen zusteht. Ihr seid meine Leute, der Ağa kann euch doch nicht weniger geben! Nicht einer, nicht zwei, tausende von Männern sind es, die wie ihr zu uns kommen. Der Ağa sagt: ›Veli, mein Sohn, ich will niemandem etwas schuldig bleiben. Gott hat mir so viel gegeben, wie ich habe. Ich kann doch nicht auf Kosten der Armen leben, um später in der Hölle zu enden!‹ Ja, es gibt keinen, der so ist wie unser Ağa. Er ist nicht ungerecht wie andere. Bei uns wird kein Pächter mit der Peitsche geschlagen. Er gibt das Fünffache von dem Lohn, den andere bezahlen; daher kommt er auch nie von seinen Schulden runter. Er ist gerecht, habt keine Angst. Ich verbürge mich für ihn.«

Reşid sagte: »Das ist gut, Bruder!«

Durmuş fügte hinzu: »So einen haben wir gesucht!«

Veli ergriff Reşids Hand: »So einen gibt's nicht noch einmal in der Çukurova ... so einen wie unseren Ağa! Er ist großzügig wie das Meer: Acht Jahre arbeite ich jetzt für ihn und habe noch nichts Schlechtes erlebt. Er kommt sogar zu uns nach Hause. Glaubt mir, dann setzt er sich dort auf die Decke, wo ihr jetzt sitzt, und fragt: ›Wie geht's dir, Veli mein Sohn? Brauchst du Geld?‹ Ich sage dann: ›Nein, Herr, ich brauche keins. Wir kommen dank deiner zurecht. Wenn wir Geld brauchen, halte dich zur Verfügung. Dein Geldbeutel steht uns immer offen, ich komme und hol's mir‹, sag ich. Dann wendet er sich meiner Frau zu: ›Wie geht es dir, meine Tochter, meine Schwiegertochter? Kommt ihr klar? Fehlt euch etwas?‹«

Er schaute sich zu seiner Frau um: »Ist es nicht so, Mädchen?«
Die Frau entgegnete: »Ja ja, so ist es. Der Ağa kommt immer zu uns. Unser Ağa ist sehr gut ... Ihm verdanken wir, daß wir nie ohne Seife und Salz sind. Gibt es jemanden, der so gut ist wie unser Ağa?«

Durmuş saß während der ganzen Zeit mit dem Kinn auf einen Stock gestützt und staunte über das, was erzählt wurde. Immer, wenn Veli das Wort ergriff, nickte er zustimmend.

Doch plötzlich fuhr es ihm aus dem Mund: »Was für ein guter Ağa! Man ist bereit, für ihn zu sterben. Wenn er doch auch einmal Geld gäbe ...«

Veli verlor die Beherrschung: »Was redest du da, er gibt's doch! Wir sind seine Teilhaber, Mensch. Oder hältst du mich für einen gewöhnlichen Pächter? Dieses Gut liegt in meiner Hand. Ohne mich ist er verloren! Was denkt ihr denn! Was redest du bloß, er gibt's doch! Es liegt in meiner Hand ... ob ich's abfakkele oder zerstöre! Ich esse und trinke, und keiner kann mich kontrollieren. Keiner fragt mich: ›Woher kommst du oder wohin gehst du, Veli?‹«

Er wandte sich wieder zu seiner Frau, die große Augen machte: »Stimmt's nicht, Weib?«

Die Frau erwiderte: »Wie sagen sie doch gleich: ›Wir schmeißen den ganzen Hof allein ...‹«

»Sei nicht böse, Herr«, entschuldigte sich Reşid, »der da versteht nichts davon.«

Durmuş war mittlerweile rot angelaufen, Schweißtropfen lagen wie Perlen auf seinem Gesicht. Völlig verstört stammelte er: »Verzeih mir, Herr, ich verstehe nichts davon.«

Reşid sagte: »Er hat weder Menschenkenntnis, noch kann er sich richtig ausdrücken.«

Durmuş wußte nicht, worin seine Schuld bestand und blickte völlig verwirrt drein: »Ich ... ich hab' keine Ahnung ..., was soll ich sagen? Verzeih mir!«

Veli fuhr fort: »Na ja, wir haben's schon gesagt, Pächter sind wir nicht. Wir sind verantwortlich für den Hof. Daß ihr das wißt!«

In diesem Moment brachte die Frau den Mokka in Teegläsern. Veli dachte eine Weile nach, dann fiel es ihm ein: »Mädchen, unsere Gäste haben Hunger. Mach schnell etwas zu essen!«

»Natürlich!« rief die Frau, »daran haben wir ja gar nicht gedacht!«

»Sie sind aus ihrer Heimat gekommen, weil sie meinen Namen gehört haben«, sagte Veli, »sie sind meine willkommenen Gäste!«

»Veli, Veli! Verfluchter Veli! Du hast ja noch immer nicht den Ochsenstall und das Haus ausgefegt, nun los, schnell ...«

Veli ballte die Fäuste. Sein Gesicht wurde aschfahl. »Dieses Weib!« schimpfte er. »Sie hat einen Herrn wie mich nicht verdient. Eine Ungläubige ist sie! Sie läßt mich – den Herrn – das Haus ausfegen!« Rasch stand er auf und griff sich wütend den Besen.

Vüsat O. Bener

Der Komödiant

Abdullah, der Araber, ist ein zugelassener Rechtsbeistand mit einem krebsroten Gesicht. Er schleudert sein rechtes Bein immer aus der Hüfte heraus. Angeblich hat ihm im Krieg von 1912 ein Dumdum-Geschoß den Beckenknochen zerfetzt, was aber nicht stimmt. Gestern habe ich es von ihm selbst erfahren: Als Kind ist er vom Esel gefallen und hat sich das Bein gebrochen. Sie haben es falsch geschient, und dann ist es halt so geblieben. »Von mir aus sag' ruhig, er ist vom Esel gefallen!« hat er zu mir gesagt, »wenn sie dir wirklich glauben, laß ich sie in mein Gesicht spucken.« Ich hab' es niemandem erzählt. Was hätte ich auch davon gehabt? Heute ist er nämlich gestorben, diesmal wirklich. Seine Leiche hat die Stadt verscharrt, und ich bin auch hingegangen und habe zwei Schippen voll Erde in das Loch geschüttet, in das man ihn geworfen hat.

Abdullah, der Araber, war nie nüchtern. Er war zuckerkrank und trug die 5 mg-Injektionsspritze immer bei sich. Falsche Scham kannte er nicht. Egal wo er gerade war, zog er seine Pluderhose herunter bis zu den Lenden und stieß sich die Nadel in den Oberschenkel. Wenn er Geld hatte, bestellte er sich im »Lezzet Aşevi«, das als bestes Restaurant des Ortes gilt, einen ganzen Tisch, aß und lud zum Essen ein. Hatte er nichts, dann reichten ihm Brot mit Gurke und billiger Fusel, um den Tag zu überstehen.

Wenn sie mit ihm sprachen, nannten sie ihn »Araber«, aber hinter seinem Rücken »Hundesohn«. Manchmal, wenn er sich zwei bis drei Monate lang nicht hatte blicken lassen, verbreitete sich das Gerücht, er sei krepiert. Aber er tauchte immer wieder auf. Dann hielt er lange Reden auf dem Platz bei dem Brunnen und verkündete, er sei nicht gestorben, und diejenigen, die das gehofft hätten, müßten noch lange warten. So, als hätte er was zu vererben. Aber das kümmerte sowieso keinen!

Feiertage, Wahlzeiten, Vereinsversammlungen und Tagungen waren für ihn die Gelegenheit.

Wenn von den Rednerpulten herab große Reden geschwungen wurden und die Plätze vom Gedröhne der Lautsprecher widerhallten, saß dieser hier auf einem Stein in der Ecke mit seinen wimpernlosen, halb geschlossenen Augen, die erloschenen Pupillen starr auf einen Punkt hinter den Bergen gerichtet. Eine Hand auf den metallbeschlagenen Knauf seines Stockes gestützt, gab er dann mit herabhängender Unterlippe hochtrabendes Gerede von sich. Der Ton seiner Stimme war dabei von einer Süße, so weich, vornehm und gelehrt, daß ihn die besten Kanzelredner darum hätten beneiden können.

Die Leute krümmten sich vor Lachen, klatschten, pfiffen und spotteten. Die Kinder zogen ihn am Hosenbein, traten ihm in die Kniekehlen und brachten ihn so zu Fall. Er aber kümmerte sich nicht darum. Da wo er gerade hingerollt war, setzte er seine Rede mit prophetischer Ruhe fort.

Nasuh, der schielende Ober vom »Lezzet Aşevi«, hatte mir gleich an meinem ersten Tag hier gesagt: »Der Araber ist unser Goldstück. In der letzten Zeit läßt er sich nicht blicken. Wenn er nicht krepiert ist, dann macht er seine Predigttour in Kızılkeçili. Was für ein gerissener Hund er doch ist. Das einzige, wovon er keine Ahnung hat, ist der Islam. Er weiß ein Mittel gegen Malaria und hat sogar zwei Methoden gegen Gelbsucht: durch den Gaumen und zwischen den Augenbrauen. Dieser Hundesohn ist sogar gegen die Tollwut gefeit. Letztens hat ihn ein tollwütiger Hund in den Schenkel gebissen, und nichts ist passiert! Wir waren alle starr vor Staunen. Seitdem glaubt ein Teil der Dörfler, daß er ein Heiliger ist.«

Eines Morgens bin ich ihm dann vor Rizas Tabakladen begegnet. Beide hatten wir, wie aus einem Mund, »Birinci«[1] verlangt. »Ich bitte um Vergebung, Verehrtester«, sagte er zu mir, »bitte nach Ihnen«, und war dabei zurückgetreten, indem er sich respektvoll verbeugte.

Ich hatte gelacht:

»Sehr liebenswürdig von Ihnen, Abdullah Bey. Wie geht es Ihnen?«

1 Zigarettenmarke

»Ergebenster Diener, mein Herr!«

»Bitte erlauben Sie mir, Ihre Zigaretten zu bezahlen.«

»Wenn ich bitten dürfte, mit Streichhölzern!«

Ich nahm die Kinder, die uns nachlaufen würden, und den Spott der Bekannten in Kauf und sagte:

»Lassen Sie uns doch bei diesem schönen Wetter gemeinsam etwas spazierengehen, Abdullah Bey.«

Während er versuchte, mit seinem Stock eine kleine Tonscherbe auf der Erde zu zerbrechen, erwiderte er:

»Aber Verehrtester, das wird den Leuten gar nicht gefallen.«

»Machen Sie sich da mal keine Sorgen!«

Auf dem Weg begrüßte er fast jeden. Manche taten so, als sähen sie ihn nicht, andere grinsten frech und warfen ihre Schiebermützen so weit in die Höhe, wie ihre Arme reichten. An den Ecken sah man kahlgeschorene Kinderköpfe...

Der Araber lächelte nur schief.

Ich sagte: »Wenn Sie möchten, können wir ja in ein Kaffeehaus gehen.«

Er nickte zustimmend, und wir gingen hinein.

Der halbblinde Kaffeehausbesitzer Nuri sah mit seinem blinden Auge mich und mit dem gesunden Auge ihn an und zwinkerte ihm zu: »Herzlich willkommen, Ağa! Wasserpfeife gefällig?«

»Ich bin in Begleitung dieses Herrn, du mußt ihn fragen.«

»Bring' eine Wasserpfeife und mir einen Kaffee mit wenig Zucker«, sagte ich.

Der Blinde rief dem Ocakçı[2] zu:

»Einen Starken mit wenig Zucker! Eine Wasserpfeife! Da hast du ja mal wieder Glück gehabt, Araber!«

Abdullah, der Araber, kniff seine Augen fest zusammen, öffnete sie wieder, streckte sich und gähnte:

»Ich bin übernächtigt, kann nicht schlafen.«

»Sind Sie krank?«

»Aber nein! Ich bin doch nur ein Kuriosum, das Ihre Neugierde reizt, Hochverehrtester, sagen wir ein Tier.«

2 Mann, der Tee bzw. Kaffee zubereitet

»Aber woher denn, mein Lieber, so denke ich nicht. Ich wollte nur ein wenig mit Ihnen reden.«

Er schob sein gesundes Bein unter das Gestell der Sitzbank vor sich und rülpste.

»Heute Moslem, morgen Ungläubiger. Ach, wie mich das langweilt. Jammerschade, bin weder Moslem noch Ungläubiger! Kein Wunder, daß ich morgens keinen Schlaf finde. Haben Sie auch Schlafstörungen?«

»Nie. Ich schlafe immer gut.«

»Ihnen wird der Schlaf auch noch vergehen, Wertester! Ich hätte auch lieber ohne fremde Hilfe mein kümmerliches Dasein gefristet; aber dazu fehlte mir leider der Verstand und auch die Begabung.«

Ein großartiger Komödiant, dieser Kerl, sagte ich mir. Der konnte genauso leicht lachen wie weinen.

Das Kaffehaus war fast leer. Zwei Tische weiter hatten die Leute angefangen zu lachen. Auch ich konnte kaum noch an mich halten. Der Araber sagte mit weicher Stimme, von künstlichem Schluchzen geschüttelt:

»Was bin ich doch für ein Narr! Hätte ich mit diesem Geist nicht ein großer Mann werden können? Verrückt!« Dann lachte er: »Aber Sie, Sie kennen ja nicht den Geschmack von Armut. Jetzt haben Sie Mitleid mit mir, vielleicht entrüsten Sie sich auch über mich. Sie glauben, ich würde meine Schande wie eine Tugend zur Schau stellen. Aber Sie irren sich, mein Lieber! Ich habe keinen falschen Stolz, ich besitze gar nichts. Heutzutage...

Der halbblinde Nuri war von hinten an den Araber herangetreten und hielt ihm den Schlauch der Wasserpfeife vor die Nase.

»Bitte schön, Ağa! Bring' sie zum Brodeln. Heute quatschst du ja wieder ein schönes Zeug. Geh nicht zu sehr auf ihn ein, mein Herr, den wirst du sonst nicht wieder los.«

Ich sagte nichts dazu. Plötzlich aber schrie der Araber: »Laß mich in Ruhe, Bastard!« und klammerte sich an seinen Stock.

Lachend verdrückte sich Nuri.

Von der anderen Seite rief ein grauhaariger Mann:

»Sag mal, ist das Weib vom Teufel oder von Gott? Komm, erzähl' schon!«

Mit seiner weißen Handfläche wischte der Araber das Bernsteinmundstück der Wasserpfeife ab und steckte es sich in den Mund. Seinen Kopf gegen den Stuhlrücken gelehnt, wirkte er, als sei er eingeschlafen.

Ein anderer Mann mit einem gewaltigen Schnurrbart sagte deutlich hörbar: »Er ist heute nicht in Stimmung. Dieser Hundesohn hat vielleicht Sprüche drauf, nur leeres Geschwätz!«

Während ich meinen Kaffee trank, sagte ich:

»Die Wasserpfeife geht aus«.

Ohne zu antworten oder ein Auge zu öffnen, brachte er sie zum Brodeln. Ein leichter Tabakduft stieg mir in die Nase.

»Abdullah Bey«, sagte ich leise, »was machen Sie in den Dörfern?« Er wackelte mit den Ohren und lächelte. Während ich noch überlegte, wie er wohl seine Ohren zum Wackeln brachte, brummelte er: »Ich nutze die Unwissenheit aus, Hochverehrtester! Erst hetze ich sie gegeneinander auf, dann kritzele ich für sie die Anträge hin, und zum Schluß lassen sie sich durch mich vertreten. Die Dörfler mögen mich. Und was machen Sie?«

»Ich? Mit den Dörflern habe ich nichts zu tun.«

Er zog das Bernsteinmundstück heraus und gab ein schallendes Gelächter von sich. Es war klar, daß es gespielt war.

So ein Strolch! dachte ich bei mir. Und ich sitze hier mit dem... Ich ärgerte mich, ließ das Geld für den Kaffee und die Wasserpfeife auf dem Tisch und ging hinaus.

»Verehrtester, komm mein Lieber, ärgere dich nicht!« rief er noch hinter mir her.

Am gleichen Tag sah ich den Araber vor dem Çınarlı Hamam.[3] Er hatte ein Dutzend Bettlerkinder um sich versammelt, denen er Unterricht gab. Drei Badediener mit Badetüchern um die Lenden waren zum Luftschnappen vor die Hamam-Tür gekommen und kratzten sich geräuschvoll. Ab und zu riefen sie dem Araber etwas zu. Abdullah beachtete sie nicht. Ganz überzeugt von der Bedeutung seiner Rede betonte er jedes Wort:

»... wenn das so ist, dann also gehört die Welt den Armen. Es lebe die Armut. Los, ruft schon! Sie lebe hoch!«

3 türkisches Dampfbad

Die Kinder stießen sich kichernd an und schrien:

»Sie lebe hoch!«

»Warum soll sie hochleben, Mensch?« Er sah sich um. Zunächst verstummten die Kinder, dann begannen sie wieder zu lachen.

»Dummköpfe!«

Aus seinem Gürtel zog er einen schmierigen, zerknitterten Lira-Schein, befeuchtete die Finger, glättete das Papier und hielt es gegen die Sonne.

»Seht ihr das hier?«

»Ja, wir sehen's.«

»Gut! Auf diesem verfluchten Ding sind die Spuren von Millionen dreckiger Hände. Hier, nimm mein Lieber, gib, mein Lieber. Nimm – gib! Was heißt das? Sag du mir's, mein Bürschchen... Was bedeutet das?«

Eines der Kinder stand auf:

»Gib mir das, was du in der Hand hast, Arap Abi, und ich sage es dir.«

Die anderen fielen auch mit ein:

»Gib's mir, gib's mir! Ich will es haben, Arap Abi!«

»Seid ruhig!« schrie der Araber, »der Hübsche hier wird es mir sagen. Hier, nimm«, sagte er, »aber wenn du es nicht weißt, nehme ich das Geld wieder zurück!«

Der Hübsche schnappte sich den Schein, »Das heißt, den Araber übers Ohr haun«, sprang auf und verdrückte sich.

Der Araber rief ihm »Dummkopf!« hinterher. »Was hast du davon, den Araber übers Ohr zu haun? Sie betrügen doch eure ganze Sippschaft! Auf, trollt euch! Verschwindet, ihr Bastarde...«

Dann steckte er seine Hand in die Seitentasche seiner Pluderhose und warf eine Handvoll Kleingeld in ihre Mitte. Während sich die Kinder übereinander warfen und auf das Geld stürzten, ging er hocherhobenen Hauptes, wie ein Stock so gerade, das Bein aus der Hüfte herausschleudernd, und verschwand.

Nezihe Meriç
Ohne Wasser

Vor dem Fenster herrscht undurchdringliche Dunkelheit. Siebentausend Stockwerke weiter unten wimmelt es von Lichtern und Menschen. Menschen, die alle Erinnerungen, Hoffnungen und Sehnsüchte mit sich tragen. Siebentausend Stockwerke weiter oben ist nur Dunkelheit. Einfache, dichte Dunkelheit. Sie gibt Ali Bey Ruhe. Und dort am Fenster steht Bülent, sein Sohn. Er bildet eine kräftige, graue Silhouette vor der Dunkelheit. Ein Junge, der erwachsen geworden ist. Er hat nur diesen einen, sein eigen Fleisch und Blut. Wenn er sich auch vom Vater entfernt, so kann der sich doch auf ihn verlassen. Für Ali Bey sind in diesem Augenblick nur zwei Dinge wirklich. Die Dunkelheit und Bülent. Wenn er das Kristallglas ein wenig schräg hält, sieht er in den dreieckigen Prismen tausendmal das dunkle Fenster und ebensooft Bülent. Eine graue Silhouette, mit kräftigen Strichen auf die Dunkelheit gepinselt.

Seine Unterlippe kräuselt sich. In seinen Gefühlen schwingt Bitterkeit mit. Teufelswerk, denkt er bei sich. Niemand anders als der Teufel treibt solchen Spott mit einem, der die Fäden nicht mehr in der Hand hat. Immer wieder denkt man, man hat es gepackt. Er spürte mit einem Mal eine Erleichterung, die ihn an die sorglosen Tage seiner Kindheit erinnert. Eine ungetrübte Freude, unbelastet von allen Gedanken an Gegenwart, Vergangenheit und Zukunft. Ein Gefühl, das den Menschen mit einem Schlag zum Helden, zum Sultan schlechthin macht, ihm übermenschliche Kraft verleiht und ihn glauben macht, er könne mit einem Strich alles auslöschen und von neuem beginnen lassen.

Von neuem beginnen! Das ist das Problem. Man kann nicht von neuem beginnen, denn das ist im Schicksal des Menschen nicht vorgesehen. Sein Leben ist wie ein großes Spiel. Er kann spielen, wie er will. Mit Fehlern und Erfolgen. Aber zerstören, zerstören und von vorn anfangen – das ist unmöglich. Doch das wird ihm vorher nicht gesagt. So wie auch der Anfang nicht seine eigene Entscheidung ist.

Da ist der Rahmen, in dem sich sein Leben abspielt: seine Frau, seine Tochter, seine Gäste. Dieses Zimmer, die Dinge, die sich nach und nach in seinem Leben breitgemacht haben ... Er kann sich nicht davon befreien. Sie sind ein Teil von ihm geworden.

Sie sitzen um ihn herum am Tisch. Im Zigarettenqualm, mit Stimmen, die weit entfernt klingen, bei einem Gespräch, das ihn nicht interessiert, mit Gelächter – zunächst vereinzelt, dann wie ein gemeinsames Grölen – ... Seine Einbildung hatte ihm wohl einen Streich gespielt, als er sie vor wenigen Stunden in einem Moment vermeintlicher Erleuchtung verändert gesehen und geglaubt hatte, daß die Luft, das Wasser und die Menschen doch neue Frische und Reinheit hätten. Nachdem ihm die Unveränderlichkeit bewußt geworden war, wunderte er sich. Wie hatte er sich auf das Teufelsspiel einlassen können!

Die Unveränderlichkeit. Ja, das Leben von Ali Bey steht still. Tief innen steht es still. In ihm selbst. Nach achtundfünfzig Jahren gibt es nun kein Vor und kein Zurück mehr. Eine Niederlage, würde Bülent sagen. Einverstanden. Man darf dieses Lachen, das einem aufgezwungen wurde, nicht einfach so hinnehmen. Die Jahre sind unwiederbringlich vergangen und haben vieles mitgenommen. Sie können nicht nochmal gelebt werden, denn ... So lebt jeder einzelne, jede Generation ihr Schicksal. Da ist wieder Bülent.

Auch jetzt würde er darauf beharren, daß jeder für sein Schicksal selbst verantwortlich ist. Was auch immer es sei. Irgend etwas ist nun stehengeblieben. Das ist das Entscheidende.

Für Ali Bey gibt es nach achtundfünfzig Jahren nichts mehr zu tun. Nicht in diesem Land, unter diesen Umständen. Er könnte auch sagen, im Schicksal dieser Generation. Daher sollte man sich damit abfinden. Das ist die einzige Lösung. Wenn er einen Schritt weiter als Doktor Vahit gekommen ist, dann ist Anwalt Osman schon einen Schritt weiter als er. Wie sagt er: »Man sollte wenigstens keinen Schatten auf das Leben der Kinder werfen.« Bülent wird sein Trost sein. Auch wenn er sich von seinem Vater abgewendet hat. Da steht er am Fenster, vor der Dunkelheit. Er kennt seine Gedanken nicht. Denn ihre Beziehung, ihre Vertrautheit ist schon lange zerstört. Es ist etwas geschehen. Daran muß er sich gewöhnen: zumindest muß er die Bequemlichkeit der Gewohnheit ertragen. Doch jederzeit kann er sich auf Bülent verlassen. Bülent ist ein guter Mensch. Und schließlich ist er sein Vater. Dort – eine kräftige, graue Silhouette vor der Dunkelheit.

Im Spiegel am Büffet stand Ali Bey auf. In dem Augenblick, in dem er aufstand, verschwand etwas. Etwas, das kurz vorher an die Oberfläche kam und sein Inneres enthüllte. Es hatte sogar Bülent und die Dunkelheit mit sich genommen. Mit zusammengekniffenen Augen schaute er aufmerksam in den Spiegel. Er erkannte sich selbst: Der ehrenwerte Bankdirektor Ali Ruşen Bey. Ein vornehmer Mann, mittelgroß, mit blondem Schnurrbart und blauen Augen. »Für Ihr Alter sehen Sie noch gut aus, Onkel«, hatte Vahits Tochter gesagt. Er leerte sein Glas Rakı in einem Zug. Das war das Richtige, um dem trüben Zimmer zu entfliehen und wieder klar zu sehen. Er sah wieder die Nelken in der Vase, die kleinen dreieckigen Pasteten, die goldbraunen Kartoffeln, den grünen Salat. Doktor Vahit war nicht mehr länger eine große, schmutzige Teigmasse, die den ganzen Sessel ausfüllte.

Ali Bey wußte, worüber gesprochen wurde, als er in der Geräuschkulisse, die er nun wieder wahrnahm, einzelne Wörter aufschnappte: »... Der Mann brachte seine Frau zur Untersuchung, ist aber eifersüchtig. Er läßt nicht zu, daß sie sich auszieht. Was tun? Da kam mir eine Idee...« Sie lachten. Seit Jahren erzählt er so. Sie erstickten fast vor Lachen. Ali Bey schaut sich jeden einzeln an. Doktor Vahits Frau hat sich überhaupt nicht verändert. Ihr kleines Gesicht lacht, mit kindlicher Zufriedenheit in den haselnußbraunen Augen. Und Müzehher? Seine Frau! Eine diensteifrige Seele. Die Schminke verschmiert, fett, eine Zigarette zwischen den Fingern lehnt sie sich vor ... Vahit erzählt mit der Stimme von damals. Ali Bey spürt auf seiner Brust den Druck der Unveränderlichkeit. Seine Tochter schaut ihn mit unvermitteltem Gelächter an. Ein grellgrüner Pullover! Rot und Gelb durcheinander. Sie wird eine der Frauen sein. Eine der Frauen, die millionenfach die Welt anfüllen. Seit einiger Zeit lebt sie in der Unveränderlichkeit des Erwachsenseins, nachdem sie vor fünf, sechs Jahren die Kindheit hinter sich gelassen hatte.

Ali Bey weiß genau, was in ihren Köpfen vorgeht. Denn sie sind alle gleich. Vahits Tochter aber! Vahits Tochter und Bülent, das bedeutet Verstand. Verstand, der sich mit dem Lauf der Zeit verändert und ständig weiterentwickelt. Er kann nicht wissen, was Vahits Tochter denkt, und warum sie von dem Gelächter unberührt blieb. Während des Abends huschten tausenderlei Gedanken über dieses schmale Gesicht. Noch ein letztes Glas, ein paar Mandeln, verschwommene Erinnerungen, die vergangene Jahre in »fasl-i-hüzzam«[1] zurückbringen... Ali Bey braucht das jetzt. Wenn Doktor Vahit anfängt zu erzählen, hört er so schnell nicht wieder auf. Er hat die Füße ausgestreckt und es sich im Sessel bequem gemacht. Das Zimmer, die Gespräche, das Lachen rücken hinter Vahits Tochter in die Ferne. Die Stadt läßt durch das lange Pfeifen eines Zuges von sich hören. Vor dem Fenster Dunkelheit.

Bülent ist gegangen. Verschwunden, wie er immer sagt. Ali Bey schaut in die Dunkelheit. Seine Gedanken fließen klar und mühelos. Das Spiel des Teufels wird nicht zu Ende gespielt. Die Freude, die der Mensch plötzlich empfindet, die Überzeugung, in einem erleuchteten Moment Gott gesehen zu haben, das ist das Werk des Teufels, des Feindes jeder Gleichmäßigkeit. Es stört ihn, wenn er sieht, wie ein Mensch beginnt, sich zu gewöhnen und der Bequemlichkeit der Gewohnheit hinzugeben. Die Gleichmäßigkeit muß unbedingt zerstört werden. Nach dieser Freude, die im nächsten Augenblick wieder verloren ist, soll man dann weiterleben, wenn man es schafft. War es nicht jetzt so bei Ali Bey?

Ali Bey ist besiegt. Besiegt. Erst heute fühlte er dies ganz deutlich, als der junge Abteilungschef unterzeichnete. Über den Tisch gebeugt, unterzeichnete er die Papiere vor Ali Bey, dem Direktor. »Eins, zwei, drei, eins, zwei, drei, zack, zack, zack,« hatte Ali Bey innerlich gesagt, »sogar die Unterschrift der Jugend...«

Sie war mehr als nur eine Unterschrift für ihn; sie verkörperte Jugend, die Gesundheit, Behendigkeit und Klarheit der Jugend.

1 eine Art osmanischer Musik

Gegen Ali Bey. Da ist Bülent, da ist Vahits Tochter – Suzan ist unwichtig – die anderen, alle sind gegen Ali Bey! Sie wissen, was sie wollen. Sie tun alles, es zu erreichen. Ein fortschrittliches Land, ein fortschrittliches Leben ... koste es, was es wolle. Den Nachfolgenden werden sie etwas Halbfertiges hinterlassen. Sie sind das Fundament.

Ali Beys Generation ist verwirrt. Wie sagte Vahit eben: »Haben wir nicht unsere Jugend in die Straßen dieses Landes, seine Eisenbahnen, Akten, Krankenhäuser investiert?« Das war eine Pflicht. Bei ihnen ist es Idealismus? ... »Sieh es ein«, hatte er gesagt, »jede Generation ist der vorhergehenden voraus ...« Er sagte es, damit Bülent es hörte. Aber Bülent hatte sich abgewandt. Ganz und gar. Er hat seinen Sohn sehr verletzt. Lange Zeit wollte er nicht verstehen und die Überlegenheit der Jugend nicht wahrhaben. Wenn er einwenden wollte, daß sie Menschen der Seele waren und jene Materialisten, sah er, daß diese Materialisten auf kürzestem Wege unerschütterliche, seelische Vollkommenheit erreicht hatten. Wie oft – schmerzhaft.

Vahit nimmt die Sache leicht – als wäre sie ein Scherz. Lachend fragt er: »Zeig mir irgend etwas, worin uns diese Jugend überlegen ist ...« Auch da antwortet Ali Bey. In Richtung Bülent. Wegen Bülent. »Doch, da gibt es was. Vieles. Nimm nur die Partnerschaft zwischen Mann und Frau, die sie, anders als wir wahrmachen ...« Für Ali Bey hat Vahits Tochter nur einen Blick aus zusammengekniffenen Augen. Bülent rührt sich nicht. Er wird nie mehr an seine Aufrichtigkeit glauben. Suzan? Auch sie war Ali Bey verloren. Unwichtig. Er hätte gerne eine Tochter gehabt. Eine richtige Tochter. Suzan hätte sie sein können. Sie war ein gutmütiges Kind. Wild, aber nicht intelligent. Nichts anderes im Kopf, als sich herauszuputzen und sich herumzutreiben. Man hätte sie zur Hausfrau erziehen sollen. Wenn Suzan jetzt ein durchschnittlicher Mensch mit fertigen Gedanken ist, mit Weisheiten aus einem Arbeitsleben, mit dem sie nicht fertig wird, dann ist das sein Werk. Das Ergebnis seiner Dummheit. Aus dem Durcheinander seines eigenen Lebens entließ er sie in die Welt. Mit einem Gedanken, den er für fortschrittlich hielt: »Eine Frau kann sehr wohl arbeiten wie ein Mann. Arbeitsteilung.« Arbeitsteilung und so weiter. Er war 48, Bülent zu jener Zeit 25. Immer wieder hatte er gebeten: »Vater, laß das Mädchen nicht gehen. Suzan ist dumm. Sie wird mit der Arbeit nicht fertig.« Bülent war 25, er 48. Jetzt hat Suzan mit den zweihundert Lira, die sie nach Hause bringt, ihre Mutter und ihre Unabhängigkeit gekauft. Trotzdem ist sie eine gute Tochter. Sie liebt ihren Vater. Seine Tochter mit ihrem Geliebten aus der besseren Schicht – nein, nicht mit ihrer Liebe.

Auch wenn Bülent es als dichterische Allüren oder Sentimentalität verspottet, so ist Ali Bey doch ein Mensch der Seele. Das gesteht Bülent ihm zu. Dessen ist er sich sicher. Ali Bey drehte sich unauffällig um und ging mit trockenem, leeren Lachen hinaus. Als hätte er ihn nicht gesehen. »Eine Schande! Sie konnten nicht für ihre Kinder eintreten. Weder für ihr eigenes noch für deren Leben waren sie von Nutzen. Das Problem der ganzen Generation. Hatte deren Generation diese Werte nicht? Was gibt es nicht alles, aber die Ausnahmen brechen die Regeln nicht.«

Noch mehr Rakı pur! Was ist geschehen – hat die Wirkung des Rakı nachgelassen, sind die Dunkelheit und Ali Bey zurückgekommen? – er ist kein Heilmittel wie früher. Bülent steht nicht mehr am Fenster. Vahits Tochter schaut hinaus. »Wir leben ein verzweifeltes, trauriges Leben, mein Herr«, sagt Ali Bey schließlich. Angefangen, versagt, mit einem Schritt hat man die 50 überschritten und steht am Ende ratlos in einer Sackgasse, in der es nicht weitergeht. Von irgendwoher hört er seinen Optimismus sagen: »Freue dich, daß du deine Jugend gelebt hast!« Ja, damals waren sie jung. Das Leben war einfach. Jetzt hat er nicht mal mehr seine Frau. Auch mit ihr konnte er nicht richtig umgehen. Sie ist die Mutter seiner Kinder. Gegen ihn.

Wieviel verborgener Haß lag in ihrer Stimme, als sie gestern zu Suzan sagte: »Adil Bey hat ein Grundstück für Perihan gekauft. Ein Teufelskerl – wie der seine Familie leben läßt ...« Die Kinder verstehen sich besser mit der Mutter. Denn sie hat sich ihnen angepaßt. Die Festung von Suzan, Bülents Dienerin. Sie wohnen in einer guten Gegend. Seine Frau besitzt einen Pelz – einen wie Adil Beys Frau. Kühlschrank, Waschmaschine ... Sie leben gut. Müzehher ist zufrieden. Aber bei der kleinsten Gelegenheit ist sie gegen ihn. Suzans zweihundert Lira und Bülent! möchte er dagegenhalten. Bülent ist ein guter Junge, aber nie hat man im Haus etwas von seinem Geld gemerkt. Miete, Kohlen, Kino, Theater, das Gehalt des Dieners, alles bezahlt er. Doch der Vater ist der Herr im Haus geblieben. Dankbar erinnert Ali Bey sich an den Morgen, als Bülent ihn fragte: »Vater, ich habe kein Geld mehr. Du mußt mir aushelfen.« Er muß sich mit diesem Leben abfinden. Es ist so, so sehr ihn auch sein verletzter Stolz quält, und die Angst, sich selbst zu zermürben. Man sollte mit Anstand seine Fehler zugeben. Ja, man sollte wenigstens das Leben der Kinder nicht vergiften.

Er hat Bülent sehr verletzt. Damit muß er fertigwerden. Er hat sich zurückgezogen und versucht, das Leben zu nehmen, wie es ist. Der Teufel hat das erfahren. Ali Bey hatte auf dem Markt nicht daran gedacht. Er konnte nicht fühlen, wie der Teufel in ihn fuhr, als er Doktor Vahit, seinen Freund seit dreißig Jahren, auf dem Markt wiedertraf. Plötzlich glaubte er, das Fadenende wieder gepackt zu haben. Einen Augenblick lang erinnert er sich an dieses Gefühl, das den Markt zum überfülltesten, vielfältigsten Markt der Vorstädte macht! Läden, Lichter, Gemüse, Früchte in Rot und Grün, Bewegung, Kaufen, Verkaufen, Fröhlichkeit... »Na sowas, Doktorchen, wo kommst du denn her?« freute er sich. Sein Gegenüber, der Vahit von vor dreißig Jahren – ziemlich alt geworden –, stammelte: »Wie schön, wie schön. Mein Gott, wie lange haben wir uns nicht gesehen...« Es geschieht, dachte Ali Bey, als sie sich mit tränenfeuchten Augen anblickten. Da ist das Teufelslicht in ihn gefahren. Sofort hatte er vor Augen, was vor dreißig Jahren war: Den schmächtigen, blonden Bankangestellten und den großen, korpulenten Doktor Vahit von damals. Eine Vorstadt. Ein Balkon aus Stein am dunklen Meer, auf dem sie Rakı tranken. Ihre jungen Frauen, die in der Vergangenheit geblieben sind, die neugeborenen Kinder, die Nächte, in denen sie angelten... Das Einschlafen in den Armen der jungen Frauen, der wohlige, aufrichtige, gesunde Schlaf der Jugend...

»Komm, wir gehen zu uns! Wir rufen deine Leute an, dann machen wir uns einen gemütlichen Abend und reden über die alten Zeiten.« Als er das sagte, fühlte er eine ungewisse Vorfreude. Wie vor Jahren, als Bülent und Suzan noch klein waren; sie liefen herum und riefen »Papa, Papa«; wenn er damals an die Haustür klopfte, verbreitete sich Wärme in ihm. Er hatte geglaubt, daß so etwas wieder geschehen könnte, etwas Zerstörtes wieder neu entstehen würde, manch Verlorenes zurückkehrte. Aber er hatte den Kampf gegen den Teufel schnell verloren. Das Spiel konnte nicht bis zum Ende des Festes weitergespielt werden. Die Erinnerungen an die vergangenen Jahre, die alten Freunde – alles war da. Als wären sie glücklich. Müzehher brach das Spiel ab. Unwissentlich. Diese Blicke aus kleingewordenen Augen, mit verschmierter Schminke.

»Ali Bey, reden Sie nicht so. Was haben Sie für Möglichkeiten gehabt. Wenn Sie es richtig angepackt hätten, dann könnten Sie heute wie Osman...« Schon vorher war ihm das Ende des Fadens entglitten. Es war weg. Natürlich könnte er etwas darauf erwidern, aber als vornehmer Mann durfte er sich nicht auf ihre Ebene begeben. »Meine Liebe, wir haben unsere Jugend gelebt. Was meinst du, lieber Vahit?« antwortete er und versuchte zu lächeln. Was soll Vahit sagen! Auch er weiß, um was es geht. Auch er besitzt eine Wohnung, Land, Geld. Ali Bey jedoch verdankt dieses Leben dem Geld seiner Kinder. Das Geld der Kinder steckt im Haus. So ist das nun mal.

Und Ali Bey begriff, daß nichts sich mit einem Schlag ändert. Diese Frau, dieses Haus werden schließlich ihre Fehler leben. Als er von ihrer Jugend sprach, die sie gelebt hatten, traf ihn ein Blick von Vahits Tochter. Kurz hält er sich daran fest. Auch Bülent versteht ihn. Wenn er es auch nicht akzeptiert. Bülent ist sein Sohn! Was den Teufel angeht, so laß ihn sich freuen. Soll er doch. Jeder lebt sein Schicksal.

Vahit ruft: »Was ist mit dem los? Auf den, der die Gesellschaft verlassen hat...« Er stand auf und leerte sein Glas. Mittelgroß, blond, vornehm. Seine innere Zerrüttung dringt noch nicht nach außen. Nur derjenige, der versteht, bemerkt, wie sich in den blauen, zusammengekniffenen Augen etwas verdunkelt hat... »Komm«, sagt Doktor Vahit, »komm auf den Balkon. Schau dir diese Aussicht an. Diese Stadt, İstanbul, die ihresgleichen nicht hat... sagte ein Dichter, nicht wahr? Wer war das doch gleich?«

Fakir Baykurt

Dann kriege ich mein Kind in den Bergen

Immer diese schielende Krankenschwester an meinem Bett. Ihr Gesicht ist stark geschminkt. Jeden Tag hüllt sie sich in einen anderen Duft ein. Geht jeden Tag ins Hamam. Schrubbt ihre Haut mit einem seifigen Waschlappen. Ihre Wangen und Schläfen glänzen schon von weitem. »Ich bin verheiratet, aber wir haben keine Kinder«, sagt sie. »Ich will nicht! Was soll ich damit? Bin ich denn blöd?«

Gibt's denn so was, daß jemand keine Kinder kriegt, wenn er doch könnte? Asche auf dein Haupt! Ich mag dieses Schielauge nicht! »Verrückte Alte!« denke ich bei mir. Ich kann an ihren Augen und ihrem Augenzwinkern ablesen, was in ihrem Herzen vorgeht. Die ist doch übergeschnappt! Könnte doch Kinder kriegen und will nicht! Und meint dann auch noch, sie hätte Verstand. Die Hunde sollen deinen Verstand fressen, dummes Weib!

Diesen Jammerlappen von Doktor mag ich auch nicht. Kommt und geht, fragt mich, wie's mir geht und ob's mir gut geht. Tastet meinen Bauch ab. Wechselt meine Verbände. Stellt mir tausendundeine Frage über dies und das, um mich zum Reden zu bringen. Will mich zum Lachen bringen. Ich will aber nicht und lache nicht. Kann auch nicht lachen! Was gibt's denn für mich schon zu lachen? »Steh auf und geh ein bißchen spazieren!« sagt er.

»Ich gehe nicht spazieren! Ich bleibe hier und liege mir den Rücken wund!«

Zu allem und allem habe ich »Phh!« gesagt. Ich mag keinen. Wenn ich sie allein in der Wildnis finde, spalte ich ihnen die Köpfe! Ich hetze die Hunde auf sie, laß sie ihnen an die Kehle springen. Sie sollen mal an meine Tür kommen und »Wir haben Hunger und kein Dach über dem Kopf!« sagen, dann dreh ich mich einfach weg. Ich rühre keinen Finger.

Gestern nachmittag stand ich auf und ging zur Toilette. Ich lief allein, tastete mich an den Wänden entlang. Im Salon haben sie einen langen Spiegel. Himmel, in dem sah ich mich dann! Es fehlte nicht viel, und ich hätte mich selbst nicht erkannt! Alles, was in mir war, hat man rausgenommen! Sie haben mir das Mark, den Darm, den Magen entfernt! Ich selbst bin verschwunden, eine leere Hülle blieb übrig! Ach, ich komme um vor Schmerz – sie haben mein Baby genommen! Ich sag's ja, ich sag's doch! Meine Gesichtshaut ist schlaff geworden. Gelb wie Stroh bin ich.

Ach, in meiner Mädchenzeit war ich genau richtig. Da hatte ich gut was auf den Knochen, konnte lachen und tanzen, war fröhlich! Wir sind in die Ebene hinunter zum Arbeiten gegangen. Da war ich die, die alles im Griff hatte, die, die von Rıza Bey Belohnungen bekam. Beim Wickenrupfen tat mir die Hüfte nicht weh. Wenn der Herbst kam und ich den Dung formte, den wir Tezek nennen, wurde ich nicht müde in der Sonne. Die ganze schmutzige Wäsche in dem großen Haushalt habe ich ganz allein gewaschen, ohne »Au, mein Rücken! Au, mein Arm!« zu jammern. Ich aß zehn Stück Brotfladen auf einmal und fragte, ob's noch mehr gebe. Ich war verfressen wie ein gesunder Mann, nicht satt zu kriegen. Nicht nur nach Brot, Fleisch oder Äpfeln war ich verrückt – auf alles hatte ich Appetit.

An den Festtagen in Erfene ging ich zum Tanz, alle Weiber waren müde und setzten sich, nur ich tanzte weiter, bis ich schwitzte. Mein Gesicht wurde krebsrot. Die Zuschauer beneideten mich um meine Fröhlichkeit. Sie konnten die Augen nicht von mir abwenden. Und jetzt komme ich nicht mal ordentlich von diesem Bettgestell runter. Ich bestehe nur noch aus Krankheiten. Wie eine Katze, die ihre sieben Leben verlebt hat.

Ach, wenn denen doch dasselbe passierte, die mir das angetan haben! Man sollte Hackfleisch aus ihnen machen! Und sie dann schön über dem Feuer braten! Mutter, Vater, Schwiegermutter, Schwiegervater, mein Mann – alle sollen sie das Leichenhaus von innen sehen. Sie gehören alle in den Sarg! Die, die mich mit dem bösen Blick verflucht, mit Zaubersprüchen behext haben!... Dieser Jammerlappen von Doktor, diese schielende Krankenschwester!... Die, die meine Hände und Arme festhielten und mich besinnungslos machten, die mir mein Innerstes wegnahmen!... Alle sollen sie in der siebten Hölle schmoren! Ich verfluche sie, wenn ich zum Himmel hinaufschaue. Ich verfluche sie, wenn jemand mich fragt, wie's mir geht, und ich ihm antworte, mir gehe es gut. »Das zahle ich euch heim!« sage ich. »Ich werde es euch zeigen. Ich brenne eure Heimatdörfer und eure Häuser nieder, in denen ihr die Hochzeitsnacht verbracht habt! Wie konntet ihr mir nur mein Kind nehmen?« Ach, niederträchtige Welt, verdammtes Elend! Weiß ich etwa nicht Bescheid? Man hat ihn leergemacht, mein Bauch ist völlig leer! Weshalb sonst rührt es sich nicht? Weshalb sonst strampelt es nicht? Warum werde ich nicht gekitzelt? Weshalb zittert nicht jede Faser in mir so wohlig? Ich weiß, was los ist. Sie haben es genommen ... sie haben mich so lächerlich gemacht ... haben mich vor jedem Idioten bloßgestellt. Wie soll ich je wieder in dieses Dorf zurückgehen? Wie soll ich vor die Türen treten und fremden Leuten begegnen? Hatte ich denn keine Brüste? Kam aus meinen Brüsten etwa keine Milch? Konnte ich nicht auch ein Baby auf den Arm nehmen und es »Eiteitei!« hin- und herwiegen? Ihm, wenn es sechs Monate alt ist, etwas in meinem Mund vorkauen und es – »Nimm mein Spatz, schluck das, na nimm schon, Spätzchen!« – in seinen Mund schieben? Ihm für ein paar Groschen Lokum kaufen und es aus der Spitze meines verknoteten Kopftuches in seinen Mund schieben?

Die, die mir in meiner Mädchenzeit nicht das Wasser reichen konnten, haben inzwischen Kind und Kegel. Häuser und Straßen sind voll von ihren Nachkommen. Sobald ein Fest kommt, nähen sie Jäckchen. Sie nähen Kleider, mit Taschen darin, ziehen sie dann an, putzen sich heraus und brüsten sich.

Im Dorf bin ich wie eine Aussätzige. »Für dich kommt ein Kind nicht in Frage!« sagen sie. »Die soll bloß kein Kind kriegen! Wenn sie ein Kind will, stirbt sie!« Wie kommen die dazu, so was zu sagen? Was fehlt mir denn, das andere haben? Wenn ich will, versetze ich mit meinen Schultern die Berge hinter das nächste Dorf. Ich sprenge Felsen und bahne Wege. Und da soll ich kein mickriges dreieinhalb Kilo leichtes Baby zur Welt bringen können? Der schwärzeste Teufel soll euch holen, warum haßt ihr mich denn? Was soll das, mir diese Fallen zu stellen, mir mit allen möglichen Tricks mein Innerstes zu stehlen?

Es war nicht letztes, sondern vorletztes Jahr, daß sie mich zum Doktor brachten, zur Erntezeit. Schleppten mich zu allen möglichen Hexen. Wenn sie mich doch nicht hingebracht hätten!... Der Doktor legte sein Ohr auf meinen Bauch und hörte mein Herz ab. Er legte sein verdammtes Ohr unter meine Brust. Hielt mich am Handgelenk fest und fühlte meinen Puls. Tastete meinen Bauch ab, fragte: »Bist du als Kind gefallen?« Untersuchte meine Zunge, fragte: »Hast du im Schlaf Angst gehabt?«

»Ich bin nicht hingefallen, ich hab mich nicht gefürchtet. Hab mich vor keinem Menschen und keinem Teufel gefürchtet«, sagte ich, er machte mich wütend. Nach einer fadenscheinigen Diagnose brachten sie mich ins Dorf zurück. Meinem Nichtsnutz von Mann muß er heimlich gesagt haben: »Das steht fest: Sie darf kein Kind kriegen, sonst stirbt sie!« Was weiß denn der Schuft? Woher weiß er denn das? In welchem der Vier Heiligen Bücher steht das geschrieben, Schamloser? »Damit bin ich niemals einverstanden. Ich kriege ein Kind, und wenn ich dabei draufgehe!« sagte ich. »Ich kriege Zwillinge, Drillinge, Vierlinge, ich setze sämtliche Ärzte der Welt schachmatt!« sagte ich. Das setzte ich mir in den Kopf, in den hintersten Teil meines Gehirns. »Ich werde ein Kind kriegen!« sagte ich.

Zu Emin, diesem Schwachkopf, kam ich damals beladen mit der Aussteuer. Mein Vater hatte etwas Besitz. Sie nähten mir einen ganzen Stapel von Kleidern, hängten mir Gold um. Und der Doktor hat gesagt, wenn sie ein Kind bekommt, stirbt sie. Mein schlauer Schwiegervater meinte zu seinem tolpatschigen Sohn, den er in eine Ecke gezogen hatte: »Paß auf, mein Sohn, sei klug, sei ja vorsichtig, laß sie bloß kein Kind kriegen! Bring mich nicht in eine Brautschuld. Nimm dich gut in acht...« Der Schwachkopf Emin führte sich auf wie eine dieser Hexen, er kannte alle Tricks und Kniffe. Wenn er an diesem Tag mit mir schliefe, entstünde ein Kind, wenn an jenem Tag, dann nicht! Wenn er ihn auf diese Weise hielte, passiere etwas, wenn er ihn auf jene Weise herauszöge, passiere nichts. In den langen Nächten mußte ich für mein Frausein hart büßen. Ich war von Religion und Glauben ausgestoßen. Alles war grau und schal für mich.

Die glauben ja alle, das weibliche Geschlecht sei blind. Das weibliche Geschlecht habe keine Ahnung. Wie denn nicht? Mein idiotischer Mann nahm mir die paradiesischen Früchte genau in dem Moment aus dem Mund, wenn ich sie schlucken wollte. All meine Fröhlichkeit ging dahin. Alles regte mich auf. Am nächsten Tag stritt ich mich mit meiner Schwiegermutter, meinem Schwiegervater und geriet mit vier von fünf Nachbarn aneinander. Wenn ich einen Hund sah, trat ich ihn, einen Esel schlug ich. Niemand verstand meinen Kummer, mein Verhalten. »Früher war Ümmü so ein braves Mädchen, was ist los mit ihr? Hat einer ihr Böses gewünscht und ein Zauberamulett beschreiben oder Seife vergraben lassen? Warum ist sie so nervös und aufbrausend?« fragten sie. »Jemand hat Ümmü behext, jemand hat Seife vergraben lassen. Deshalb ist Ümmü so von allen guten Geistern verlassen, so bösartig...«

Ich versteckte meine Pläne in der geheimsten Ecke meines Kopfes, in meinem Innern, das niemand kannte! Ohne daß der Schwachkopf Emin es wußte, tat ich, was ich wollte. Sollte ich etwa tatenlos bleiben? Habe ich denn keine Augen und keinen Verstand? Kann ich etwa nicht auch lernen, was er gelernt hat? Sollte ich, wenn ich auf den Erntefeldern Gerste schneide, auf der Weide Schafe melke, auf dem Dach Tarhana zerkleinere, etwa nicht verstehen, was die Andeutungen der Weiber bedeuten? Ein Mensch braucht nur einmal einen Entschluß zu fassen und zu sagen: »Das mache ich!« Dann macht er es, ganz bestimmt! Auch ich habe alle Tricks gelernt. Und wie ich sie gelernt habe – sie reichen für mich, und andere haben auch noch was davon. An den folgenden Tagen begann ich, einen günstigen Zeitpunkt abzuwarten. Wie auch immer, eines Tages oder Nachts würde ich eine günstige Gelegenheit finden.

Ich bin doch eine Frau! Und zwar Gott sei Dank eine, die hart wie Stein ist! Dem Himmel sei Dank, tausend Dank! Es ist mein Recht, Kinder zu kriegen! Ein Kind zu kriegen, es auf den Knien zu schaukeln, mit ihm die Welt zu einem Jahrmarkt zu machen, das ist mein Recht! Dieses Recht kann mir auf dieser und in der anderen Welt, auf keinem der sieben Meere, niemand, aber auch niemand nehmen! Frau sein bedeutet Mutter sein. Mutter bedeutet, daß man ein Kind hat. Jede Frau hat vier, fünf Kinder. Was soll das, Zaubersprüche gegen mich loszulassen, Seife zu vergraben, Hebamme und Doktor in den Mund zu legen: »Sie kann kein Kind kriegen, sonst stirbt sie!« – meinen die, ein Kind sei zuviel für mich? Ich schaffe mir auch ein Kind an, ohne mich um die zu kümmern.

Dieser Emin ist ja so gerissen, so klug, so berechnend! Wenn andere Männer ihre Frau umarmen und vor Lust vergehen und verrückt werden, sagt dieses Schwein, diese Krämerseele: »A-alles k-klar, Ü-üm-mmü, ich z-zieh i-ihn r-raus!« und zieht ihn raus! Mein Vater hat mich keinem Mann gegeben, sondern einem Ungeheuer! »Emin, mein Held! Emin, mein Löwe, Emin, Süßer!...« Alles Bitten und Flehen, Küssen und Streicheln nützte nichts, hat bei dem Idioten nichts ausgerichtet!

Aber ... während er schlief, während er tief schlief, habe ich ihn dann doch rumgekriegt! Fallt ja nicht auf seine angebliche Klugheit herein! Eigentlich ist er der größte Idiot des Dorfes! Es war die Nacht eines Tages, an dem er von morgens bis mittags gepflügt hatte und nachmittags mit zwei Eseln zum Feuerholzsammeln ins Gebirge gegangen war. Drei Tage lang hatte er mich nicht angerührt. Er kam ordentlich müde aus den Bergen zurück. »Ich mach dich schon munter«, sagte ich zu ihm. Er sah mich aber nicht an.

Er schlug seinen Bauch voll und legte sich gleich hin. Und ich saß zusammen mit meiner Schwiegermutter im anderen Zimmer, als ob nichts wäre. Spät abends ging ich hinein und merkte, daß er schlief, er war richtig weg. Der Schlaf ist ein kleiner Tod. Die Hälfte des Menschen ist tot, aber die andere Hälfte lebendig! Die Hunde mögen die tote Hälfte fressen! Ich nahm seine lebendige und benutzte sie so, wie ich es vorhatte. »A-alles klar, Ü-ümmmü, ich z-zieh i-ihn raus!« konnte er nicht sagen. Ich aber brannte am ganzen Körper. Ich zitterte von Kopf bis Fuß. Auch wenn er »I-ich z-zieh i-ihn raus!« gesagt hätte, hätte er ihn nicht rausziehen können. Ich hielt ihn umklammert wie eine Eisenzwinge. Auch wenn ein unsichtbarer Geist dagewesen wäre, hätte ich ihn nicht aus den Fingern gelassen. Es war schon bald sieben Jahre her, seit wir zusammengehören. In sieben Jahren war es das erste Mal, daß er »er« wurde und ich »ich«! Da haben wir verstanden, was die Welt eigentlich ist, was dieses Kissen unter unseren Köpfen, dieses Laken unter uns, dieser Schweiß, den wir vergossen, ist. Von ihm weiß ich's nicht genau, aber ich habe es verstanden.

An diesem Tag, in dieser Woche, in diesem Monat gab es kein süßeres weibliches Wesen im Dorf als mich. Wenn ich lachte, erblühten die Rosen in meinem Gesicht. Mein Lachen war bis in die Gegend von Deveta zu hören. Mein Körper war schön. Meine Stimme war schön. Der Ort, an dem ich mich gerade befand, der Weg, den ich entlanglief – alles wurde fröhlich durch mich. Wer schlief, wachte auf, wenn er mich sah, wer weinte, der lachte. Schwachkopf Emin hatte ganz schön Geschmack an mir gefunden, die »A-alles k-klar, Ü-üm-mmü!«-Sprüche hatte er vergessen. Durch mich hatte er sie vergessen. Das hatte ich getan, hatte ich geschafft! Ach, es ist schön, eine Frau zu sein!

Ich kam in den dritten, in den vierten Monat. Ich zeigte nicht, wie elend ich mich fühlte, wie mein Kopf sich drehte. Wenn ich erbrechen mußte, nahm ich mich zusammen, wenn das nicht ging, schluckte ich es hinunter. Weder meine Mutter noch meine Schwiegermutter wußten es. Selbst der Schwachkopf Emin merkte nichts von meiner Schwangerschaft. Mit größer Vorsicht, mit größter Kraft hielt ich es vor Freund und Feind, ja vor der ganzen Welt geheim. Ich sagte es niemandem, ließ es niemanden ahnen. Dementsprechend sorgfältig kleidete ich mich. Wenn mich jemand wegen meines Bauches fragte, lachte ich und sagte »Ich bin nicht schwanger!« und beschwor diese Lüge beim Namen Gottes. Die alten Weiber sagten: »Unsere Ümmü war in ihrer Mädchenzeit auch so stattlich, sie hatte sogar einen Bauch. Warum sollte sie es verbergen, wenn sie schwanger ist?«

Ich kam in den vierten, in den fünften Monat. Sollten die anderen wirklich nichts merken? Sollten sie nicht verstehen, was Schwangerschaft bedeutet? Das Versteckspiel wurde immer mühsamer. Diese weite, endlose Welt wurde immer enger! Am liebsten hätte ich mich vier Monate in einem Brunnen versteckt. Später wäre ich dann mit einem winzigen, weichen Baby an der Brust wieder herausgekrochen. Am liebsten hätte ich einen Felsblock hochgehoben und wäre darunter gekrochen. Wäre unter den Zweigen einer Kiefer, einer Eiche verschwunden.

Aber es ging nicht. Alles an mir ging kaputt. Mit jedem Atemzug erloschen meine Freude, meine Fröhlichkeit mehr. Mein Schwiegervater, dieser Giftstachel, sah mir in die Augen, rief danach seinen Sohn zu sich und flüsterte. Meine Familie, meine Nachbarn, alle beargwöhnten mich. Ihre Verdächtigungen steigerten sich Tag für Tag. Ich ging nur noch in den Garten, wenn alles schlief, und kehrte zurück, wenn niemand mehr unterwegs war.

Die Zeit stand nicht still. Ich kam in den sechsten Monat. Himmel, wie wurde die Welt eng! Himmel, wie schwer war es, ein handgroßes Stück Fleisch zu verstecken! Wieder wurde ich so nervös, so leicht reizbar wie früher. Wenn jemand was sagte, ging ich verärgert zu meiner Mutter. Wenn meine Mutter was sagte, ging ich zu meiner Tante. Emin kam immer wieder, mich zu holen. Es war mir so einerlei, daß ich dann mitging. Aber ich ließ ihn nicht mal meine Hände berühren. So wütend war ich. Wenn er was Gutes sagte, nahm ich es krumm. Ich veranstaltete ein Mordstheater. Ich kratzte wie eine Katze, biß wie ein Hund. Wenn sie mich schlugen, ging ich zu meiner Mutter, zu meiner Tante, machte wieder die Runde.

Mein Bauch wuchs zusehends schneller. Wenn ich mich hinlegte, legte ich die Hand darauf und ruhte so aus. Er war völlig aufgewühlt wie die Erde, die die Maulwürfe durchpflügt haben. Ich spürte das, wenn ich meine Hand darauf legte. Ich merkte dies nicht nur durch meine Hand, sondern auch durch meine Augen. Na ja – wenn ich das kapiere, wie sollen es da die anderen nicht kapieren? Können sie nicht auch sehen? Ich wollte weggehen, dort ein Kind kriegen, es aufziehen und danach zurückkommen zu diesen Hunden, den Menschen. Zu welchem Berg, welchem Wald soll ich gehen, welches Tuch, welche Windel soll ich mitnehmen ... ich dachte über alles genau nach.

Eines Tages stürzten sich meine Eltern und meine Schwiegereltern alle zusammen auf mich. Sie umringten mich von allen Seiten: »Ümmü! Schau mal, mein Mädchen! Wir haben auf dieser Welt viel gesehen und erlebt! Wir wissen, was los ist! Du bist doch unser ein und alles, sieh mal! Versteck es nicht vor uns! Sei nicht so eigensinnig! Du bist schwanger. Dein Leben ist in Gefahr. Wir wollen Hilfe für dich finden!« sagten sie. Sie nahmen mich und setzten mich erst auf einen Esel, dann auf einen Lastwagen und brachten mich in diese verdammte Stadt. »Der Doktor soll nachsehen. Er soll ihr eine Spritze und Medizin geben, danach kann sie ihr Kind kriegen. Wollen wir denn nicht auch, daß du ein Kind hast?« sagten sie.

»Nein, ich kriege kein Kind, ich bin nicht schwanger!« sagte ich. Ich stöhnte, ich schlug um mich, sie ließen meine Arme nicht los. Sie glaubten meinen Schwüren und Beteuerungen nicht.

»Da du nun mal nicht schwanger bist, wollen wir das mal dem Doktor zeigen, er soll uns sagen, wenn dir was anderes fehlt!« sagten sie. Sie nahmen mich und brachten mich hin. Ach, sie wußten es verdammt genau. Ich war schwanger, im siebten Monat. Sie kapierten das.

Sobald ich auf dieser Welt wieder gesund bin, mache ich diesen Jammerlappen von Doktor, diese schielende Krankenschwester, die, die mir das angetan haben, einen nach dem anderen fertig. Ich brenne dieses Dorf, diese Stadt nieder! Ich zünde ihnen das Dach über dem Kopf an! Tu ich das oder tu ich das nicht? Wartet nur, ihr! Wartet nur und seht dann!

Ach, sie legten mich auf ein Laken auf einem Bettgestell. Hielten mich am Handgelenk fest. Hörten mein Herz ab. Ließen mich über dies und das sprechen, an dieser und an jener Flasche riechen und schläferten mich ein. Mein Verstand erinnert sich an nichts. Ich sag es, sie machten mich ohnmächtig. Ließen sie mich einen Monat oder ein Jahr schlafen? Später brachten sie mich zurück und legten mich hin. Als ich wieder zu mir kam, schaute ich – in mir war absolut nichts mehr! Ich sah hin, sie hatten meine Seele genommen, von mir war nur eine leere Hülle übrig!

Ich begann zu schreien und schlug mit Händen und Armen gegen die Wände, gegen die Pfeiler. Die schielende Krankenschwester kam, sie schnallte meine Arme fest. Sie ließ mich zehn Tage, zwanzig Tage liegen. »Ihr habt mir mein Kind genommen, ihr habt es umgebracht!« sagte ich. »Nein, du warst nicht schwanger!« sagen sie. Jetzt wollen sie mich auch täuschen – als hätte ich sie täuschen können!

Seit zwei Wochen kommt niemand aus dem Dorf mehr her. Sie kommen ohnehin nur sonntags. Diese Woche werden sie kommen und mich abholen. Werden mich nehmen und wegbringen. Aber wie soll ich denn in diesem leeren Zustand, so als leere Hülle ins Dorf kommen? Wie soll ich diese Gasse neben dem Friedhof entlanglaufen? Wie soll ich vor die Tür treten und in die Gesichter der Menschen sehen? Was soll ich auf die Fragen antworten? He, du erbärmlicher Doktor, du schielende Krankenschwester, gottlose Mutter, gottloser Vater, du Schlange von Schwiegermutter, du Zigeuner von Schwiegervater! He, du mein schwachköpfiger Ehemann! Wozu soll ich denn noch taugen in diesem Zustand?...

Wenn ich noch weiter nachdenke, läßt mein Verstand mich im Stich. Ich möchte aufstehen und mich aus dem Fenster stürzen. Die schielende Krankenschwester ist immer bei mir. Hält mein Handgelenk fest. Sie ist jetzt viel stärker als ich. Ich bin jetzt so kraftlos, so erschöpft. Ich lege meinen Kopf in die Hände und denke nach. Ich denke und denke und mache mich selbst kaputt. Ich fürchte, ich werde mich aus dem Fenster stürzen!

Aber nein! Nein, ich werde nicht hinausstürzen! Meine Wunden sollen gut verheilen. Ich werde hier weggehen und schnell wieder im Dorf sein. Ich werde in den Wald, in diesen Wald gehen, den ich mir vorgestellt habe. Werde zwischen Hasen und Füchsen verschwinden. Werde einen armen jungen Hirten namens Yusuf finden und schwanger werden. Werde das ganze Waldvolk und die Bergmenschen kennenlernen. Werde mein Kind zwischen Gräsern und Blumen bekommen, während die Vögel auf den Ästen der Wacholderbäume und Kiefern zwitschern.

Egal ob Junge oder Mädchen, ich werde es küssen und an die Brust drücken. Ich werde es an einer Quelle mit kristallklarem Wasser waschen. Ich werde es mit den siebenfarbigen Blumen der Berge, mit karminroten Bergrosen schmücken. Und später, eines Tages, werde ich mit dem ganzen Waldvolk, den Bergmenschen, meinen ganzen Bekannten im Gefolge, mein Kind auf dem

Arm, ins Dorf kommen. Werde in der Stadt haltmachen und es dem erbärmlichen Doktor auf den Schoß setzen. »Schau her, deine Augen sollen mein Kind sehen! Du hast so hochnäsig ›Du kannst kein Kind bekommen!‹ gesagt. Schau her, ich habe ein Kind bekommen, schau her, das sollst du wissen!« …

Die Häuser anzünden? Neeiin! Die werden von selbst brennen, wenn sie sehen, daß ich ein Kind gekriegt habe! Sie werden durch mein Feuer brennen und zu Asche werden.

Adalet Ağaoğlu

Das Gedicht und die Fliege

»Wie schön, daß meine Tochter kommt«, sagte Frau Şükriye. »Oh, mein Gott, ich hatte gar nicht daran gedacht. Nun haben wir schon Hochsommer, und zu anderer Zeit hätte sie überhaupt nicht kommen können. Genau zum rechten Zeitpunkt, wo wir eine ganze Reihe von anstrengenden Feiertagen hinter uns haben. Immer habe ich mir gesagt, sie kann doch nicht so mir nichts, dir nichts die Universität verlassen und zu Besuch kommen. Aber siehe da, sie kommt doch. Lieber Gott, warum schließt man denn eigentlich ständig die Universitäten? Ach egal, Hauptsache meine Tochter kommt.

İsmail Efendi, hast du schon gehört, meine Tochter kommt? Na siehst du, sie kommt. Schau, was sie geschrieben hat, da ist ihr Brief! Dein Sohn hat ihn sowieso schon gelesen. Wenn du mir nicht glaubst, dann frag ihn doch! Ach, lassen wir doch die Fragerei, İsmail Efendi. Ich muß Köfte machen. Lauf schnell und besorg mir ein Kilo Hackfleisch. Da ist das Geld! Ist's genug? Ja, ja das reicht. Sag, daß es für Köfte ist! Am besten, ich mache mal so richtig schöne saure Köfte für meine Tochter, die mag sie so gern. Ach ja, die Petersilie. Vergiß die Petersilie nicht, İsmail Efendi, und denk auch an Dill, mein Lieber, vergiß bloß den Dill nicht!

Wenn es nur für mich ist, ist mir doch alles egal. Siehst du denn nicht, daß ich für mich allein gar nichts mehr kaufe? Ich lasse mir auch nichts mehr besorgen. Was soll man auch essen, wenn man allein ist. Neulich habe ich euch doch Nudeln gegeben, die ich nicht aufessen konnte. Mein Haus ist ja so öde und leer geworden. Ach ja, kauf für mich noch ein Kilo von diesen herrlich roten Tomaten und auch noch ein Kilo Auberginen, mein lieber İsmail Efendi. Sag diesem unverschämten Gemüsehändler, daß Frau Şükriye Auberginenauflauf für ihre Tochter machen will. Dieser elende Nepper soll sich mal ein wenig beherrschen und nicht versuchen, jemand wie mir seine sauren Auberginen voller Kerne anzudrehen.

Er behauptet immer, es sei noch nicht die Saison. Wir haben das Geld doch nicht auf der Straße gefunden. Können wir denn nur so mit Geld um uns werfen? Die Rente von unsereinem reicht weder für meine Tochter noch für mich. Ach, mein Töchterchen, meine Güler, wer weiß, wie du dich nach meinen Lekkerbissen gesehnt hast? Es mag ja schön sein, zu studieren, zu lernen, aber... Nun ja, jetzt aber los, İsmail Efendi! Wenn wir uns verspäten, bekommt sie nicht mehr rechtzeitig zu essen. Meine Tochter soll etwas lernen, ach ich rede zuviel. Nun mach, daß du wegkommst! Studieren ist eine schöne Sache, aber ständig muß ich mir Sorgen machen. Nicht einmal für eine Sekunde kann ich ruhig die Augen schließen. Der Schlaf wird einem vergiftet.

Mach, daß du loskommst, İsmail! Nun schau dir den Kerl an, wie er sich dahinschleppt. Wie spät ist es inzwischen eigentlich? Es ist ja gleich Abend, und dieser İsmail Efendi bringt mich um mit seiner Trödelei. Ach meine Tochter, hättest du den Brief nicht etwas früher einwerfen können? Er war wohl ein wenig zu lang unterwegs. Du mußt doch bedenken, daß man sich noch nicht einmal auf die Post verlassen kann. Erst am Tage deiner Ankunft muß ich erfahren, daß du kommen wirst; und jetzt kommt alles haufendick, kein Öl, kein Mehl, kein Fleisch, nichts ist da. Dann mach mal zu, wenn du es noch schaffst! Vom vielen Herumsitzen bist du ganz schön schwerfällig geworden, bringst nichts mehr zustande, kannst dich nicht mehr so ohne weiteres zu etwas aufraffen. Meiner Kleinen werde ich eine herrliche Tafel richten, sie soll sehen, daß sie in ihr Heim gekommen ist. Ein Glück, sie scheint ja gesund zu sein. Ich tue doch alles für sie. Ach, wenn sie nur endlich wohlbehalten zur Tür hereinkäme. Oh weh, meine Beine, man spürt ja jeden Schritt. Selten vergehen einmal zwei Stunden, in denen man sie nicht spürt. Auf, Şükriye, streng dich an, beweg dich, vergiß nicht, daß deine Tochter kommt!«

»Diese Mütter«, sagte sich Güler, Frau Şükriyes Tochter, »diese Mütter machen sich immerzu Sorgen. Das war schon immer so. Ob im Schlaf oder im Wachen, immer schon haben sie mit dem Schlimmsten gerechnet. Der Mütter, ja der Mütter, müssen die Kinder in ihren Gedichten gedenken, müssen darin von ihnen erzählen. Immer wieder müssen wir von ihnen erzählen. Berichten wir von ihnen, den Müttern, die nicht die Zeit haben, ihre Kinder morgens zur Schule zu begleiten, die nicht jeden Abend sagen können, daß die Kleinen wieder wohlbehalten zu Hause angekommen sind! Berichten wir von den Müttern, die jeden Monat von neuem ihr sorgenvolles Dasein fristen müssen. Über sie und für sie Gedichte zu schreiben, ist für uns, ihre Kinder, eine Pflicht. Solche Gedichte werden ihnen Kraft geben. Wir müssen bei unseren Nächsten beginnen und für sie die schönsten Gedichte schreiben.«

Als Güler eines Abends beim Hause ihrer Mutter ankam, glaubte sie, daß ihr zuletzt entstandenes Gedicht ihr schönstes sei. »Ohnehin haben das die Freunde bestätigt, sogar Zehra, die von allen das geringste Verständnis für so etwas hat. Als ich mein Gedicht im Studentenheim vortrug, hörte sie ganz still zu, senkte die Lider und versteckte so den Tränenschleier, der sich vor ihre Augen gesenkt hatte. Verstand ich nicht, was es bedeutete, wenn sogar ihr ›Gut gemacht, Güler!‹ halb verschluckt aus ihrer Kehle kam? Von den Müttern müssen wir in unseren Gedichten berichten, und sie sind es auch, denen wir unsere Gedichte vortragen müssen. An jedem Detail sollen sie erkennen, daß wir ihrer gedenken. Auch die anderen sollen es erfahren. Schön sollen diese Gedichte sein, die allerschönsten; darum habe ich mich am meisten bemüht. Was sind schon eine Tafel Schokolade, ein Fläschchen Parfüm oder drei Meter Stoff? Ich bringe ihr ein Gedicht mit, ein Gedicht, an dem ich sorgfältig gearbeitet habe, damit es schön wird. Mit ihm werde ich das Haus ausschmücken. Meiner Mutter ...«

Nun sah Güler, wie ihre Mutter in einer engen Küche in Schweiß gebadet versuchte, mit den sauren Köfte klarzukommen, wie sie den Auberginenauflauf in ein Gefäß mit kaltem Wasser stellte, damit er schneller abkühlte, und hörte sich ihre Erklärungen und Rechtfertigungen an: »Du mußt schon verstehen, meine Kleine, daß ich etwas zu spät dran bin. Man kann den Auflauf doch nicht so heiß, wie er ist, in den Kühlschrank stellen. Da verdirbt er ja, ehe man ihn auf den Tisch bringen kann. Wäre das nicht schade?«

Die Petersilie für den Salat und den Dill schnitt Frau Şükriye mit einer Engelsgeduld in kleinste Stücke. Dann brummelte sie vor sich hin: »Nun schau her, ich wollte alles fertig haben, ehe du kommst, und doch habe ich es nicht geschafft. Mit diesem İsmail, der so lahm wie eine Schildkröte ist, mußte das ja so kommen. Oder sind mir etwa plötzlich die Hände schwerfällig geworden? Bin ich ganz außer Übung gekommen? Güler, meine Kleine, gib doch mal die Flasche mit Olivenöl her! Oder ist es die Aufregung? Ich gebe mir doch die größte Mühe. Nun sieh dir das an, beinahe hätte ich die Flasche fallen lassen. Mein Gott, das soll Frau Şükriye sein, du hast ja zwei linke Hände.

Reiß dich mal zusammen. Deine Tochter wird eine ganze Woche bei dir sein, stets um dich sein. Eine Woche hast du doch gesagt, nicht wahr Güler? Solange, wie die Universität geschlossen ist? Wie wäre es, wenn wir noch ein Kilo Auberginen kauften? Oder sollen wir noch die Fenster putzen?«

Güler wußte nichts von den Gedanken ihrer Mutter über Auberginen und Fensterputzen, lächelte aber verständnisvoll darüber, wie bei ihrer Mutter aus fünf Tagen plötzlich eine Woche wurde. »Die fehlenden Tage werde ich mit dem Gedicht verrechnen. Sie wird darüber vergessen, daß mir nur fünf und nicht sieben Tage bleiben. Sicherlich wird sie sich über das Gedicht freuen,« dachte sich Güler.

»Ach Mutti, mach doch nicht so einen Aufwand. Laß doch mal gut sein. Komm, wir setzen uns beide einmal in Ruhe hin!« – »Ach«, sagte Frau Şükriye nach einem großen Aufschrei, »du hast bestimmt Hunger! Güler, meine Tochter, in diesen Wohnheimen bist du spindeldürr geworden, bist ja nur noch Haut und Knochen!« Wer von den Verwandten soll denn nach ihr schauen? Da schaut doch niemand. Wer tut denn schon etwas für sie? Sie kümmert sich selbst nicht um sich. Wie soll sie auch? Es ist doch klar, daß ich nicht sehr viel Geld schicken kann. Sie weiß doch, wie es um mich steht. Was wird denn aus den Menschen in dieser großen Stadt, wie bekommen sie etwas in den Magen? »Nun stopf dir mal schnell deine Backen mit dieser wunderbaren heißen Pastete. Jetzt sollten wir Platz nehmen. Haben wir eigentlich Brot auf den Tisch gestellt?«

»Seit ich hier bin, scheuchst du mich herum, Mutter. Natürlich habe ich das Brot hingestellt«, antwortete Güler.

Meine Stimme klang gereizt. Sie wird es auf meinen Hunger, meinen leeren Magen schieben. Kaum daß ich zur Tür hereingekommen war, wollte ich meiner Mutter das Gedicht vortragen. Da drängte sie mir schon einen Kaffee auf und hastete zur Küche, dann kam sie mit Limonade, und wieder lief sie in die Küche. Darauf erzählte Mutter von einem tropfenden Wasserhahn, den sie selbst nicht reparieren konnte; die Handwerker seien ja so teuer. Wenn nun auch noch der Kühlschrank kaputt gehe, was solle sie dann machen. Zehn Minuten lang hörte sie nicht auf, über einen Kühlschrank, der noch gar nicht kaputt war, zu jammern. Dann sagte sie auch noch: »Was soll denn nur aus dir werden, wenn ich einmal sterbe?« Ist denn etwa schon im voraus klar, in welcher Reihenfolge man stirbt? Ist denn überhaupt dieses Thema an der Reihe? Langsam soll einmal etwas Ruhe einkehren, damit ich ihr mein Gedicht vortragen kann. Na, wenn's so ist, dann hat es noch ein wenig Zeit damit. Ich werde es eben nach dem Essen vortragen.

»Setz dich hin, Mutter, ich möchte dir ein Gedicht vortragen!« Naja, jetzt wird es gehen. Das scheint genau der rechte Augenblick zu sein. Wir haben das Haus bis in den letzten Winkel geputzt. Ich habe die Fenster, mit denen meine Mutter nicht klar kam, und auch die Türen geputzt, habe den Schmutz unter den Betten aufgewischt, dort wo man nicht so einfach hinkommt. Die Wasserhähne sind blank gescheuert. Dann hat sie wieder Essen gekocht. Wir haben im Garten angefaultes Gemüse ausgemacht und neue Pflänzchen gesetzt. Am dritten Tag nach meiner Ankunft wurde der Badezimmerofen eingeheizt. Wir haben auch noch uns selbst gewaschen. Jetzt ist es sechs Uhr abends. Ich bereite den Tee. Wir sind viel später dran als geplant. Sie setzt sich mit einer Handarbeit hin und scheint innerlich vollständig zur Ruhe gekommen zu sein. Jede Ecke des Hauses glänzt wie ein frisch geputzter Reistopf. Die Wasserbehälter sind gefüllt, die Gasflaschen erneuert. Jetzt kann sie sich wirklich nichts mehr einfallen lassen, was noch zu erledigen wäre. Ich beiße die Zähne zusammen. Geduldig habe ich auf diese Stunde gewartet. Als ich vor drei Tagen hierherkam, streifte ihr Blick da nicht wie unbeabsichtigt meine Hand, um zu sehen, ob ich nicht etwa ein Pfund Lokum als Gastgeschenk mitgebracht habe? Nun spätestens wird sie verstehen, daß ich nicht ganz mit leeren Händen, ohne Geschenk, gekommen bin. Tatsächlich habe ich mich schon seit Tagen auf diesen Augenblick vorbereitet. Für meine Mutter habe ich auf diese Gelegenheit hingearbeitet und nächtelang an ihrem Gedicht wie an einem feinen Gewebe gearbeitet, habe daran gesessen, als würde ich ihr eine herrliche Jacke stricken, als würde ich Petersilie und Dill sorgsam in kleinste Stück hacken. Ich habe mir immer wieder gesagt: Dies ist für die Mütter, für die Mütter, für ihre schlaflosen, sorgenvollen Nächte, für ihre armen, verwundbaren Herzen. Sollte es denn möglich sein, daß mir nicht die Zeit gegeben wird, wenigstens meine eigene Mutter von den Sorgen zu entlasten, die ihr allein aufgebürdet waren? Für sie, für sie, die Mütter ... In ihre immer wieder geputzten und gescheuerten alten kupfernen Gefäße müssen wir einen Blumenstrauß stecken.

Es ist der dritte Tag nach meiner Ankunft. Ich ziehe ihr Gedicht, mein Gedicht, aus der Tasche. Nun will ich beginnen. »Setz dich hin, Mutter, ich möchte dir jetzt ein Gedicht vortragen.«

Vorher aber lasse ich mir mein Gedicht noch einmal durch den Kopf gehen. Wie gut doch, daß ich mich nicht am ersten Abend oder gestern vormittag aus der Ruhe bringen ließ, als sie mich antrieb, die Gasflaschen zu wechseln. Den Wasserhahn habe ich mit einem Engländer gelockert und später mit Hanf abgedichtet. Endlich hat er aufgehört zu tropfen. Wie gut, daß ich das Gedicht nicht vorgetragen habe, als das Wasser noch tropfte. Wie gut, daß ich diesen Augenblick abgewartet habe, sage ich mir. So – es ist wirklich ein schönes Gedicht. Das wußte ich auch schon, als ich den Wasserhahn abdichtete. Ein Gedicht, das den einzigen Edelstein, die einzige Sehnsucht der Menschen in allen Zeiten nicht übergeht, das nicht übersieht, wie sich die Menschen mit geringen Mitteln in einem schweren Leben behaupten; ein schönes Gespinst, mit gelben Blumen aus Spitze an den vier Ecken. Nun ist der Zeitpunkt gekommen. Ich trage es vor. Meine Mutter sitzt da, Wolle in den Händen, ganz ruhig. Meine Hand ist in der Tasche, auf einem gefalteten Blatt Papier. Ich werde auf sie zugehen, werde das gefaltete Blatt Papier öffnen ...

»Ob wir auch den Auberginenauflauf im Kühlschrank İsmail Efendi geben sollen?«

Ich bleibe wie angewurzelt stehen, meine Hand in der Tasche, nahe am zusammengefalteten Papier, einige Millimeter davon entfernt. Es ist, als würde das Gedicht vor mir fliehen. Augenblicklich ergreife ich es und ziehe es aus der Tasche. Nun habe ich es in meiner Hand. Ich glaube, sie wird, kaum daß sie es sieht, den Auberginenauflauf vergessen.

»Komm, wir geben İsmail Efendi zusammen mit den anderen Resten auch den Auberginenauflauf. Du hast ja gar nichts gegessen. Wenigstens sollen sie etwas davon haben. Seit drei Tagen steht der Auflauf im Kühlschrank und nimmt nur Platz weg.«

Die Essensreste, die Familie İsmails und der Auberginenauflauf, der im Kühlschrank den Platz versperrt, beanspruchen ihre Aufmerksamkeit. Sie wird nicht richtig zuhören, wenn ich das Gedicht vorlese. Das Gedicht kommt nicht zu Ehren. Es ist wohl das beste, dies auch noch hinter sich zu bringen.

»Wenn du möchtest, bringe ich es hin. İsmail Efendi lungert sowieso vor der Tür herum.«

»Das wäre gut, aber mach dich nicht verrückt. Er kommt schon, wenn du rufst.«

Verrückt mache ich mich, das stimmt. Sie ist auch am Ende. Wir haben uns beide verausgabt. Das Gedicht? Immer noch keine Rede davon. Der Tee zieht gerade. Ich bringe den Auberginenauflauf und die Speisen, die meine Mutter auf das Tablett gestellt hat, nach unten, gebe alles İsmail Efendi. Wieder oben angelangt, gehe ich zu meiner Mutter. Mir will es scheinen, als hätte ich das Interesse an ihrem Gedicht, an meinem Gedicht, verloren. Nein, gib es nicht auf! Wenn sie das Gedicht hört, wird sie verstehen und sich freuen, besonders dann, wenn sie erfährt, daß dieses Gedicht für sie persönlich abgefaßt wurde.

»Soll ich Tee einschenken?«

»Ja, schenk ein, laß uns zusammen Tee trinken und mal richtig ausspannen.«

Seit drei Tagen bin ich bei ihr und habe ständig auf diesen Augenblick gewartet.

»Der Tee ist aber gut geworden«, sagt sie, als ich ihr das Teeglas reiche. »Willst du dir keinen einschenken?«

»Danke, ich habe schon.«

Ich habe meinen Tee genommen und mich ihr gegenüber hingesetzt. Das Gedicht, ihr Gedicht, das ich kurz zuvor wegen des Auberginenauflaufs zurück in meine Tasche gestopft und zerknittert habe, dieses Gedicht ist immer noch dort. Ich werde es herausziehen und glätten. Nun endlich kann ich es vorlesen. Vom Fenster herein legt sich eine herrliche Abendröte über uns, bereit, dem Gedicht als Mauer, als Schutz zu dienen.

»Willst du nicht etwas dazu essen, Güler, trink den Tee doch nicht so ohne alles. Schau, dort sind spanische Biskuits!«

Nun beginnen meine Gedanken um Spanien zu kreisen. Postkarten und Plakate von Reisebüros kommen mir in den Sinn. Ach Spanien! Genau da schlägt meine Mutter mit der Fliegenpatsche in ihrer Hand auf den Rand des Sofas.

»Wo kommt die denn her? Ich habe doch so achtgegeben. Da mühe ich mich ab, daß keine Fliegen in die Stube kommen, und selbst noch um diese Zeit lassen sie einen nicht in Ruhe, wie du siehst.«

Ach, nach Spanien müßte man fahren. Dort geht die Sonne nur langsam unter. Man darf einen Menschen nicht so lange allein lassen. Als würde man sich freiwillig zurückziehen! Dann aber kommt man mit Gedichten in der Hand zurück. Deswegen ist sie bestimmt so pedantisch. Wenn alles anders wäre ..., dann hätte sie nicht auf meinen Wunsch, ein Gedicht vorzutragen, vom Auberginenauflauf geredet, der hinunterzubringen sei, und wäre auch nicht auf die Jagd nach einer einzigen Stubenfliege gegangen. Wahrscheinlich hat meine Mutter nicht verstanden, was ich gesagt habe. Mag sein, daß sie deshalb all ihre Aufmerksamkeit und die Fliegenpatsche auf diese Stubenfliege gerichtet hat.

»Streck doch deine Füße ein wenig aus und zünde dir eine Zigarette an! Bist du nun soweit? Ich möchte dir ein Gedicht vortragen, das ich für dich persönlich geschrieben habe.«

So, das ist auch noch wichtig: Sie soll nicht glauben, daß das

Gedicht, was ich jetzt vortrage, irgendein fremdes Gedicht ist. Das hier ist unser Gedicht. Ihr Gesicht ist leicht gerötet. Die untergehende Sonne sprüht ihre purpurroten Stäubchen auf den bleiernen Abend.

»Es ist also für mich?«

Sie scheint sich zu freuen. Röte ist in ihrem Gesicht, meine Hände sind unruhig. Nun ist es soweit, daß ich es vortragen kann. Ich verzichte darauf, den Lampenschirm ihrer eleganten Lampe zu entfernen, um ja keinen Staub aufzuwirbeln. Ich fange einfach an.

»Dieser Tisch paßt nicht hierher. Wir stellen ihn morgen an die Wand. Dann wirkt das Zimmer auch großzügiger.«

Das ist richtig, das Zimmer wirkt etwas eng. Ich verdränge meine Gedanken an Spanien und nehme etwas von den spanischen Biskuits zur Beruhigung. Sie sollen helfen, dieses Stück Blei, diese verfluchte Gräte, die mir im Halse steckengeblieben ist, hinunter zu würgen.

»Wenn du willst, stelle ich den Tisch jetzt um.«

»Nein, nein. Iß erst einmal ordentlich auf. Wir können ihn noch morgen umstellen. Mach den Herd aus, sonst brennt das Ragout an! So, meine Liebe, nun iß mal ordentlich.«

Ich habe den Herd ausgeschaltet. Der Tee ist fertig. Ich will gerade neuen aufsetzen, da sagt sie: »Du wolltest doch ein Gedicht vortragen, der Tee hat noch Zeit.«

Das Gedicht ist auf den Boden gefallen, einige von den gestickten gelben Blumen sind verblüht. Sicherlich werde ich nun sehr schlecht vortragen. Ich setze mich wieder ihr gegenüber, als hätte meine größte Sehnsucht, mein größtes Verlangen nicht schon an vielen Stellen Schaden genommen, als wäre die Sonne nicht schon untergegangen und hätte im Zimmer nur noch bleierne Schwere zurückgelassen. Sie soll bloß nichts von meinen Gedanken an Spanien ahnen! Ich hebe das Gedicht auf und nehme es in den Schoß. Mein Rücken schmerzt ein wenig, auch sonst verspüre ich leichtes Unwohlsein, aber ich beginne. Meine Mutter hat immer noch die Fliegenpatsche in der Hand. Ihr Blick ist auf eines der Kissen gerichtet. Ich warte, denn mit der Fliegenpatsche zielt sie gerade auf die Fliege auf dem Kissen.

»Wag nicht, dich auf meine Tochter zu setzen!«

Ich warte. Mit einem Knall schlägt sie das Plastikding auf das Kissen.

»Verdammt nochmal!« Die Fliege ist ihr entschlüpft. Danach warten wir eben noch eine Weile, tja, wir haben noch eine ganze Ewigkeit gewartet.

»Ach, İsmail Efendi«, sagte Frau Şükriye, »Hals über Kopf ist sie aufgebrochen, wo sie doch gesagt hat, sie bleibe eine ganze Woche. Nach drei Tagen ist sie verschwunden, weil die Universität plötzlich doch früher begonnen hat. Ach, wenn sie doch nicht wieder angefangen hätte. Nun heißt es wieder warten, İsmail Efendi. Die drei Tage, an denen sie hier geschlafen hat, bin ich nachts aufgewacht und habe tief in meinem Innern solch eine Ruhe verspürt. Ich wußte zunächst gar nicht, was geschehen war, dann aber fiel es mir ein, ›Ach, meine Tochter ist bei mir‹. Nun muß ich wieder die Minuten zählen, und es wird und wird nicht Morgen. Du hast doch gesehen, wie abgezehrt sie war, ich dachte mir, sie soll sich mal ein wenig erholen. Wenigstens habe ich sie ordentlich verköstigt. Aber mit diesen Fliegen müssen wir eine Lösung finden, İsmail Efendi. Die lassen einen wirklich nicht in Ruhe. Übrigens hat sich herausgestellt, daß die Hälfte der Tomaten, die du mitgebracht hast, faul war. Sag das diesem unverschämten Gemüsehändler. Dann summen einem noch ständig die Fliegen vor der Nase herum, so geht es nicht weiter, İsmail Efendi! Also wirklich, du solltest dich schämen. Haben wir eigentlich noch etwas vergessen? Mir kommt es so vor.«

Bilge Karasu

So töte mich doch, Meister!

Alpay İzbırak gewidmet

»Es konnte offensichtlich geschehen, daß einige vergreiste Väter und Mütter, plötzlich vom Teufel geritten, sogar ihre Kinder überfielen und fraßen. Das Begräbnis der Mutter hingegen, deren Geschichte wir erzählen, richteten ihre Kinder aus. Wenn man recht darüber nachdenkt, dann war das eine schreckliche Angelegenheit, so wird zumindest berichtet.«[1]

Die Kinder müssen am Leben bleiben, damit sie die Totenfeier ihrer Mütter ausrichten können. Es gibt aber auch Fälle, in denen sie das nicht tun.

Immer wieder geschieht es, daß Akrobaten, wenn sie von Seil zu Seil und von Ring zu Ring springen, abstürzen und zu Tode kommen. Der Tod kennt nicht Jung noch Alt. »Wenn sich auf dem Gesicht eines alternden Akrobaten unterhalb des rechten Nasenflügels ein Mal zu entwickeln beginnt, ein Mal, das nur meine Augen sehen können, weiß ich, daß auch er, wie auch die anderen, über kurz oder lang sterben wird. Ich kann nur nicht sagen, ob er vom Seil fallen, unter die Räder eines Autos geraten oder nicht mehr vom Krankenlager hochkommen wird.« Das sind die Worte des jungen Akrobaten, von dem hier berichtet werden soll.

Stellen Sie sich vor: Sie nähern sich von der einen Seite eines gespannten Seils Ihrem Partner, tun so, als kämpften Sie miteinander und einer von Ihnen unterliegt; es sieht so aus, als falle dieser. Er springt vom Rücken des anderen ab, wird in der Luft wieder aufgefangen und gerettet. Während Sie beide ein anderes Seil, einen anderen Ring ergreifen, wird den Zuschauern das

1 Aus dem Konjaku Monogatari-shu (japanische Erzählungssammlung aus dem 12. Jh.), XXVII, 22. Erzählung »Die Mutter der Jäger«.

Herz bis an den Hals schlagen. Das ist die Tätigkeit, mit der Sie Ihren Lebensunterhalt verdienen.

Der Akrobat, der Ihnen gegenübersteht, ist jemand, den Sie sehr lieben, mit dem Sie über Jahre zusammengearbeitet haben, jemand, mit dem Sie Ihr nicht enden wollendes Leid und die in glücklosen Stunden unerwartet eintreffenden kleinen Freuden geteilt haben. Sagen wir mal so: Sie nähern sich von beiden Seiten der Mitte des Seils ... Plötzlich erkennen Sie unterhalb des rechten Nasenflügels ... und dann die Überlegungen, die Ihnen durch den Kopf schießen, was für Sie als junger Seiltänzer jetzt zu tun bleibt.

Beginnen wir aber von vorn!

Der ihm da gegenüberstand, war sein Meister. Ist es nicht so, daß ein Meister seines Faches sich auch irgendwo im Finden seines Lebenswegs als Meister erweisen muß? Der ihm da gegenüberstand, war also sein Meister, der ihn als Kind zu sich genommen und herangezogen hatte. Er lehrte ihn seine Kunst, hat ihn sicher bis zum heutigen Tag geführt und zu einem der berühmtesten jungen Akrobaten gemacht.

Seit geraumer Zeit war das Verhältnis zwischen den beiden kein Meister-Schüler-Verhältnis mehr. Vielmehr sah sich der Junge als Sohn des Alten. Auch der Meister sah in ihm seinen Sohn und stellte ihn auch Fremden als seinen Sohn vor. Um nicht so zu wirken wie die anderen Meister, die ihre Lehrlinge ohne tieferen Grund mit »mein Sohn« anredeten, achtete er sorgfältig darauf, ihn, wenn er ihm etwas zu sagen hatte, nicht in dieser Form anzureden. Noch nicht einmal mit seinem Namen sprach er ihn an. In ihren Gesprächen redeten sie sich ohnehin nicht an. Nur wenn sie einen Ton von sich geben mußten, um den anderen darauf aufmerksam zu machen, daß er etwas vergessen hatte, schämten sich beide und versuchten, dieses Räuspern nachträglich aus der Luft zu wischen. Sie fuhren mit dem Gespräch dort fort, wo sie es eine Woche zuvor unterbrochen hatten, oder aber sie beendeten es, als sei der Anfang schon erzählt. Ein Hochziehen der Augenbrauen, ein Augenzwinkern, ein Mundverziehen, das kleinste Zeichen, das auf eine kurze Geistesabwesenheit hinwies oder deutlich machte, daß sie nicht herausfinden konnten, woher das Wort gekommen war und auf was es sich bezog, war in ihren Augen ebenso verwerflich wie es eine Anrede gewesen wäre. Deswegen hatten ihre Freunde und Bekannten meist Schwierigkeiten, ihren »Gesprächen« zu folgen, und fanden sie sehr seltsam. Diese Gewohnheit hatte so von den Akrobaten Besitz ergriffen, daß sie sich nicht einmal vorstellen konnten, daß es Menschen auf der Welt geben könnte, die eine solche Art der Verständigung als fremdartig empfinden würden. Auf eine solche Weise versuchten sie, mit jedermann zu sprechen. Als sie aber merkten, daß die anderen ungeniert die Augenbrauen hochzogen, mit den Augen zwinkerten und den Mund verzogen, versuchten sie mit großer Anstrengung und unter Stammeln, sich verständlich zu machen, als wären sie zwar aufgewacht, aber noch nicht ganz bei Bewußtsein.

Der Junge betrachtete sich als Sohn des Alten, er sah in seinem Meister nicht den Vater, sondern die Mutter. Der Meister stand für ihn auf einer Stufe mit seiner Mutter, die ihn zur Welt gebracht, genährt und großgezogen hatte. Als er das erste Mal bemerkte, daß er solche Gefühle hegte, schreckte er vor der Abwegigkeit dieser Gedanken zurück und dachte, daß er etwas so Unmögliches noch nicht einmal seinem Meister werde eröffnen können. Später fand er es weit merkwürdiger, daß er nicht in der Lage war, dem Meister, der jeden seiner Gedanken kannte, von seinen Gefühlen, mochten sie auch noch so abwegig sein, zu erzählen. Eines Nachts, als sie nach der Vorstellung in ihren Betten lagen und das Licht gelöscht hatten, brach er plötzlich damit heraus. Als Antwort kam aus dem Bett in der gegenüberliegenden Ecke stoßweises Lachen. Als er eingesehen hatte, daß er selbst seinem Meister so etwas nicht hätte erzählen dürfen, und sich schon damit abgefunden hatte, unter der zusammenstürzenden Welt begraben zu werden, mäßigte sich das Lachen des Meisters. Allerdings hörte es erst vollkommen auf, als der Tag graute. Dann sagte der Meister: »Du bist ja ein richtiger Poet«, und begann ein wenig später zu schnarchen. Was er dachte, war offensichtlich so seltsam, daß es seinen Meister zum Lachen gebracht hatte. Vielleicht gefiel es ihm aber sogar ein wenig.

Die Welt, die über seinem Kopf zusammenzustürzen drohte,

kam wieder ins Lot. Es wurde nie wieder darüber geredet, aber dieses Gespräch wurde zum Inbegriff ihrer Verbindung.

Indessen, Monate später, als er sich zu dem unter ihnen hängenden Ring herabfallen ließ, als sei er wegen eines falschen Schrittes gestrauchelt, erinnerten ihn die Hände des Meisters, die ihn im freien Fall packten und »retteten«, an gewisse Dinge. Nach der Vorstellung, als er vom Direktor den Lohn entgegennahm und jedermann gute Nacht sagte, sich ankleidete und an der Seite des Meisters nach Hause ging, versuchte er unentwegt herauszufinden, was das war, was da in ihm eine Erinnerung geweckt hatte, aber es gelang nicht. Nächstes Mal, da er wieder dem Ring entgegenfallen würde...

Er war verwirrt. Jetzt wußte er es. Dieses Mütterliche, das ihm an seinem Meister aufgefallen war, war kein poetischer Einfall oder dichterische Phantasie gewesen. Vor langer Zeit lauschte er einmal vor der Tür dem Röcheln, das aus dem Zimmer seines Onkels kam. Seit einigen Tagen schon ließ man ihn nicht mehr in dieses Zimmer hinein. Da man ihn nicht in das Zimmer ließ und er auch keine Lust hatte, sich in Toilette und Küche aufzuhalten, saß er einige Tage auf der Schwelle der Haustür und wartete schweigend auf den Abend. Er hörte das Röcheln und machte langsam die Tür auf. Niemand war da, das heißt, seine Mutter war nicht da und seine Großmutter...

Als er sich in der Vorstellung im freien Fall den Ringen näherte, konnten ihn die Hände des Meisters, die ihn eigentlich am Gürtel packen sollten, erst an den Handgelenken erwischen. Das waren ganz deutlich die Hände seiner Mutter. Am Abend begann der Meister, kaum daß sie in das Zimmer gekommen waren und sich umgezogen hatten, ihn zu beschimpfen. So hatte er ihn seit seiner Kindheit, seit seinen ersten Lehrjahren nicht mehr beschimpft. Er schwieg und hörte zu. Nach diesem Geschimpfe, das ihm vorkam, als wolle es nie enden, fragte der Meister: »Sag mir jetzt, wie das geschehen konnte? Warum warst du nur so geistesabwesend?« Er hörte seinem Tadel nicht aufmerksam zu, versuchte aber diesen Anschein zu erwecken.

Der junge Akrobat erzählte seine Erinnerungen seinem Meister so lebendig, als erlebte er alles in diesem Augenblick und begann mit dem, was der Meister schon wußte: Sein Vater war gestorben, die Großmutter alt und schwach. Der Onkel sorgte für den Lebensunterhalt. Seine Mutter mußte sich um das Haus und alles andere kümmern. Damals mußte er wohl gerade etwas über zwei Jahre alt gewesen sein. So hatte es ihm seine Mutter zumindest später erzählt. Es war ihm, als sehe er sich selbst im Spiegel. Auch an einen mit rotem und grünem Blumenmuster bedruckten Hausrock erinnerte er sich noch ganz genau. Die Großmutter stand den ganzen Tag nicht von ihrem sonderbaren niedrigen Sessel auf, der nicht nur an den Seiten, sondern auch von vorn mit Lehnen gesichert war. Unter dem Sessel befand sich ein Nachttopf, den seine Mutter ausleerte, wenn der Geruch penetrant wurde. Dieser Nachttopf glich seinem überhaupt nicht, war größer, runder und von kräftigem Rot.

Weil es draußen schön warm war, saß er seit einigen Tagen von morgens bis abends auf der Schwelle der Haustür. An diesem Morgen hatte seine Mutter auch noch ihre Schwiegermutter zusammen mit dem Sessel vor die Tür gebracht. Die Großmutter nickte fortwährend ein, und seine Mutter war verschwunden. Sie hatte gesagt, sie komme bald zurück und war einfach weggegangen. Er hatte nicht die Kraft, den runden, strahlend weißen und glänzenden Türknauf zu bewegen, um die Tür zu öffnen. Ja, er konnte noch nicht einmal bis zu ihm hinauflangen. Aber als er sich an die Tür lehnte, bemerkte er, daß sie sich einen Spalt breit öffnete. Und dann – es kam ihm vor, als sei es gestern gewesen – die Vorhänge mußten wohl ganz dicht zugezogen gewesen sein, so daß das Innere in Halbdunkel getaucht war, näherte er sich dem röchelnd auf dem Rücken liegenden Onkel und schaute ihn an. Der Onkel schien ihn zu sehen. War sein Mund angespannt, um zu lächeln oder waren es letzte Zuckungen seiner Lungen, um die Luft für einige Worte auszupressen? Das wußte er auch heute nicht. Plötzlich nahm ihn eine Hand an den Gelenken, an seinem Hemdchen, und er wurde, ohne daß dabei ein Wort fiel, nach draußen befördert. Dies waren die Hände seiner Mutter. Der andere Mann, der wohl zusammen mit der Mutter das Haus betreten hatte, schüttelte sorgenvoll den Kopf, als er wieder das Zimmer verließ. Seine Mutter sank auf die Schwelle vor der

Toilette und nahm, ohne etwas zu sagen, den Kopf zwischen beide Hände. Er fürchtete sich und brachte keinen Ton heraus. Dann streckte er die Hand aus und berührte die Knie der Mutter. Als sie die Hände von den Schläfen nahm und sie auf seine Hand legte, verflog seine Angst. Er begann, über den großen Fleck, das Mal nachzudenken, das er eben unterhalb des rechten Nasenflügels des Onkels gesehen, aber nie zuvor bemerkt hatte. Alles war ihm so deutlich vor Augen, als wäre es eben geschehen. Deswegen konnte er sich auch genau erinnern, daß es auf der rechten und nicht auf der linken Seite war.

In dieser Nacht schalt ihn der Meister erneut, nachdem er sich das angehört hatte. Diesmal aber nicht so lange. Im Gegensatz zum letzten Mal hörte er dem Meister genau zu. Dieser meinte, er würde sich solche Gedanken nicht erlauben und während der Arbeit dürfe man sie schon gar nicht haben, sonst würden eines Tages die Hände, die ihn vor dem Tode retten sollten, ihn nicht mehr an der Taille oder an den Handgelenken zu fassen bekommen.

Da der Meister es so verlangte, wollte er es von nun an mit seinen Erinnerungen und Geschichten aus der Vergangenheit bewenden lassen und sich nur auf seine Arbeit, auf seinen Meister konzentrieren. Er mußte die Erinnerungen aus seinem Herzen und aus seinem Bewußtsein tilgen, das galt auch für die Gedanken an den Tod seiner Mutter und seiner Großmutter. So tat er es auch.

Er tat es zwar, eine Erinnerung aber widerstand allen Bemühungen: Die Male, die er später unterhalb des rechten Nasenflügels seiner Mutter und seiner Großmutter sah, konnte er nicht vergessen. In den Gesichtern dieser Personen, die er so gut kannte, daß er glaubte, sie auswendig zeichnen zu können, wurden innerhalb weniger Tage Male sichtbar, die ihn nachdenklich stimmten. Er fragte sich, wie er diese hatte übersehen können, am Todestag hatten sie die Größe einer Olive.

Er hatte es verstanden: Diese Male mußten eine Eigentümlichkeit seiner Familie sein. Allerdings war von diesen Erscheinungen vorher nichts in den Gesichtern zu bemerken. Erst wenn der Tod näherrückte, wurden sie sichtbar und vergrößerten sich, bis sie am Todestag die Größe einer Olive erreichten.

Er war ziemlich jung und hatte noch nicht gelernt, daß man sich nicht mit solch wenig durchdachten und unausgegorenen Schlüssen begnügen durfte. Als er eines Tages einen neuen Lehrling des Meisters auf dem Seil einübte...

Es war an einem Sommertag, und nur Akrobaten wissen, wie fürchterlich es sein kann, in dieser Jahreszeit knapp unterhalb des Zeltdaches zu arbeiten. Der Meister schaute von unten und gab seine Anweisungen. Sein neuer Schüler sollte eine Woche später zum ersten Mal vor dem Publikum auf das Seil gehen. Der Junge mußte hart arbeiten. Da in dieser Hitze die Meister nicht hinaufzusteigen pflegten, und er selbst schon Geselle geworden war, fiel ihm die Aufgabe zu, mit dem neuen Lehrling zu üben.

Sie standen einander in der Mitte des Seils gegenüber. »Jetzt muß du achtgeben!« sagte er zu dem Jungen. »Wisch dir den Schweiß gut ab, damit ja nichts passiert!« Dieser tat es, sah ihm in die Augen: »In Ordnung.« Da war das Mal unterhalb des rechten Nasenflügels. Sie übten zusammen und stiegen dann vom Seil herunter. Als sie sich wuschen, sprach er den Jungen an und meinte, das Mal dort stehe ihm gut. Der Junge schaute ihn zunächst sonderbar an, dann fragte er, welches Mal er meine. Er hatte in den Spiegel geschaut und es nicht finden können. Nun sagte er mit leicht verstörter Stimme, daß er nicht verstehe, warum der Geselle solche Witze mache. Wer weiß, was im Innern dieses Jungen vorging. »Es war bestimmt ein Fleck, was ich da für ein Mal gehalten habe«, antwortete der junge Akrobat. Aber am nächsten Tag, als sie von neuem übten, sah er wieder das Mal an der alten Stelle. Es war noch deutlicher geworden. Als der Junge drei Tage später allein auf dem Seil übte, stürzte er ab und kam um. Als der junge Akrobat hinlief, konnte er das Mal genau an seiner Stelle sehen. Es hatte die Größe einer Olive.

Die Sache mit dem Mal schien also weniger mit seiner Familie als mit ihm selbst zusammenzuhängen. Es wollte scheinen, daß er Male sah, die andere nicht...

Er wußte, daß diese Menschen sterben würden. In der nächsten Zeit fand er die Richtigkeit seiner Vermutungen immer wieder bestätigt. Von nun an schaute er voller Angst in die Gesichter anderer Menschen.

Dann aber kam eine lange Zeit, in der er das Mal bei niemandem entdeckte. Auch starb niemand mehr in seiner Umgebung. Er beruhigte sich etwas.

In diese Zeit fällt die Geschichte mit den Weiden. Es war in einer Frühlingsnacht. Er ging mit seinem Meister nach Hause. Mittlerweile waren sie nur noch zu zweit. Nun, nachdem der dritte Lehrling, den der Meister ausgebildet hatte, ebenfalls umgekommen war, kam niemand mehr, der als Lehrling beim Meister anfangen wollte. Nicht alle waren bei einem Seilunfall ums Leben gekommen, aber auf den Gesichtern aller hatte er dieses Mal gesehen. Es gab auch welche, die meinten, der Meister trage keine Schuld daran und glaubten, schuld sei vielmehr eine *Jag'-den-Bruder-Ader* auf des Gesellen Stirn. Sie schauten sich die Stelle zwischen den Augenbrauen sorgfältig an und sahen die Ader, die sie sehen wollten, andere aber sahen sie nicht. Eines Morgens hatte auch der Meister im Gesicht des Gesellen diese Ader gesucht, fand sie aber nicht. Das behauptete er wenigstens. Aber genau zu dieser Zeit sah er selbst im weichen Glanz des Morgenlichts etwas zwischen den Augenbrauen des Meisters. Anstelle der violetten Gabelung der *Jag'-den-Bruder-Ader* war der grünliche Keil einer *Ohne-Sohn-Ader* sichtbar geworden. Er erzählte dem Meister von seiner Beobachtung nichts, und auch in Zukunft wollte er ihm nichts davon erzählen. Er hatte sich sowieso angewöhnt, etwas, was er seinem Meister nicht sagen könnte, sofort zu vergessen. Nichts von alldem blieb in seiner Erinnerung. Er vergaß es einfach.

Obwohl die beiden über ihre Einsamkeit betrübt waren, hatten sie sich offensichtlich schon recht daran gewöhnt, ihr Leben nicht mit anderen zu teilen. Als sie in jener Frühlingsnacht nach Hause zurückkehrten, kamen sie an einem mit zahlreichen Weiden bestandenen Garten vorbei. Noch am Morgen hatten die Bäume mit ihren feinen, zarten Blättern im Dunst schimmernd dagestanden. Nun mußten sie sehen, daß die Äste, die sie so liebten, abgeholzt waren und in Haufen auf dem Gehsteig lagen. Um sie nicht zu zertreten, ging der Meister vom Gehsteig auf die Straße. Er aber lief voller Ehrfurcht und Liebe mit der ganzen Leichtigkeit seiner Akrobatenfüße über die Äste hinweg. Als er wieder auf die Steine trat, hielt er inne, atmete tief und versuchte seinem Meister zu erklären, wie sehr er sich danach sehnte, an einem Ufer, im Grünen, inmitten von Gräsern und Kräutern zu sein.

Darauf mußte er sich wieder Tadel gefallen lassen. Ein Akrobat müsse wohl oder übel dort arbeiten und Geld verdienen, wo viele Menschen zusammen lebten. Dort, wo viele Menschen lebten, gab es in der Regel weder Weidenwäldchen noch Ufer, die von Wiesen gesäumt waren. Für einen richtigen Akrobaten war es schon ein Vergehen, Sehnsucht nach solchen Orten zu empfinden; besonders für einen wie ihn, der fast sein gesamtes Leben in einer Großstadt verbrachte. Ein Akrobat mußte an sein Seil denken. Sehnsüchte und Träume mußte er aus seinem Herzen löschen.

Da der Meister es so wollte, wollte er sich fügen. Und er hatte sich gefügt. Nach seinen Erinnerungen vertrieb er auch noch seine Träume und Sehnsüchte. Was wichtig war, das war sein Meister, so wurde er gelehrt. Von klein auf hatte er gelernt, wie wichtig die Arbeit war. Das war es, was ihm sein Meister beigebracht hatte. Das, was seine Person ausmachte, war seine Arbeit und mußte es sein. Die Verbundenheit, die er zu seiner Arbeit verspürte, verdankte er dem Meister. Hatte er nicht alles von ihm gelernt? War es nicht der Meister, der ihn wie seine eigene Mutter aufgenommen hatte? Aber hatte er wirklich alles von ihm gelernt? Wie sehr war er selbst bei der Entfaltung seiner Persönlichkeit beteiligt? War das überhaupt möglich? Was an ihm stammte vom Meister und was nicht? Was bedeutete es eigentlich, an einer anderen Persönlichkeit beteiligt zu sein? Hatte er eigentlich überhaupt nichts Eigenes mitgebracht, als er zum ersten Mal zum Meister gekommen war? Hatte der Meister etwa seinen ganzen Charakter geformt? Bedeutete das, daß jeder geformt wird, indem er das weitergibt, was sein Meister aus ihm gemacht hat...?

Er war verwirrt. Schon jetzt glaubte er zu wissen, welche Antwort er bekäme, würde er mit solchen Fragen vor den Meister treten. Dieser würde nicht einfach sagen: »Das begreifst du nicht.« Er selbst war der Meinung, daß er im Moment nichts davon verstand, und ob er eines Tages diese Fragen würde beantworten können, wußte er nicht. Der Meister würde ihm nicht einmal Hoffnung machen. »Denk nicht über solche Dinge nach!« würde er sagen, und damit wäre Schluß. Vielleicht würde er auch sagen: »Nach meinem Tod, wenn du einen Lehrling angenommen hast und ihn auszubilden beginnst, kannst du wieder anfangen, darüber nachzudenken. Dann aber wirst du sowohl dich selbst wie auch mich begreifen.« Schon jetzt hörte er den Meister im Geiste solche Worte sprechen. Das bedeutete, daß er etwas in sich hatte, den Meister zu erreichen, ja ihn zu übertreffen. Denn er kannte die Worte jetzt schon. Aber er zerbrach sich jetzt noch nicht den Kopf darüber. Der Beruf eines Akrobaten machte es eben nötig, wenn man nicht dabei umkommen wollte, sich vollkommen dem Seil, den Ringen, dem Meister, jedem einzelnen Schritt zu widmen und sich mit aller Kraft auf Hände und Augen zu konzentrieren. Eines Tages würde er diese Fragen jemandem stellen, dessen Aufgabe nicht der Seiltanz, sondern vielmehr das Denken war. Ob nun allerdings dieser Mensch über die Fragen nachgedacht haben würde, die einen Akrobaten bewegen, stand auf einem anderen Blatt.

Wenn er auf dem Seil tanzte und Purzelbäume schlug, rutschten weit unten die Zuschauer unruhig auf ihren Plätzen hin und her und verfolgten seine Kunststücke. Dabei merkte er einige Male, daß seine Gedanken abschweiften und sich mit anderen Dingen als dem Seil beschäftigten. So etwas durfte nicht vorkommen. Sein Meister durfte auf keinen Fall etwas davon spüren, daß ihm gelegentlich so etwas passierte. Er riß sich zusammen und hatte jetzt einen klaren Kopf. Von nun an unterdrückte er alle Gedanken während der Arbeit. Nur auf den langen Fahrten von einer Stadt zur anderen täuschte er den Meister und stellte sich schlafend; dann ließ er seine Gedanken zu den Weidenwäldchen und den saftigen Wiesen abschweifen.

Jeden Abend, wenn er von der Vorstellung zurückgekommen war, legte der Meister jeweils ein Exemplar der Handzettel, die sie vor den Veranstaltungen unter alle Haustüren schoben und in den Lokalen und auf den Straßen verteilten, sorgfältig in eine eigens dafür bestimmte Kiste. Eines Abends sagte er: »Nun bist du so weit, bist ein Meister deines Faches geworden, die Sache mit den Zetteln kann ich künftig dir überlassen.« Er aber übersah die Anerkennung des Meisters in diesen Worten und meinte, daß diese Zettel gewiß nur persönliche Erinnerungen für ihn seien. Da geriet der Meister in heftigen Zorn: Es sei doch noch nicht so weit, und schimpfte ihn gehörig aus: »Erinnerungen nennst du sie? Sie sind das einzige was von unserer Seilarbeit übrigbleiben wird. Das ist schlechterdings unser Leben, alles, was wir erlebt haben. Die Last des Todes, die uns mit jedem Tag, mit jeder Veranstaltung etwas stärker auf den Buckel drückt, wird uns dann in die Knie zwingen, wenn diese Kiste so schwer geworden ist, daß wir sie nicht mehr heben können. Das merk' dir. Darin steckt alles von mir und dir. Haben wir denn außer diesem Stoß Papier noch etwas anderes in den Händen, was uns oder auch einem anderen beweisen wird, daß wir gelebt haben?«

Nach dieser Zurechtweisung verstand er plötzlich. Der Grund dafür war nicht die Affäre mit den Zetteln, sondern der Zorn des Meisters. Wie hatte er dies bis heute noch nicht bemerken können? Dies Gebrüll überstieg bei weitem das, was im Verhältnis von Meister und Lehrling üblich war. Das war in Wahrheit der Versuch, ihn und mehr noch seine Jugend mit Worten zu zermalmen.

Er hätte schon seit einiger Zeit darauf kommen können, daß diese Wutausbrüche etwas anderes bedeuteten. »Der Meister ist alt geworden. Habe ich etwa versäumt – während ich an mein eigenes Fortkommen dachte – daran zu denken, daß auch andere sich verändern und altern? Habe ich mich durch unser ständiges Zusammenleben daran gewöhnt, ihn nicht mehr anzusehen?« fragte er sich und ärgerte sich über seine Blindheit. »Zwar soll der, den man liebt, durchaus heranwachsen, doch möchte man nicht, daß er alt wird und daß der Tod naht. Daß mir dies nun klar wird, bedeutet wohl, daß auch ich älter geworden bin. Wer aber weiß, wie es um ihn steht?« fragte er sich weiter, wollte aber diesen Gedanken nicht zu Ende denken. Vielleicht vermochte er es auch gar nicht.

Sein Meister war alt geworden. Wenn er früher geglaubt hatte, sein Tadel galt nur ihm persönlich, begann er jetzt zu verstehen, daß dem nicht so war: Es gab einen Unterschied zwischen dem

Tadel von einst und jetzt. Wie hatte er das übersehen können? Nur solange er sich nicht vorstellen konnte, daß sein Meister auch Fehler machte oder etwas Falsches sagt... In der letzten Zeit brauchte er noch nicht einen wirklichen Fehler zu machen, es reichte aus, wenn ihm etwas aus dem Mund entschlüpfte, woraus der Meister schließen konnte, daß er eine Kleinigkeit nicht beachtet hatte; schon schimpfte er los. Der junge Akrobat aber begnügte sich mittlerweile nicht mehr damit, Dinge zu denken, die er zuvor nicht gedacht hatte. Er sprach sie sogar aus. Natürlich würde sich der Meister darüber...

Es mag daran gelegen haben, daß er dieser Feststellung seine gesamte Aufmerksamkeit widmete, aber mit der Zeit erkannte er immer mehr, daß er sich nicht irrte. Dieses verstärkte sich in ihm und reifte zur Erkenntnis. Da er es nunmehr im Umgang mit seinen Gedanken zu einer gewissen Meisterschaft gebracht hatte, vermochte er es auch, diese Gedanken während seiner Arbeit zurückzudrängen.

Man stelle sich einen Baumeister vor, der sein gesamtes Leben Steine geschleppt hatte und nun die letzte Hand an den von ihm errichteten Bau anlegt. Wie er dann zornig würde, wenn man ihn auf einen Riß in der Wand, einen Mangel oder einen Irrtum hinweist...

Konnte es nicht auch sein, daß er die Fehler des Meisters sah, weil er sich selbst gefunden hatte? Oder auch erschreckte die Möglichkeit eines Fehlers – der Gedanke daran oder nur die leiseste Ahnung – den Meister immer mehr? War der denn nicht ein Mensch wie alle anderen? Würde er dann nicht auch im Alter so werden, wie alle anderen Menschen? War nicht das einzige, was ihn von den anderen unterschied, die Tatsache, daß er sein »Meister« war? War er nicht dadurch den anderen überlegen und vor ihnen sicher? Er konnte es nicht einschätzen und sah ein, daß es sinnlos wäre, dies wissen zu wollen. Schon früher hatte sein Meister die Fehler, die er bei seinem geliebten Lehrling, seinem geliebten Gesellen entdeckt hatte, in der Anwesenheit anderer erwähnt und ihn damit bloßgestellt. Er seinerseits erwähnte eines Tages vor anderen die Kiste voller Handzettel und erhielt in der darauffolgenden Nacht vom Meister dafür einen scharfen Verweis. All diese Vorkommnisse beschäftigten und verwirrten ihn. Was der Meister nicht gerne erzählte, durfte auch niemand erfahren. Der Meister selbst erzählte aber nun anderen Leuten vergnügt eine Reihe von Geschichten, obwohl er keinen Gedanken daran verlor, ob sein Geselle damit einverstanden war. Er tat das nicht, um ihn zu ärgern, nicht aus Bosheit, das war dem Jungen klar. Er konnte sich wohl nicht vorstellen, daß in dem, was er erzählte, irgend etwas Kränkendes steckte oder daß er damit seinen Gesellen verletzte. Das war alles. Er konnte es damals eben nicht fassen, daß der Meister Fehler machen könnte.

Schließlich faßte er einen Entschluß: Was sein Meister auch immer tun sollte, er würde sich bemühen, es nicht übel zu nehmen. Immer würde er berücksichtigen, daß der Mann eben alt geworden war. Um ihn nicht traurig zu stimmen, würde er selbst seine Fehler übersehen. Zwei Tage später sagte der Meister unvermittelt: »Ich fürchte den Tag, an dem ich die Hilfe anderer zum Leben brauche.« Und fuhr dann morgens beim Tee fort: »Ich fürchte mich vor dem Tag, an dem ich deine Hilfe benötige. Manchmal sage ich mir, ich sollte ohne Hilfe leben und dann wie ein Hund krepieren. Das sag' ich zwar, aber ich weiß nicht, was schlimmer ist: anderen eine Last zu sein oder mutterseelenallein zu leben.« Diese Worte gingen ihm immer durch den Kopf. Sicherlich beeinflußten sie auch seinen Entschluß. Als er ihn endlich gefaßt hatte, beruhigte er sich und schlief so fest, wie schon lange nicht mehr.

Am nächsten Morgen, als sie sich wieder gegenübersaßen und Tee tranken, bemerkte er unterhalb des rechten Nasenflügels seines Meisters ein Mal. Er mußte sich zurückhalten, nicht die Hand danach auszustrecken, denn der Meister wußte, welche Bewandtnis es mit diesen Malen hatte, er wäre auf trübe Gedanken gekommen. Daran wollte der Geselle nicht einmal denken.

Für diesen Tag war im Lande Staatstrauer angesagt. Somit war für den Abend auch keine Veranstaltung angekündigt. So machte er sich auf und ging aus der Stadt. Er gelangte in ein winziges Tal und zu einem kleinen Weidenwäldchen. Dort legte er sich nieder, richtete seinen Blick in den Himmel und gab sich seinen Gedanken hin. Furcht vor dem Tod seines Meisters befiel sein Herz.

Angenommen, er hätte sich geirrt, und sein Meister würde nicht in den nächsten Tagen sterben? Aber der Gedanke an diese Möglichkeit hatte Besitz von ihm ergriffen und versetzte ihn in Angst. Jetzt konnte er also auch an den Tod seines Meisters denken. Er konnte also wirklich denken. In gewisser Weise erfüllte ihn das mit Genugtuung. Er würde selbst Meister werden und sich Lehrlinge nehmen. Von nun ab würde er andere ausbilden, würde nun denken können und für die Fragen, die sich seit Jahren angehäuft hatten, Stück für Stück die Antworten suchen, versuchen, die Antworten zu finden. Er würde sich zumindest darum bemühen. Aber er würde auch ...

Er dachte an die Lehrlinge seines Meisters, die ums Leben gekommen waren. War dies nicht auch ein Grund dafür, daß der Meister so an ihm hing? Eines Tages hatte er gesagt: »Vor dir hatte ich drei Lehrlinge, alle drei sind verunglückt. Als du dann gekommen warst, wollte ich mit niemand anderem mehr arbeiten; nur mit dir wollte ich mich beschäftigen. Diesen Jungen habe ich nur genommen, weil ich gesehen habe, daß du in deiner Ausbildung schon recht weit bist.«

Der Meister sprach von jenem Lehrling, bei dem der junge Akrobat während der Probe unterhalb des rechten Nasenflügels ein Mal gesehen hatte. Das Gespräch, an das er sich erinnerte, fand an dem vor Hitze flirrenden Abend jenes Tages statt, an dem sie diesen Jungen aufgenommen hatten. Der Meister hatte ihm das vor der Tür erzählt, nachdem sie ihn zu Bett gebracht hatten. Nach diesem Jungen starben noch zwei weitere Lehrlinge.

Glich sein Meister nicht einer Mutter, deren Kind gleich nach der Geburt gestorben war, oder einer, die eine Fehlgeburt erlitten hatte? Er selbst hatte die Lehrlingszeit hinter sich, war Geselle geworden und sollte nun der Meister werden. Würde er jetzt umkommen, wäre auch der Meister verloren. Der Schmerz darüber, daß sein Geselle so jung, kurz bevor er Meister wurde, sterben mußte, würde ihn sicherlich umbringen. Das bedeutete doch, daß er es nicht geschafft hatte, einen Nachfolger heranzuziehen. Natürlich gab es unter den Akrobaten solche unglückseligen Meister, solche, denen die Lehrlinge und Gesellen in den besten Jahren wegstarben. Zu ihnen gehörte offensichtlich auch sein eigener Meister. Selbstverständlich konnte es niemand wagen, so etwas in seiner Anwesenheit zu sagen. Waren aber Dinge, die man nicht aussprach, etwa nicht vorhanden? Die Künste, so zum Beispiel die Kunst des Seiltanzens, verkümmerten bei solchen Meistern. Sie waren Menschen, die kinderlos starben. Zwar konnten sich viele von ihnen unter den Meistern durchaus sehen lassen, und nicht wenige von ihnen erreichten Großes. Aber glichen sie nicht in Wirklichkeit vertrockneten Zweigen oder unfruchtbaren Frauen? Alle sind selbst von einem der Meister ausgebildet worden, aber niemand würde bei ihnen den Grad erreichen. Ihre Nachkommenschaft würde aussterben.

Aber es gab ja ihn. Er zog seinen Spiegel aus der Tasche und schaute auf seinen rechten Nasenflügel. Nicht einmal ein Stäubchen war zu erkennen, geschweige denn ein Mal. Das hieß, er würde leben, und damit wäre es auch dem Meister gelungen, jemanden heranzuziehen. Er würde nicht zu jenen Unglücklichen gehören, denen dies nicht beschieden war. Damit seinem Meister dieses Schicksal erspart blieb, mußte er sterben, sein Geselle aber mußte leben und nach seinem Tod zum Meisterrang emporsteigen. Das war vielleicht doch...

Er fand an diesem abwegigen Gedanken keinen Gefallen. Die Tatsache, daß die Freude und die Trauer, das Freudige und das Betrübliche sich so miteinander verwoben, verwirrte ihn vollends. Er schlief ein und erwachte erst, als die Sonne sich schon nach Westen neigte. Mit einem Mal sagte er sich laut, es sei Zeit, wieder in den Käfig zu gehen. Er wunderte sich, wie er plötzlich darauf kam. Seit wann...

Morgens stellte der Meister unvermittelt das Teeglas zurück auf den Tisch, stand auf und sah in den Spiegel. Es krampfte sich alles in seinem Inneren zusammen bei dem Gedanken, der Meister könne den Fleck unterhalb des rechten Nasenflügels sehen. Dann sagte er sich, daß es für ihn – und sei er auch ein noch so großer Meister – schwer, ja sogar unmöglich war, das Mal zu erkennen. Nur er selbst konnte diese Male sehen. Er hatte noch nie gehört, daß auch sein Meister so etwas gesehen hatte, zumindest sprach er nie davon. Sowieso hatte der Meister wohl weniger seine Nase als seine Augen, seine Augenbrauen betrachtet. Als er sich umdrehte, sagte er: »Wir arbeiten heute nicht, ich steige heute auch nicht auf das Seil. Aber was willst du mit so einem Tattergreis wie mir anfangen? Die Zeit, die mir noch bleibt, ist ohnehin gering.« Entweder hatte er doch sein Mal gesehen – das war eigentlich nicht möglich –, oder diese Worte waren bloßer Zufall. Dem Jungen schnürte sich die Kehle zusammen, und erst einen Augenblick später konnte er antworten: »Rede nicht so daher. Du hast mich nicht gelehrt, klug zu reden, deswegen weiß ich auch nicht, was ich auf solche Worte sagen soll.« Da lachte der Meister und meinte, er solle ein wenig ausgehen.

Der Käfig. Es gab ihn. Das ergab sich sowohl aus seinen eigenen wie aus den Worten des Meisters. Einem Käfig galt es zu entfliehen. Aber Flucht... Wollte er denn nicht ein großer Akrobat werden? Hatte er denn nicht so viele Jahre gearbeitet, um Meister zu werden? Er liebte seine Arbeit, seine Kunst, die Seiltänzerei wie... Bis zu diesem Tag war es ihm aber gar nicht zu Bewußtsein gekommen, was es hieß, dies alles wie ein Verrückter zu lieben. Liebt denn ein Mensch die Luft? Er atmet sie einfach ein und lebt. Nicht mehr und nicht weniger. Das war auch so eine Redensart, eine Worthülse; tausendmal gehört und gedankenlos verwendet. Er liebte seine Arbeit mehr als ein Verrückter. Ohne sie wäre alles nichts wert. Aber er liebte auch seinen Meister. Von ihm würde er sich auch niemals trennen können. Dennoch – von wem, wenn nicht von ihm, hatte er diese Leidenschaft. Sei es Leidenschaft oder Begeisterung, er würde in den Käfig gehen.

Abends schaute er wieder in das Gesicht des Meisters; es sah so aus, als habe sich der Fleck unterhalb seiner Nase etwas vergrößert. Das beunruhigte ihn. Aber das, was er am Ufer des Wassers gedacht hatte, überdeckte seine Befürchtungen. Am dritten Tag schließlich blieb ihm nicht der geringste Zweifel: sein Meister würde sterben. Das Mal wurde größer.

Er verlor beinahe den Verstand, wußte nicht, was er tun sollte. Blieb ihm doch nichts anderes, als zuzusehen, wie das Mal immer größer wurde! Seit einigen Tagen hatten sie wieder ihren Auftritt mit dem recht gefährlichen Scheinkampf im Programm, der vor längerer Zeit abgesetzt worden war. Er fürchtete, daß er, während sie beide auf dem Seil miteinander Schaukämpfe ausfochten, den Tod des Meisters heraufbeschwören, ihn mit eigenen Händen umbringen würde. Gerade durch seine Verwirrung fürchtete er, ein Unglück zu verursachen. Er wußte, daß der bevorstehende Tod des Meisters sich von anderen Todesfällen unterscheiden würde. Auch war ihm klar, daß er in fürchterlicher Einsamkeit zurückbleiben würde.

Je mehr ihn diese Gedanken beschäftigten, desto stärker wurde in ihm der Wunsch, seinen Kopf gegen die Wand zu schlagen. Die Möglichkeit zu denken, daß das wohl besser wäre... Das denken zu können... Auch wenn er in unbestimmter Weise spürte, daß es Menschen geben mußte, denen dieser Gedanke nichts ausmachte...

Wenn er auf das stetig größer werdende Mal schaute, war es ihm, als müsse er verrückt werden. Aber er durfte den einzigen Menschen, dem er sein Herz hätte ausschütten können, nichts merken lassen, und das erdrückte ihn.

Am Abend, als das Mal so groß wie eine Olive geworden war, stand er angespannt auf der Mitte des Seils und schaute auf den langsam näherkommenden Meister. Sie packten einander. An diesem Abend war der Meister dran, den »falschen Schritt« zu tun. Er war gespannt wie ein Bogen, um den Meister über den Rücken zu werfen und wieder aufzufangen. Der hatte den »falschen Schritt« etwas zu spät gemacht. Aus Angst aber, den leicht reizbaren Alten nicht noch weiter zu ärgern, würde er ihm dies nach der Vorstellung nicht sagen. Sein Meister, der sein mühsam errichtetes Gebäude schon bei der kleinsten Berührung gefährdet sah, durfte nicht einmal spüren, daß er diese Verspätung bemerkt hatte. »Morgen früh finde ich dann eine Ausrede, eine Krankheit oder etwas Ähnliches. Ich finde schon etwas, damit wir nicht auf das Seil müssen. Oder ich werde ihm vorschlagen, er solle nicht bei diesem heißen Wetter hinaufsteigen. Ich würde schon selbst, so gut ich kann, die Zuschauer unterhalten.«

Solche Gedanken jagten sich in seinem Kopf. Aber er wußte genau, daß er dem Meister mit keinem dieser Vorschläge etwas vormachen konnte. Eines stand fest, er durfte nichts bemerken.

Sein Körper entspannte sich, er wollte auf jede Bewegung des Meisters eingehen. Endlich könnte er sich selbst und seinem Meister beweisen, was für ein guter Akrobat er war. Vielleicht würde das niemand bemerken, aber sein Meister, wenn er einer war, wenn er wirklich sein Meister war, dann mußte er ihm die Stirn küssen und anerkennen, daß er nun selbst ein Meister war. Noch an diesem Abend würde er das beweisen. Vielleicht hatte aber auch der Alte selbst vor, ihn einer Prüfung zu unterziehen, im Glauben, sein Geselle ahne nichts davon. Möglicherweise wußte er auch nichts von seinen Ängsten. Vielleicht tat er es, um nach so vielen Lehrlingen, die er verloren hatte, das herrliche Gefühl zu erleben, daß nun endlich dieser eine Meister wurde. Damit er sich dessen rühmen könnte, daß dieser eine weder verunglückt noch besiegt war. Aber ließ nicht die Tatsache, daß er sich solche Gedanken machte, während der Meister an der Schwelle des Todes stand, daran zweifeln, daß er diesen Ruf schon verdiente?

Er wartete. Immer noch wartete er auf den letzten Schritt des Meisters ... Der hatte sogar schon den Ring unter dem mittleren Seil ergriffen. Als ihm dann mit rasender Geschwindigkeit die Manege entgegenkam, die mit feinem Sand bedeckt und auf allen Seiten von Zuschauern umringt war, vermochte er aus den Schreien der Zuschauer nicht mehr die Stimme seines Meisters herauszuhören: »Der arme Tölpel!«

Leyla Erbil

Ankündigung eines Zauberkünstlers

Ohgottohgottohgott... Was Sie hier sehen, mich, zum Heulen! Zum Heulen! Nicht möglich, mein Gott! Die Völker haben eine Fahne, halten sie hoch in Ehrfurcht und geben ihren Kleinen frische Hühnereier zu essen, diesen Kleinen, sollen sie gut genährt und ohne Gebrechen in die Kriege ziehen, damit unser Land aufsteige, damit sie auf einen Schlag gesunde Nieren und Lungen haben sollen... Ja, sehen Sie, und eins dieser Kleinen ist meins und eigentlich sind's drei und die Mutter des Kleinen und eines seiner Geschwister, das von meiner ersten Frau ist, meine erste Frau, die ums Brotverdienen willen diesem dreimonatealten Kleinen – diese hinterhältige, grausame Person, ach, zum Heulen, zum Heulen für mich! die Brust gab und es hinlegte und loszog in den Nächten, und ich allein geblieben mit dem Baby, und ihre Brüste waren, wenn sie zurückkam, auf wenigstens 125-Kuruş-Ballon-Größe, pffff- prall geschwollen, wenn sie zurückkam von den Saufgelagen, voll mit dem Zeug, was sie getrunken hatte, und es waren die bedeutendsten Persönlichkeiten der Türkei, die von uns verehrten und behausten und ernährten, also die hohen Polizisten und Mitglieder der größten Firmen und Herren oberste Richter, die normalerweise Fleischpasteten und Fisch, weiß, ohne Gräten, bestellen und sogar 300, 400 Jahre alten Wein, nein, vielmehr 3000, 4000 Jahre alte Weine, was dann meiner Frau den Kopf verdrehte! Und ihre Brüste angeschwollen wie diese Ballons, das genügte, was das Anrecht meines Kleinen war auf diese Ballons, und das wird Ihnen gleich vorgeführt, sehen Sie? Mein Gott! Heule, heule! Und dieser Säugling stürzt sich auf die Brust, voll mit 3000, 4000 Jahre altem Wein, nein, vielmehr diese champagnervollen Brüste, und er trinkt und – mein Gott! Zum Heulen! benebelt wird er, schläfrig, und seine Leber ist nicht zu retten und er stirbt und die von den Völkern in Ehrfurcht gehaltene Fahne, mit der wir den Sarg umwickelt haben, die habe ich aufgehoben, die wird Ihnen gleich vorgeführt, dazu Ballons und 500 Eier und 100 Weinflaschen, sehen Sie? das bin ich hier, was Sie sehen, und all das andere wird herauskommen aus meinem Melonenhut, gekauft vom ersten Ersparten, mit dem ich mich ins Leben geworfen habe, weg von der 4. Klasse Volksschule und vor Elend kriechend und viele Nächte hungrig und bloß.

Damals, die Tage, als ich manchen Hund beneidet habe, als meine Kinder sich die Zunge verdrehten: »Wir hungern, Vater, Brot!« und ich alles verscheuert habe fürs Brot und später wieder mit Gottes und des Präsidenten der Vereinigten Staaten des amerikanischen Volkes Hilfe eine Hütte gemacht hatte, was aber mein eigentlicher Erfolg war, nach 43 Jahren Mühe und stets auf engstem Raum, wie auf dem Flaschenspund schlafen, in der Nußschale liegen, mit den internationalen Medaillen, die ich vorweisen kann, und mit den Änderungen im Beamtenbesoldungsgesetz, ist dies, wobei ich mein Leben aufs Spiel setze, während ich das hervorzaubere, und ich entbiete dabei meine unendliche Hochachtung der auf einem Ellenbogen laufenden Frau Melahat und auch dem Großen Professor General a. D. Divisions-Kommandanten Rechtliebendem Vater der Armen Şifayettin Kusumet, und diejenigen, die neidisch sind auf meine Leistungen und die meine Hütte niedergerissen haben, sie werden unter meinem Zauberspruch zergehen und verbrennen und kein Paradies wird sein für sie und eine Kopie ist von mir persönlich und höchstselbst an meinen Gott und unseren Freund, den verehrten Herrn Präsidenten der Vereinigten Staaten geschickt worden und eine Stimme hat gesagt: »Sei nicht traurig, weine, stöhne, wimmere nicht, du wirst dich unter jene begeben und unter ihnen wandeln und es ist dir gegeben, die Türkische Nation zu erheben!«, hallend laut und deutlich sprach sie dreimal, und obwohl ich mit dem Inländisch-Ausländisch-Europäischen und dem Indischen Fakirtum bestallt bin, vier Sprachen, Latein nämlich und Griechisch und die Zaubersprache und die türkische Sprache und noch dazu die Sprache Gottes gehört und erlernt habe, wurde mir die Hütte genommen und auch die gemeine Mutter meines ersten Kleinen, meinte man, sei zu viel für mich, der ich die türkische Sprache kenne, und Sie werden sehen, nachdem alles hervorgezaubert ist, wird die türkische Fahne zum Vorschein kommen und alle werden aufstehen und die Nationalhymne singen, und dann kommen noch das 9-Röhren-Radio, 200 Eier, mit denen wir unsere Kleinen füttern, und all die Flaschen, die von den größten Geschäftsleuten, den großen Polizeileuten und Richtern für meine Frau, die Mörderin meines Kleinen bestellt worden sind, aber leer, und zwei grausame Ballons und ein Hund, und nichts wird meinen Hut, die Melone also, kaputt machen, alles wird hervorgezaubert, als wäre es nie hineingetan worden. Ja, sehen Sie? ich mit Gottes Stimme und mit der Hilfe des Präsidenten der USA bin nun unter Euch und werde umherwandeln und werde Euch erhöhen, werde unsere Nation erheben, und für 250 Kuruş werdet Ihr meine Kunst zu sehen bekommen und Beifall spenden.

Sevim Burak

Glü …

Wir werden es wieder mit Angreifern zu tun bekommen.
Woher sie kommen?
Ich weiß es nicht.
Ein junges Land greift uns an.
Was sie wollen?
Gar nichts.
Sie mögen uns nicht.
Warum nicht?
Weil wir *alt* sind
Ein junges Land, ohne Erinnerung an den Tag, da es noch mit dem T-Lineal auszog
Unsere Kinder
Kinder unserer Kinder
Enkel
Kinder unserer Enkel, beinahe
Wir sind *so alt*, daß sie uns nicht erkennen
Wir schickten sie, damit sie *konstruktiv* würden
Sie kamen zurück: *destruktiv*

Dieses junge Land, das so tut, als ob es nichts ums Alter unserer betagten Kaihäuser wüßte, so tut, als ob es ein fremdes wäre, klopft an, erst lange nachdem es von oben einen Falkenblick geworfen – ein sehr langer Blick ist das – und den heimtükkischen Plan im Kopf von allen Seiten besehen und nach allen Seiten gewälzt und gewendet hat, erst dann klopft dieses Volk an und bietet uns überteuert Glück, und wenn es das Geld aushändigt:

»Sind sie glücklich?«

Wie oft habe ich das mit eigenen Ohren gehört

Bist du glücklich
Sind sie glücklich
Sind wir glücklich
Ist er ist sie

Glücklich
Glück
Ach kommt mir nicht mit diesem *Glück*
Ich gebe mein Haus nicht her
Her mit dem Haus
Geb ich nicht her
Es ist schon geschehen
Was ist schon geschehen
Ach kommt mir nicht mit diesem *Geschehen*
Nichts ist geschehen
Ich gebe mein Haus nicht her
Meine neuen Freunde laufen jeden Morgen vor mir hin und her.
Tarapp Tarapp Tarapp
wie Soldaten
Gruß!
Gruß!

(Früher die Männer / die erhabensten unter ihnen / sogar die Professoren gingen allein sprachen vor sich hin / in engen Gassen / so eng daß / eine tieffliegende Fledermaus gegen diese in engen Gassen alleingehenden alleinsprechenden Männer prallen könnte / so waren unsere ehemaligen Feinde und wir sahen sie mit Ehrfurcht an / entweder ein Medrese-Schüler der den Stoff für morgen und die Suren auswendig lernt / oder ein Übersetzer der im Wörterbuch liest den Kopierstift an die Lippen führt anfeuchtet und selbst beim Gehen die Nase im Wörterbuch stecken hat und sich Notizen macht)

Sollten Sie in ihrer Gesellschaft den Fehler begehen von Ihren Vorfahren zu sprechen / auszuplaudern daß Ihre Vorfahren sich von diesem oder von jenen und jenen ableiten lassen / macht sich das junge Land über Sie lustig / macht aus Ihren alten Photographien eine Montage mit einer Bartänzerin die Schlager singt und druckt sie in der Zeitung ab / setzt Sie und Ihren Vater auf den Thron / plötzlich stellen Sie fest daß Sie (Ihr Jugendphoto) zu einer Doppelseite verarbeitet worden sind mit einem Affen auf der einen Seite der den Fez Ihres Vaters trägt und einer osmanischen Briefmarke auf der anderen / die die behaupten »das ist das« und »das ist jenes« und »jenes ist dieses« bekommen von Ihnen zu hören »nein« und »das ist jenes« und »jenes ist dieses« und »jenes ist dieses« und sie/Sie darauf erwidern »nein« und »das ist nicht jenes« und »jenes ist nicht dieses« und »jenes ist nicht jenes« und dann ... nochmal *nein* ... Die Hand aufs Herz / sich auf einen Diwan legen der Arzt kommt mit einer Spritze in der Hand Sie sagen »kümmere dich um nichts« »setz dich in deine Ecke« »mach bloß nicht den Mund auf« »setz dich und machs dir gemütlich« / so machen sie dir *Mut* /

Was ist Mutmachen?
Wie macht man Mut?
Wie kriegt man Mut?
Mutmachen
Mut
Mu
Ach kommt mir nicht mit diesem
Mu

(Sie sprechen von Ihren Erinnerungen die keinem was schaden mit Worten aus perlmuttenen Zypressen [Ihrer alten Mitgifttruhe entnommen]

Mit dem Schmuck von Mitgifttruhen [auch schon verschwunden]

Mit vierbeinigen blumengesichtigen Vögeln [auch schon verschwunden]

Mit birnenförmigen Maşallahs[1]

Mit Ohgroßergottroterhahn [auch schon verschwunden]

Mit Litzenmotiven

Mit maşallahförmigen Inschriften

Sie fragen »Wohin gehen Sie so mit Kinderkreiseln und Kuppeln?«

Dabei hatten wir als Kinder kleine Marktplätze in den Kuppeln angelegt

1 Maşallah: Inschrift zum Schutz vor bösem Blick.

Und Krämerladen und Waagen
Es wurde da sogar gefeilscht
Aber diese kleinen Märkte sind auch schon *verschwunden*)

Jetzt bin ich anders
Ganz anders
Habe mich wie ein Mädchen geschminkt
Habe mein altes weites Altweiberkleid aus – und einen Minirock angezogen die Wimpern färben lassen und die Wangen Rouge aufs Gesicht weißes Talkum aufgetragen Haare blond gefärbt und die wurzelnahen Stellen schwarz gelassen extra damit es gut aussieht / und dann eindrehen lassen und dann Wasserwelle und dann Dauerwelle und dann Afro-Look und dann Löwenkopf und dann Hundekopf und habe sie mir schneiden lassen und habe mir vom Friseur »auch die Ohren schneiden lassen« sagte zum Friseur »entfernen Sie mir auch die Augenbrauen« das war einer der besten und fähigsten Friseure der mir dann die Brauen entfernte und ich sagte »ich möchte auch die Wimpern entfernt haben mein Herr« sagte ich / alle schwiegen / eine Sekunde wie in der *Werbung der Echo Investments* / ich spreche sehr wohl mit den *Verschwundenen* / mag sein daß einer der Schweigenden geguckt hat / ich habe seinen Seitenblick abgepflückt / versteckt / gestohlen könnte ich auch sagen / in meine Tasche gesteckt denn so etwas wie Gespräche gibt es für mich nicht / alles ist still und leer / und mit der Stille die ich dem Schweigen und den anderen abgepflückt / führe auch woanders Selbstgespräche / von Zeit zu Zeit baue ich enge Korridore und fadendünne Wege aus der Stille / um davon etwas woanders hinzutragen / zweifellos sind mir diese Lücken das Wichtigste und die Lücken an sich / es gelang mir mit den (*Verschwundenen*) zu reden / um mit den Verschwundenen zu reden bedarf es eines starken Verlangens / Anhaltspunkte die durch gewisse Zeichen zu vermitteln sind / durch Gesten / hundert verschiedene Sprechmittel und Möglichkeiten der Selbstthematisierung / Muskelbewegungen aller Art / das Bedürfnis nachzuahmen: mittels Bewegung aller Art / zusammen mit dem Weinen und dem Bedürfnis zu weinen / Zustand der Adern bei jeglicher Regung

der inneren Muskeln / jedes Wort das von innen kommt / das im Körper im Blut in der Färbung in den Sekreten erzeugt wird / genügt reichlich dazu / daß die Arme / Beine sich regen / daß Fahrzeuge fahren / eine Armee tarapp-tarapp-tarapp vordringt / sich zurückzieht / erreicht im Sprechen den höchsten Stimulationspunkt / vertausendfacht die Wortbedeutung im Gespräch mit den *Verschwundenen* / und die unausgesprochen geklagten Leiden sind wohl nicht mehr die alten / wie vollkommen ist der Mensch der mit den *Verschwundenen* spricht. Er spricht nicht nur mit dem Mund sondern auch mit der Nase / schreibt nicht mit der Hand sondern mit dem Fuß /

Ich sitze in meinem Rosengarten und schenke den Feinden Rosen wir sitzen Nase an Nase

Ich halte es aus

Der Liegestuhl auf dem ich sitze ist genauso fest wie ich

Ich stehe nicht auf

Ich spreche auch nicht

Ich lächle nur

Ich weiß nicht was sie wollen

Reiche ich ihnen eine Rose haben sie nur Augen für die wilden Nelken diese zähen Blumen (sie kommen raus samt den Wurzeln diese gemeinen Nelken weil sie gemein sind mit der Erde und den Würmern) ich bin zu faul aber die Mühe lohnt sich – ich greife gleich zur Seite ziehe eine raus und gebe sie ihnen – die Wurzeln der gemeinen Nelke zittern die Erde fällt zu Boden – dann sehen sie auf die Rosen können sich nicht entscheiden welche sie nehmen wollen – wie lange das so weitergehen kann weiß ich gar nicht – sie verlassen den Garten voller Ernst – als ob sie mich nicht gesehen hätten – als ob sie meinen Garten nie betreten hätten...

Ich pflücke ein zweifarbiges violettgelbsamtenes katzengesichtiges Stiefmütterchen damit Er rieche – Er unterwegs zu den lilarosa Wicken die an den Gartenmauern der Straßenseite klettern –

Ich zu den Wicken renn und sie einhol
Er zurück und das Stiefmütterchen nehm
Ich sei da *verschwunden*
Du weggegan
Ganz voller Ernst wie nie meinen Garten betreten
Ich renn
Ich hol ein
Ich geh
Ich zurück
Ich halt
Ich schrei
Ich riech
Ich *schweig*

Tahsin Yücel

Großvater

Bevor er Grundschulrektor wurde, war mein Großvater der stillste Mensch der Welt – so erzählten von ihm seine Kinder: mein Vater, Onkel Ali Rıza und Tante Zübeyde.[1] Er wollte auch, daß seine Mitmenschen genauso still seien wie er selbst. Abends, wenn er an seinem kleinen Schreibtisch saß und wenn mein Vater, Onkel Ali Rıza oder Tante Zübeyde doch einmal so unachtsam waren und laut sprachen, verzog sich sein Gesicht, als ob er einen Nadelstich im Gesäß gespürt hätte. Da er aber ungern die Stimme erhob, sei es auch nur, um Ärger zu zeigen, griff die Großmutter ein: »Seid leise, euer Vater arbeitet.« Sie wußten, daß mein Großvater immer arbeitete: Er korrigierte die Hausaufgaben der Schüler, las die Zeitung *Cumhuriyet*, die nur sonntags gekauft wurde, und wenn es keine Aufgaben mehr gab und die *Cumhuriyet* ausgelesen war, holte er die Illustriertenausschnitte mit den Unterschriften von Gazi Mustafa Kemal Atatürk, İsmet İnönü und Hasan Ali Yücel[2] aus der Schublade, breitete sie vor sich aus und rauchte langsam und genüßlich eine Boğaziçi, ohne die Augen von den Unterschriften zu heben, um dann eine ganze, manchmal sogar zwei Stunden lang, auf leeren Bögen diese Unterschriften nachzuahmen, immer schneller, immer besser, zum Schluß so vollkommen, daß das Original und

1 Ali Rıza Efendi und Zübeyde Hanım sind die Namen der Eltern von Mustafa Kemal Atatürk.

2 »Gazi« ist der Ehrentitel von Mustafa Kemal Atatürk, der ihn aufgrund seiner Siege als Generalkommandant der türkischen Armee beim Befreiungskrieg (1919-22) vom Parlament in Ankara bekam. Er gründete 1923 die Republik Türkei und wurde ihr Staatspräsident; İsmet İnönü oder »İsmet Paşa« war sein Mitkämpfer, später Ministerpräsident und nach Atatürks Tod Staatspräsident; Hasan Ali Yücel war der Erziehungsminister, in dessen Regie die großen Erziehungs- und Ausbildungsprojekte wie »Dorfinstitute« durchgeführt wurden.

die Kopie fast nicht mehr auseinanderzuhalten waren. Diese Perfektion aber hatte die Leidenschaft für Nachahmung nicht gestillt – bis er Grundschulrektor wurde.

Mein Vater sagte, immer wenn er darauf zu sprechen kam: »Weder Atatürk noch İsmet Paşa noch Hasan Ali Yücel haben ihre Unterschriften so oft aufs Papier gesetzt wie Vater, der hielt damals den Weltrekord.« Ich muß aber gleich anmerken, daß Großvater dieser auf den ersten Blick völlig sinnlosen Beschäftigung nicht um der Reproduktion willen eines schon Produzierten nachging, sondern daß er, nachdem er ein paar Stunden lang einige Blätter beidseitig mit fremden Unterschriften gefüllt hatte, aus der Schublade einen neuen Bogen hervorholte, um sich auf die Suche nach der Unterschrift zu machen, die einerseits einer der drei Vorlagen ähnlich, andererseits seinem Namen passend sein mußte. Wie man leicht erraten kann, hatte diese kreative Tätigkeit schon hunderte Male bestens gefruchtet und meinen Großvater mit der Unterschrift seiner Träume beschert. Aber das erreichte Ziel war kein Grund, die Suche nach dem Besten aufzugeben.

Nun war es bei ihm eine tief verwurzelte Tradition, an allen religiösen und nationalen Feiertagen seinen Freunden, Verwandten, dem Schulrektor und den Kollegen ein neues Geschenk darzubieten: eine neue Unterschrift auf seiner immergleichen Visitenkarte, die an der linken, unteren Ecke seine Photographie als Reserveoffizier – auf dem Kopf die Mütze mit Halbmond und Stern, auf den Schultern das einfache Eisen – und in der Mitte seinen Namen in erhabenen Lettern trug. Auf der Rückseite gab er mit feiner Schrift und schwülstigem Stil seinen »Gratulationen und besten Wünschen« Ausdruck – ein Akt, der ihn mit großer Genugtuung erfüllte. Das Bemerkenswerteste war, daß von ihm bei dieser Beschäftigung eine Art Zauber ausging, denn wenn man sah, wie Großmutter, Onkel Ali Rıza und Tante Zübeyde ihn mit einer fast religiösen Ehrfurcht betrachteten, nur noch flüsterten, wenn sie überhaupt sprachen, auf den Zehenspitzen gingen, wenn sie überhaupt gingen, kam man nicht umhin zu glauben, daß sie von seinem Tun etwas erwarteten, das der Familie Wohlstand bringen sollte, Ruhm und Grund zum Stolz.

Überflüssig zu sagen, daß diese Erwartung, soweit sie Frau und Kinder betraf, nie in Erfüllung ging. Für ihn selbst war das sehr wohl der Fall, wenn man bedenkt, daß er am Morgen, da er nach etlichen Versuchen ein unmotiviertes »M.« seinem Namenszug vorangestellt und sich für eine Imitation der Unterschrift des Gazi Mustafa Kemal Atatürk entschieden hatte, zum Rektor seiner Schule ernannt wurde. Allerdings war dieses Ereignis damals nur in seinen Augen eine Beförderung. Denn, warum sollte ich ein Geheimnis daraus machen, mein Großvater hatte diesen Posten nicht wegen der Anerkennung seiner Verdienste bekommen, sondern durch einen eigentlich nicht ehrenvollen Zufall, der ihn als Lehrer von einer meist aus Arbeiter-, Pförtner- und Beamtenkindern zusammengesetzten ersten Klasse seiner sonst reichlich privilegierten Schule in einem vornehmen Stadtteil traf. Der bisherige Rektor hatte nämlich angefangen, sich mit seinem Posten derart zu identifizieren, daß er das ganze Ambiente bis hin zum luxuriösen Rektorenzimmer, all die nur durch den Reichtum und Einfluß der Eltern erklärbare Pracht für einen direkten Ausfluß seiner Persönlichkeit hielt und schaltete und waltete ohne Sinn und Verstand. Als er endlich sogar gegenüber seinem Vorgesetzten in der Schulbehörde frech wurde, meinte dieser: »Was glaubt eigentlich dieser Ochse? Hält er sich für ein Rassepferd? Wenn ich einen Holzklotz auf seine Stelle setzte, wäre die Schule besser dran!« So landete der Gernegroß in der verlausten Klasse, und ihr stiller, einfältiger Lehrer auf dem Rektorenstuhl. Kurz gesagt, Großvater hatte diesen Aufstieg nicht seiner berühmten Fertigkeit, sondern dem nicht so günstigen Eindruck zu verdanken, den er auf die anderen machte. Und der Umstand, daß er den Turnlehrer Ceyhan Bey sich zum Vizerektor wählte, lieferte der Mißgunst neuen Stoff: »Die Ernennung ist ja nur pro forma. Der Schuldezernent wollte eigentlich den Ceyhan – nur der war noch zu jung und unbeliebt auch noch. Da hat er sich das mit dem Strohmann einfallen lassen.«

Aber Beförderung war Beförderung, und der Großvater ließ sich nicht von solchen destruktiven Gerüchten beirren. Er suchte sogar noch dem Zufall den Anschein von »Revolution« zu geben:

»Ich habe dieses Amt mit der Kraft meiner Hände errungen!« Und die Revolution war auch wirklich voll im Gange: Er hatte mit einem Elan, den seine geduckte Haltung überhaupt nicht vermuten ließ, eine Umwälzung bewirkt, die sich als makellose Ordnung äußerte, die – allen negativen Assoziationen des Wortes zum Trotz – einerseits die skeptischsten Bürokratengemüter beruhigte und andererseits jeden zu einem Teil der neu errichteten Ordnung machte.

In der Tat erlebte nun jeder, der zum Beispiel in einer Pause die Schule betrat, wie die Kinder ohne den geringsten Streit, ohne Geschrei ihre Spiele spielten, nach Alter und Geschlecht gruppiert, wie sie dann, schon beim ersten Klingelton und ohne einander den Weg abzuschneiden, ja zu berühren, sich nach Klassen aufstellten, immer vier nebeneinander, und mit Gleichschritt zur Haustür gingen, ohne daß die Reihen im Hof, Korridor oder Treppenhaus aus der Ordnung gekommen wären.

Dazu muß ich noch hinzufügen, daß er seine Revolution nicht so plötzlich durchgeführt hatte; man konnte sogar anfangs behaupten, daß er sein Amt schon darin verwirklicht sah, an dem prachtvollen Schreibtisch würdig Platz zu nehmen und seine prachtvolle Unterschrift zu leisten. Seine erste Handlung nach der Ernennung war, eine neue Visitenkarte mit den Worten

ABBAS YÜCEBAŞ
Schulrektor

zu entwerfen und drucken zu lassen, und weiter, die gleiche Inschrift – zehnfach vergrößert, mit Messingbuchstaben auf fahnenförmigen Marmorplatten – einmal am rechten, einmal am linken Schreibtischende und zum dritten Mal auf dem Vitrinenschrank an der Wand hinter sich zu plazieren. Wenn es kein Schriftstück zu signieren gab, rückte er seine Schreibtischutensilien aus Leder, Marmor und Elfenbein zurecht und genoß es, in diesem Zimmer, in diesem Sessel, an diesem Tisch zu sitzen, ein Glück, das vollkommen war, wenn ein Lehrer, Schüler oder Erziehungsberechtigter kam und ihn ehrfurchtsvoll mit »Herr Rektor« ansprach.

Eines Tages aber, als er aus seinem Fenster auf den Schulhof sah, stellte er fest, daß die Schüler sich wie Straßenkinder schubsten, und die Lehrer dabei tatenlos, die Hände in den Hosentaschen und Zigaretten rauchend, auf und ab schlenderten, und begann wie unter Starkstrom zu zittern: Da diese Kinder, diese Lehrer nie zum Fenster des Rektors hinaufsahen und sich nach Lust und Laune verhielten, waren sie sich wohl nicht im klaren darüber, daß die Schule einen Rektor hatte, Abbas Yücebaş. Gleich am nächsten Tag ging er in seinem besten Anzug auf den Hof, aber leider tat sich nichts: Die Schüler tobten, ohne von ihm Notiz zu nehmen, mit wildem Lärm herum, und wenn er sich ihnen in den Weg stellen wollte, schoben sie ihn einfach zur Seite und rannten weiter; die Lehrer sprachen mit ihm, ohne die Hand aus der Tasche zu nehmen, und begnügten sich damit, ihn wie in alter Zeit nur mit dem Namen anzureden. Großvater sah die Notwendigkeit, eine Ordnung zu errichten, in der der Schulrektor stets präsent war und ein jeder Gegenstand an seine Anwesenheit erinnerte. Der erste Schritt dazu war, einen respektlosen Lehrer, der es fertiggebracht hatte, ihn vor allen Schülern auszulachen, aufgrund von »Fahnenbeleidigung« strafversetzen zu lassen.

Abgesehen davon, daß er Schwatzhaftigkeit nie mochte, hatte er als Schulrektor am Pult vor der ganzen Schule mit Schwierigkeiten zu kämpfen, die ihm nicht bewußt waren, solange er zu Hause mit den Kindern, im Lehrerzimmer mit Kollegen gesprochen oder vor der Klasse unterrichtet hatte: Noch vor dem ersten Wort fühlte er sich wie von einem Fieber befallen, daß ihm die Glieder beschwerte und die Zunge derart vergrößerte, daß er sie im Mund nicht mehr recht bewegen konnte. Obwohl er kaum etwas Verständliches außer »a« und »z« hervorbringen konnte, begriff sowohl das Kollegium als auch die Schülerschaft sehr wohl, daß vor ihnen ein Rektor stand, der entschlossen war, von A bis Z alles zu verändern. Darum entgegnete er auch später, als einer seiner Lehrerkollegen ihn auf diese Unzulänglichkeit aufmerksam zu machen suchte, jeder kenne doch dieses Stocken, und jeder Recke esse ja seinen Joghurt eben auf seine Art. Dann ging er aber dazu über, seine Reden schriftlich vorzubereiten und am Pult abzulesen, was seine Fehlerquote erheblich verringerte.

So kam es dann auch, daß er in der Wohnung, die er nach der

Heirat meiner Tante nun ganz allein bewohnte, eine völlig neue Tätigkeit entwickelte: Am winzigen Tisch, wo er einst Hausaufgaben korrigierend, die *Cumhuriyet* lesend oder als Mustafa Kemal Atatürk, İsmet İnönü und Hasan Ali Yücel signierend seinen geistigen Durst gestillt hatte, schrieb er – die Unterlippe zwischen den Zähnen – wie einer seiner Schüler, der nicht recht weiß, wie er mit einer schwierigen Hausaufgabe fertig wird; mal schlug er das Geschichtsbuch der vierten Klasse auf und mal das Lesebuch der dritten und dann das Sachkundebuch der dritten, suchte sich brauchbare Sätze, inspirierende Worte, wegweisende Erkenntnisse, Sprichwörter und Atatürk-Zitate, und nicht selten mühte er sich für eine fünf- oder zehnminütige Rede drei, vier Stunden, ja drei, vier Nächte. Zum Glück wurde er nicht belächelt oder bemäkelt – ganz im Gegenteil, jede Rede wurde mit begeistertem Applaus beschlossen.

Wie es leicht zu erraten ist, war das lange, begeisterte Applaudieren zugleich Zeichen eines anderen Erfolges: Schon die erste Rede hatte ein Wunder bewirkt, und die Schüler begannen dem Schulrektor aufmerkam auszuweichen, die Lehrer die Zigaretten auszudrücken, die Jacke zuzuknöpfen und strammzustehen, sobald sie ihn sahen. Jetzt wetteiferten sie, es ihm recht zu machen, sie waren nach jeder Rede noch ehrfurchtsvoller, umgänglicher und fügsamer. Und mein Großvater hatte keinen Zweifel mehr daran, die Methode gefunden zu haben, seine Existenz als Rektor der Schule zu verdeutlichen.

Wer das Klima in unserer Schule nicht kannte, unter anderen mein Vater, fand es »einfach unglaublich, wie Abbas Bey trotz seiner holprigen Rede die Menschen so mitreißen konnte«. Im vollen Bewußtsein seiner Rolle als Führungsperson gelang es meinem Großvater täglich besser, der neuen Situation der Wechselwirkung der Reden und Taten gerecht zu werden. So hatte er mit der Unterstützung des Elternvereins jede Viererschülergruppe mit einer Fahne versehen, sämtliche Wände der Schule mit goldgerahmten Portäts des Mete, des Çoluk Kagan, Attilas, Tschingis Khans und all der späteren Helden des Türkentums, der »Zerstörer und Gründer von Staaten« und deren Aphorismen geschmückt.

Da nun jegliche Undiszipliniertheit vor den »Augen und Worten« so vieler Helden wie ein »Meuchelmord« erscheinen mußte, stellte er in wochenlanger Zusammenarbeit mit dem Vizerektor Ceyhan Bey Regeln auf, mit denen alles Verhalten vom Betreten und Verlassen der Klassenzimmer bis zu den Spielen im Hof, vom Sitzen auf der Bank zur Kleidung und Begrüßung der Kameraden und der Lehrer ganz genau vorgeschrieben war. Er gab sich damit aber nicht zufrieden und listete auf, in welcher Klasse welche Bücher zu lesen, welche Gedichte auswendig zu lernen, welche Lieder zu singen waren und verbot alle anderen Bücher, Gedichte und Lieder strengstens.

Im Rahmen dieser Neuordnung war meinem Großvater auch die Ehre zugefallen, unter den Schulen unserer Metropole die erste Janitscharenkapelle, die ersten Arbeitsgemeinschaften für den Volkstanz und die Volksmusik zu gründen, auf die dann mit kurzen Abständen die Arbeitsgemeinschaften für Türkische Klassische Musik, für Türkischen Tanz der Klassik und Moderne und für Türkische Schauspielkunst folgten. Auf diese Weise hatte er die Folklore zu einem festen Bestandteil des täglichen Lebens und seine Schule nicht nur zu einem Ort der Ordnung, sondern auch des andauernden Festes gemacht, so daß es inzwischen nicht mehr denkbar war, an irgendeinem Tag außer den Sonntagen und dem 10. November[3] an unserer Schule vorbeizugehen und keine Töne der Klarinette und Trommel oder einer Alt-İstanbuler Musikkapelle zu vernehmen. Wer das Glück hatte, in einer Arbeitsgemeinschaft mitzuwirken, war in einem geschäftigen Hin und Her zwischen der Vergangenheit und der Gegenwart begriffen. Die Schauspielgruppe inszenierte die ruhmreichen Ereignisse unserer Geschichte und stärkte so unser Wissen und Bewußtsein, während die Musik- und Tanzgruppen verschiedene Klänge aus der »heimatlichen Geographie« darboten.

Kurz, der große Traum meines Großvaters, den er vor einigen wenigen Jahren vor dem Fenster zum Schulhof stehend, mit dem Blick auf die wie Straßenkinder schreienden Schüler und rau-

3 10. November: Todestag von Atatürk (1938), gesetzlicher Trauertag.

chend herumspazierenden Lehrer geträumt hatte, hatte sich jetzt fast vollständig erfüllt. Alles, jedermann, jede Bewegung, jede Haltung legte jetzt Zeugnis ab von der Existenz des Rektors, gleichgültig, ob er sich im Hof oder in den Fluren zeigte, und ob er vor den versammelten Schülern und Lehrern in der Aula sprach oder nicht. So wie jeder Akt des Körpers von der Existenz des Gehirns Zeugnis ablegt. Das reichte ihm aber immer noch nicht – er ließ zu den Aphorismen der großen Türken an den Flur- und Klassenwänden seine eigenen, ebenso in Gold gerahmten, zahlreichen Sprüche hinzuhängen wie

»DER WALD IST DIE LUNGE DER HEIMAT,
UND UNSERE BRUST IHRE SCHÜTZENDE FRONT.«

Abbas Yücebaş
Rektor.

oder

»RUF AUF DEM MINARETT, GEBET IN DER MOSCHEE UND WISSEN IN DER SCHULE.«

Abbas Yücebaş
Rektor.

oder

»Der Tourist ist der Herr des Türken.«*[4]

Abbas Yücebaş
Rektor.

* Dieser Spruch meines Großvaters machte mir damals Schwierigkeiten. Abgesehen davon, daß er wenig mit der Gesamtaussage seiner übrigen Reden und Sprüche zu tun hatte, brachte er eine zu der Zeit noch nicht so tragende Tendenz zum Ausdruck. Heute jedoch, immer wenn ich an diese bedeutsamen Worte denke, finde ich, daß mein Großvater auch in dieser Hinsicht ein Pionier unter seinen Zeitgenossen war.

4 Der Großvater variiert einen programmatischen Spruch Atatürks: »Der Bauer ist der Herr der Nation.«

Zum Glück mußte er sich nicht mehr stundenlang am kleinen Schreibtisch zu Hause mit dem Schreiben abplagen, weil er die gebrauchten Texte nicht mehr wie am Anfang wegwarf, sondern säuberlich abheftete. Angenommen, er hatte eine neue Rede zum 23. April[5] vorzubereiten, schlug er gleich die Mappe »Meine Reden zum 23. April« auf, entnahm dem einen und dem anderen Text ein, zwei Sätze, schrieb einige vom Lesebuch ab, erfand zwei, drei neue, und die Rede war in einem halben Stündchen fertig, und wenn sie es auf Anhieb nicht war, wandte er sich einfach zu den Mappen der Reden der anderen Nationalfeiertage, um sich von ihnen eine »Exposition« oder eine »Konklusion« zu leihen. Dadurch sparte er nicht nur Zeit, sondern seine Versprecher wurden auch immer weniger, da er sich die Wiederholungen besser einprägen konnte. Der einzige Nachteil blieb, daß ihm ähnlich zumute war, wie wenn man sich das eigene Geld aus der Tasche stähle. Aber mein Großvater fand auch dafür eine Lösung, indem er eine in höchstem Maße aufrichtige Zitierweise entwickelte, die nicht nur Wiederholung zur Untermauerung machte, sondern auch die Rede länger – er leitete die alten Passagen in seinen neuen Reden ein mit Worten wie etwa: »in meiner Rede am 23. April 19.. sagte ich wörtlich folgendes...«.

Nur übertrieb er es damit ein wenig; so konnte es dann auch geschehen, daß ich an meinem ersten Schultag zu ihm ging, sobald seine Rede zu Ende war, und sagte: »Aber Großvater, woher sollen wir Erstkläßler noch wissen, was du vor vier Jahren gesagt hast?« Er lächelte zuerst mild, tat aber dann so, als würde er mir mit der Hand durch die Haare fahren, und klemmte mein Ohr zwischen zwei Fingern, drehte es fast bis zum Herausreißen, dann beugte er sich für einen Kuß zu mir und flüsterte: »Jetzt gibt es keinen Großvater mehr! Sie werden zu mir ›Herr Rektor‹ sagen wie jeder andere auch. Außerdem dürfen Sie nicht so einfach zu mir kommen. Gehen Sie jetzt sofort auf Ihren Platz!«

Da ich noch nicht wußte, daß keiner mir nichts, dir nichts den Schulrektor anreden durfte, und wenn er es ausnahmsweise tat,

5 23. April (1920): Tag der Gründung des Parlaments in Ankara, gesetzlicher Feiertag als »Kinderfest«.

daß er dann etwa in einem Meter Abstand stehenblieb, um seine Achtung vor dem »Größten der Schule« zu kennzeichnen, daß er den Mittelfinger beider Hände an die Hosen- oder Rocknaht heftete und mit dem Ausdruck »innigster Ehrfurcht und Liebe« in den Augen strammstand, wartete, daß ihm die Rede gestattet wurde, um dann jeden Satz mit »Herr Rektor« zu beginnen, konnte ich nichts anderes als unerklärliche Grausamkeit in dieser scharfen Reaktion, diesem unvermittelten Übergang von »du« zu »Sie« und von »Großvater« zu »Herr Rektor« sehen – ich mußte den ganzen Tag nur noch schluchzen. Als mein Vater dies am Abend erfuhr, geriet er aus der Fassung; es ist mir unvergesslich, wie er schimpfte: »Dieser Mann ist ja völlig verrückt. Er will sich wie alle kleinen Männer aufspielen, es ist aber nur alles kleinkariert. Jetzt haben wir das jüngste Beispiel – er hat seinen Enkel auf den Schüler reduziert.«

Abgesehen von seiner unvertretbaren Verachtung hatte mein Vater mit dieser Beobachtung nicht ganz unrecht, denn der Großvater legte immer deutlicher einen ungezügelten Drang nach Reduktion an den Tag mit den sich wiederholenden Reden, der Schulordnung, den Vorschriften über die Bücher, Gedichte und Lieder und dem strengen Verbot, etwas anderes zu lesen, aufzusagen und zu singen. Allerdings schaffte, wie es schien, diese Reduktion, wie mein Großvater sie handhabte, Klarheit, Einfachheit und Erleichterung, indem sie das Nötige vom Unnötigen und das Nützliche vom Schädlichen schied, und die Regeln ermöglichten, wenn sie einmal verinnerlicht waren, daß alles fast von selbst funktionierte, statt als einschränkend empfunden zu werden. Was die Verbote betrifft, wirkten sie nicht hinderlich für das Wissen, den Geschmack und den Geist, sondern wie eine kulturelle Revolution.

Schon in seinem fünften Dienstjahr war jeder Absolvent unserer Schule imstande, die Namen der Khane und Padischahs aller von den Türken gegründeten sechzehn Staaten, Symbole und Farben auf deren Fahnen, die Daten aller großen Schlachten mitsamt vorbereitenden Umständen und gezeitigten Resultaten aufzuzählen, dreißig große türkische Gedichte nicht nur auswendig, sondern auch »mit Gefühl« aufzusagen, jegliche Wasserhahn-Auffangbecken-Aufgabe ohne Anstrengung zu lösen, alle Hauptstädte auf der Karte so schnell zu finden, wie wenn er sie selbst hingelegt hätte. Diese großen Erfolge beeindruckten die Inspektorialräte sehr, so daß sie dem Schulrektor mit begeistertem Handdruck gratulierten: »Jede Auszeichnung wäre zu wenig für Sie!« Er aber konnte sich mit nichts zufriedengeben, bevor die gestaltende Hand seiner Ordnung den entferntesten Winkel des Schullebens erreicht hatte.

Wie er im Text Nr. 17 der Mappe »Meine Reden zu Schule-Eltern-Beziehungen« klar darlegte, wußte er als ein »dreißigjähriger Kämpfer der Bildungsarmee« sehr genau, daß es schätzenswerten Erziehungsberechtigten große Freude bereitete, der »selbstlosen und aufopferungsvollen« Lehrer, die ihr Dasein dem Erfolg ihrer Schüler schenkten, von Zeit zu Zeit mit irgendwelchen Präsenten zu gedenken, und er dachte auch nicht im geringsten daran, dieser sinnreichen Tradition zu widersprechen, die er im Gegenteil von Herzen bestätigte und fortzusetzen wünschte; nur schlug er vor, um auch hier die Herrschaft der »Vernunft und Ordnung« zu etablieren, auf herkömmliche »vergängliche« Geschenke wie Blumen, Torten, Pralinen usw. zu verzichten, weil sie oft »unökonomisch« ausfielen, sei es, weil wir sie schon besaßen, sei es, weil sie unsere Körpergröße oder unseren Geschmack nicht trafen, und weil sie bei manchen Kleingeistern den Eindruck von Bestechung erweckten.

Statt dessen schlug er unter Berücksichtigung des Prinzips »Zusammenschluß der Kräfte« sowie der grundsätzlichen Forderung, daß das Geschenk für einen Lehrer der Republik »von Bestand« sein und zudem sowohl materiellen als auch ideellen Wert haben müsse, jedem unserer verdienstvollen Lehrer an einem bestimmten Tag im Jahr, z. B. am zweiten Freitag im Mai im Rahmen einer »schulweit« zu veranstaltenden Feier ein mit Beiträgen aller Schüler zu beschaffendes einziges, aber bedeutsames Geschenk, z. B. eine »Plakette«, zu überreichen. Er bemerkte weiter, daß er aufgrund des hohen Vermögensstandes der Eltern einerseits, der »uns alle mit Stolz erfüllte«, und der von diesen unseren Lehrern entgegengebrachten hohen Wertschätzung andererseits nicht den »geringsten Zweifel« hegte, daß die

»besagten Plaketten« alle aus Gold bestehen würden, was ihm ja seine »informellen Umfragen« unter Erziehungsberechtigten bestätigten.

Es gab jedoch einen Punkt, den früh genug zu behandeln er ratsam fand: Wie man schon wußte, hatten der Musik- und der Turnlehrer sowie der Rektor keine Klassen, besser gesagt, sie »leisteten Dienst an allen« und nicht an einer einzigen Klasse. Da dieses »wertvolle Personal« aus dem Geschenkverfahren nicht auszuschließen war, mußte eine Lösung gefunden werden, die die verehrten Eltern nicht vor einen »zusätzlichen Aufwand« stellen würde, und seiner Ansicht nach nur darin bestehen konnte, fünfzehn Prozent des in jeder Klasse gesammelten Geldes für die Goldplaketten für diese drei Lehrer zu verwenden.

»Der letzte und abschließende Punkt«, der auch »in diesem frühen Stadium« behandelt werden sollte, betraf die Geschenkfeier, deren Verwirklichung er ohne den geringsten Zweifel entgegensah, und sah vor, daß die Plakette des Klassenlehrers derjenige Erziehungsberechtigte überreichen sollte, der den größten Beitrag bei der Beschaffung derselben geleistet hatte, während die des Musik- und Turnlehrers durch zwei vom Schulleiter und Vorsitzenden des Schulvereins gemeinsam zu bestimmende Herrschaften und die des Rektors – wenn kein Minister, Gouverneur oder Bürgermeister der Stadt anwesend war, – durch den Schulvereinsvorsitzenden präsentiert werden sollten.

Es ist überflüssig zu sagen, daß die Eltern daraufhin nicht aufhörten, Klassenlehrern und sogar dem Rektor selbst »vergängliche« oder »wenig beständige« Sachen mitzubringen, obwohl sie den Vorschlag bezüglich der Geschenke »mit begeistertem und nicht enden wollendem Applaus« annahmen. So konnte ich in meiner Schulzeit erleben, wie in den auf das Frühlingsfest[6] folgenden ersten Maitagen Damen und Herren von einander übertreffendem Schick und Manieren in Hof, Treppenhaus, Flur und vor den Klassentüren Grüppchen bildeten, erzählten, diskutierten, rechneten, vergleichende Untersuchungen anhand von Mustern anstellten und wie mein Großvater mit einem beschei-

6 1. Mai: »Frühlingsfest«, gesetzlicher Feiertag bis 1981.

denen Lächeln von der einen Gruppe zur anderen ging, jedem die Hand gab, den Eltern mit seinem Rat beistand und dafür sorgte, daß die Goldplaketten in Gewicht und Pracht nicht geringer ausfielen als im Vorjahr. Und wenn der erste Freitag im Mai kam, erlebte die Schule, überfüllt von Schülern, Lehrern, Eltern und Gästen, von drei Uhr nachmittags bis acht Uhr abends ein unvergleichliches Fest, bei dem auch die Arbeitsgemeinschaften ihre Kunststücke vorführten und die armen Schüler die Gaben des Schulvereins entgegennahmen.

Diese Bescherungsfeier, die die Krönung der Tätigkeiten eines ganzen Schuljahrs darstellte, erlebte ich in meiner fünfjährigen Schulzeit und später noch einige Male ohne jede Änderung. Natürlich wechselte die Besetzung der Arbeitsgemeinschaften und der Armenschau von Jahr zu Jahr und mit ihnen ein Teil der Zuschauer; die Vorsitzenden des Schulvereins sagten zwar annähernd dasselbe, aber mit anderen Worten; sogar in den Reden meines Großvaters tauchten verschiedene Elemente auf – aber die Zeremonie behielt ihren Gang, die Jungen Wölfe standen immer am selben Platz, die Volksliedgruppe sang in denselben Gewändern dieselben Lieder, die Tanzgruppe tanzte immer dasselbe, das Janitscharengetöse blieb sich gleich, und die Klassen nahmen nach derselben Ordnung dieselben Plätze im Saal ein. Dabei hatte gerade diese Feier die meisten Änderungsvorschläge ausgelöst; einige Lehrer hatten in der Tatsache, zusammen mit armen Schülern beschenkt zu werden, eine Relativierung ihrer Honorierung durch Goldplaketten erblickt und meinen Großvater gebeten, den letzten Teil der Zeremonie entweder auf einen anderen feierlichen Anlaß wie etwa den 23. April zu verlegen oder einen eigenen »Tag der Armenhilfe« einzurichten. Er wies die Vorschläge mal sanft und mal wütend zurück. Erstens waren das, was man den armen Schülern gab, keine Geschenke, sondern Hilfsgüter; zweitens gab man ihnen nichts Aufzubewahrendes, sondern zu Benutzendes; drittens war es den Lehrern eine Freude, an diesem ihrem glücklichen Tag die Freude ihrer armen Schüler mitzuerleben; viertens könnte eine Programmänderung das Vertrauen zur Schulleitung erschüttern; fünftens – und das war der nie ausgesprochene, aber entscheidende Grund – war die

Leidenschaft für unveränderliche Regeln schon zu seiner Lebensweise geworden. Er hatte das Leben zur Folklore verwandelt, die ganze Vergangenheit auf ein paar Gedenktage reduziert, und lebte irgendwo zwischen den zentralasiatischen Wüsten und den Toren Wiens, erlebte ein Nacheinander, das sich von mindestens 1071[7] bis 1923 erstreckte, als ein Nebeneinander, das sich in Zeremonien widerspiegelte, und verurteilte alles, was dieser feierlichen Übereinstimmung von einst und jetzt widersprach, als bedrohliche Abweichung, als tödliche Entartung.

So bewirkte er auch, wie wir später erfuhren, die Versetzung eines jungen Lehrers, eines neuen, der sich anmaßte, in seiner Klasse ein Gedicht zu lesen, das nicht auf der Liste stand. Nach einer scharfen Diskussion, die der ahnungslose Lehrer nicht gescheut hatte, sagte er dem Rektor auf den Kopf zu: »Aber Sie wollen ja nur alles in derselben Form wiederholen; das ist so, wie der Blinde an seinem Stock festhält. Das gibt es doch gar nicht! Das ist weder mit der Erziehung noch mit dem Leben zu vereinbaren!« und entgegnete dessen Vorwurf, er habe ja wie die fremdgesteuerten Verräter gesprochen, mit der Bemerkung: »Und wie ist es mit Ihnen? Mit einem Fuß stehen Sie auch in Alma Ata und mit dem anderen vor Wien«, womit er sein eigenes Schicksal vorbereitete. Mein Vater fand gut, was er gesagt hatte: »Bravo, junger Mann! Der hat es verstanden. Der Alte will wirklich nur, daß sich alles genau so wiederholt.« Er hatte auch eine Erklärung: mein Großvater hatte sich so sehr mit seinem Posten identifiziert, daß er sich vormachte, ihn durch eine allumfassende, unendliche Wiederholung erhalten zu können; vielleicht hatte er auch zu rauchen nur aufgehört, um nicht krank zu werden und seinem Rektorensessel dann fern bleiben zu müssen.

Für mich stimmte die Erklärung so nicht. Hinter dem Wiederholungswunsch war nicht der Eigennutz zu suchen, sondern ein täglich wachsendes Bedürfnis nach Reinheit. Oder er hatte sich an die Ordnung gewöhnt, die er geschaffen hatte, ohne sich über ihre Bedeutung und Konsequenzen klar zu sein. Diese aber

7 1071: Schlacht bei Malazgirt, Osttürkei. Der Sieg über die Byzantiner gilt als der Durchbruch des türkischen Drangs nach Anatolien.

verlangten, daß alles, was außerhalb lag, als Unstimmigkeit, Entartung, ja direkt gegen ihn gerichtete Feindschaft erschien, und ihm blieb nichts übrig, als wieder in seiner Ordnung Zuflucht zu suchen. So begann das Thema Feind den zentralen Platz in seinen Reden einzunehmen; z. B. riet er uns im »regulären Gespräch«, Nr. 89 in der Mappe, niemandem, nicht einmal unserem Vater zu vertrauen, bezeichnete im 91. Gespräch nicht nur alle Völker »vom Engländer bis zum Russen« als unsere Blutsfeinde, sondern zählte auch unsere Mitbürger zur »feindlichen Front«, die genausogut fremdgesteuerte, dunkle Elemente enthielt, wie die verkauften oder irregeführten bärtigen, jungen Leute, die unsere Traditionen verwarfen, oder den beinlosen Bettler an der Straßenecke oder den Sesamkringelverkäufer mit seinem unsauberen Tablett vor dem Schultor.

»Sie müssen sehr aufpassen«, sagte er, »denn die inneren und äußeren Feinde haben ein Auge auf Sie; das war gestern so, ist heute so, und morgen wird es genauso sein; glauben Sie mir.« Und wir glaubten es ihm, denn wir teilten mit ihm die gleiche Furcht, denn wenn wir jeden Nachmittag mit Tamburin- und Paukenklängen noch in den Ohren, Janitscharen- und Partisanengestalten noch vor den Augen die Schule verließen und auf dem schlechten Pflaster eines fremden Raumes, einer fremden Zeit einer Menge begegneten, die uneinheitlich gekleidet war, keinerlei Reihen bildete und keinen Gleichschritt kannte, hielten auch wir jeden Bürger auf der Straße für einen potentiellen Feind, der uns jeden Augenblick an die Kehle springen konnte, und hatten trotz unserer ruhmreichen Vergangenheit große Angst.

Hinzu kam noch, daß der Feind nicht nur hinter den Grenzen und auf den Straßen war, sondern überall; wenn in einer vorbildlichen Schule wie unserer von Zeit zu Zeit Scheiben zerschlagen, Bänke und Wände bekritzelt wurden und Prügeleien vorkommen konnten, so lag es daran, daß nicht nur das Land, sondern auch die Schule und die Klasse der »inneren und äußeren Feinde« nicht entledigt worden waren. Wir mußten also auch in der Schule und in der Klasse sehr aufpassen, den Feind erkennen und ihm entsprechend entgegentreten. Wie mein Großvater in vielen »regulären Gesprächen« darlegte, ließen sich diese »innerschulischen Feinde« grob in drei Gruppen unterteilen: 1) diejenigen, die die Ordnung unbewußt verletzten; 2) die es aus Vergnügen an der Überschreitung taten; 3) die bewußt Mißstand und Einschüchterung anstiften wollten.

Die ersten, sagte er, konnten sanft gewarnt und für den rechten Weg gewonnen werden, die zweiten mußte man mit kleinen Strafen warnen und ihr Bedürfnis nach Spaß in gesunde Bahnen leiten, während es die dritten unverzüglich und, wo man sie auch immer antraf, mit schwersten Strafen zu zermalmen und mit allen denkbaren Mitteln aus unserer Gemeinschaft auszuschließen galt. Obwohl er es in keiner Rede erwähnte, hatte mein Großvater ein weiteres Beschreibungsprinzip, das die erste Gruppe der hohen Beamtenschaft und wohlhabenden Eltern zuordnete, die zweite einem bestimmten Niveau hinsichtlich der Beitragsfähigkeit im Schulverein, die dritte dagegen Slums und Tiefparterren.

Es funktionierte, auch wenn der Tatbestand genau der gleiche war; als der Sohn einer reichen Familie aus der fünften Klasse z. B. es zur regelrechten Gewohnheit machte, Mädchen in die Beine zu kneifen, begnügte sich mein Großvater damit, ihn ins Rektorzimmer zu rufen und tätschelnd »wie ein Freund« zu warnen; während der Pförtner eines neu erbauten Hauses in die Schule zitiert wurde, weil sein vor kurzem in die 2-G aufgenommener, schmächtiger Sohn den Fehler begangen hatte, ältere Schülerinnen zu ärgern, sie hätten keine Unterhose an, damit sie diese vorzeigten! Er bekam zu hören, daß er seinen Sohn sofort in eine andere Schule stecken müsse, da dieser sonst nie in die dritte Klasse kommen könne, solange er Rektor sei. Wir waren ziemlich ratlos, weil er uns keine Kriterien an die Hand gab, seine Klassifizierung anzuwenden – dieser Hülagu zum Beispiel,der einfach herkam und unseren Ball zerstach und einen Streit anfing, wenn wir ihn zur Rede stellen wollten; wußte er nicht, daß das, was er tat, schlecht war, hatte er Spaß daran, oder wollte er uns einschüchtern? Sollten wir ihn aufklären, warnen oder zermalmen und ausstoßen? Wir konnten uns nicht entscheiden, nicht handeln, und litten darunter. Kurz, unser Alltag stand nicht nur unter dem Zeichen des Feierns und Stolzes, sondern auch des Zweifels, der Angst, der Ratlosigkeit.

Natürlich zeigte uns mein Großvater auch die Richtung, die Ratlosigkeit zu überwinden: »Immer wenn«, sagte er, »Sie Beklommenheit empfinden, Zerschlagenheit, dann öffnen Sie die geballten Fäuste wieder, stehen Sie auf, fassen Sie die Hand Ihres Nachbarn und singen Sie mit ihm zusammen das ›Verzage nicht‹.[8] Sie werden sehen, wie erleichtert Sie dann sind!« Wir machten aber wohl irgendwo einen Fehler, denn die Methode erwies sich als schier undurchführbar, weil der Nachbar, abgesehen davon, daß nicht auszumachen war, ob er Freund oder Feind war, dann sagen konnte: »Man darf doch nicht so mir nichts dir nichts das ›Verzage nicht‹ singen, und wenn überhaupt, nicht so mit Händefassen.« Da konnte man nur noch mangelhaft seinen Ratschlag befolgen, d. h. es in einer Ecke strammstehend, allein und lautlos singen; oder aber die oft zitierten »anderen Rezepte« meines Großvaters anwenden: dem reinen und edlen Blut in unseren Adern vertrauen, Liebe zu unserer Fahne, Geschichte und Kunst hegen, immer ›allemiteinandersolidarisch‹ sein und ›arbeitenarbeitenarbeiten‹. Leider vertrieb dieses ›Arbeitenarbeitenarbeiten‹ den Zweifel nur kurzfristig, wie das ›Verzage nicht‹ in der Ecke und die »anderen Rezepte« uns erst gar nicht erleichterten, denn sobald die Lieder, Tänze und Reden endeten und jeder mit sich allein war, merkten wir, oder hatten wir zumindest den Eindruck, daß diese Maßnahmen nicht griffen – zwar hegten wir unendliches Vertrauen zu unserem Blut, war es doch das Blut eines Attila, Barbarossa[9], Sokullu[10] und Sinan[11], aber das Kind aus dem Slum, das die schmutzige Hand an der Fahnenstange abrieb, der Student mit den abwegigen Ideen oder der beinlose Schmarotzer, der an der Ecke bettelte, hatten ja das gleiche Blut, und wir waren uns dessen nicht mehr sicher, da diese Substanz

8 »Verzage nicht ...« – so beginnt die türkische Nationalhymne.

9 ›Barbaros‹ Hayreddin Paşa: Osmanischer Admiral, gefeiert als Herrscher über den Mittelmeerraum.

10 Mehmet Paşa aus Sokul, Großwesir unter Süleyman dem »Prächtigen« und seinen Thronfolgern; gefeiert als fähiger Staatsmann in einer krisenerschütterten Epoche.

11 ›Mimar‹ Sinan, Architekt.

anscheinend von Mensch zu Mensch ihre Beschaffenheit änderte oder wenigstens ihre segensreiche Wirkung einbüßte, obwohl die Farbe sich gleich blieb; auch waren wir stolz auf unsere ruhmreiche Fahne, die ihre Farbe von unserem Blut hatte, auf unsere Geschichte und Kunst, so daß Malazgırt[12], Çaldıran[13], Mohaç[14] unser Selbstvertrauen potenzierten und Baki[15], Nedim[16], Yahya Kemal[17], Hamamizade İsmail Dede Efendi[18], Münir Nurettin Selçuk[19] und die »anonymen Komponisten« der Volkslieder unsere Überzeugung von der Unschlagbarkeit unserer Nation auch in der Kultur stärkten.

Wie es aber bei so viel Liebe und Kultur sein konnte, daß kein einziges Buch außer den knappen hundert der Liste in die Schule mitgenommen werden durfte und daß mein Großvater, entsetzt über soviel Unlogik, den neuen Musiklehrer zusammenschrie, als dieser fürs Repertoire der Arbeitsgemeinschaft zwei neue Volkslieder vorgeschlagen hatte, war kaum begreiflich: »Das ist doch alles Schrott! Unsinn! Man kann doch keinen Besen aus Klee machen und kein Gemüse in Tassen einlegen! Nein, diese Texte gehen nicht!«.

Dasselbe galt vom ›Allemiteinandersolidarischsein‹. Wir fühlten uns diesem Prinzip von Herzen verbunden, und unsere Solidarität mit ihm war so stark, daß wir, als er in einem »Gespräch« ein brennend in den Abfalleimer geworfenes Streichholz erwähnte und sagte: »Meine lieben Kinder, wir haben Glück gehabt! Wir haben heute morgen ein großes Wunder erlebt«, die Übertreibung der Gefahr und die Komik des Versprechens

12 Malazgırt: Sieg des seldschukischen Herrschers Alparslan über Diogenes IV. von der Byzanz (1071), s.o. Anm. 7.

13 Çaldıran: Sieg des ›Yavuz‹ Selim über den Schah Ismail von Persien (Iran, 1514).

14 Mohaç: Sieg des Süleyman II. über Lajos II. (Ungarn, 1526).

15 Baki: Dichter (1526-1600).

16 Nedim: Dichter (?-1730).

17 Yahya Kemal Beyatlı: Dichter (1884-1958).

18 Dede Efendi: Komponist (1778-1846).

19 Münir N. Selçuk: Komponist und Sänger (1902-1978).

höchstens wie einen schwachen, dumpfen Schmerz im Körper wahrnahmen, aber ansonsten dachten, das heimtückische Komplott sei vielleicht gerade am wahrscheinlichsten, wenn wir an die Solidarität glaubten. Sagte doch mein Großvater selbst, die inneren Feinde seien hinterhältiger als die äußeren, seien allgegenwärtig heute wie gestern und auch morgen, hätten schon die Dörfer, Städte, Schulen und Klassen unterwandert. So erschienen einem sogar die Allernächsten als potentielle Feinde, und wir mußten in diesem schönen Land, das sich mit seiner Vergangenheit von Zentralasien nach Zentraleuropa hinein erstreckte, in Angst leben.

Schließlich waren wir Kinder, hatten vielleicht irgendwelche wichtige Details außer acht gelassen und das Gesagte falsch beurteilt. Und warum urteilten wir überhaupt? Anstatt Fragen zu stellen und Schlüsse zu ziehen, genügte es doch, sich das Vorgetragene unverändert einzuprägen und den Rest den Großen zu überlassen: nur dies verlangte mein Großvater und kein bißchen mehr, damit aus uns »für die Heimat und die Nation nützliche Menschen« werden sollten. Für ihn war jegliches Fragen und Deuten eine Art Defätismus gegen den Schulrektor, das Vaterland und die Fahne. Das war auch der Grund, warum er so grenzenlos empört war, als er einmal in unserer vierten Klasse die Inspektion einer Geschichtsstunde mit den Worten abschloß: »Liebe Kinder, glauben Sie mir, jede Handarbeit dieser Heimaterde ist begossen mit dem Blut unserer Gefallenen«, und von einem neuen Mitschüler zu hören bekam: »Aber Herr Rektor, wie ist das möglich, wo wir doch jahrhundertelang auf dem feindlichen Boden gekämpft haben und ihre Erde begossen haben, und sie konnten viele Teile unserer Heimat erst gar nicht betreten.« Dem Jungen fehlten ja nicht nur das Wissen und Bewußtsein, er war ein Defätist, und sein Vater mußte in die Schule kommen, um sich vom Rektor belehren zu lassen, wie seine geschwächte Vaterlandsliebe zu stärken war. Als der Vater jedoch einwandte, daß die Wörter seines Sohnes genausogut als Ausdruck für Patriotismus gelten könnten, schlug mein Großvater mit der Faust auf den Tisch: »Nein! Nein! Nein!« brüllte er, »Wenn jedermann seine Vaterlandsliebe auf seine Art ausdrükken würde, dann hätten wir gar keine!«. Daraufhin wurde er gefragt: »Heißt das, daß die Vaterlandsliebe sich immer in denselben Formen äußern muß, damit sie als solche gelten kann?«, und mein Großvater beendete die Diskussion mit der Antwort: »Keine Formen – sondern Form!«

Die kurze Auseinandersetzung brachte aber einen weiteren wichtigen Aspekt des Problems ans Tageslicht. Wenn nämlich die erste Bedingung für die Gemüts- und Geistesruhe das Vertrauen zu den Großen war, ohne zu fragen, so war die zweite, in Kleidung und Aufmachung, in Reden und Verhalten, in Leid und Freude unentwegt die Einförmigkeit anzustreben; dadurch mußten »das Gleiche« als das Gute und »das Andere« als das Böse sich herauskristallisieren, Freund und Feind auf einen Blick unterschieden werden können, der von unseren Großen vorgezeichnete Pfad ohne Fehlschritte und in Sicherheit gangbar sein – ein Gesichtspunkt, der der Reduktions- und Wiederholungsmethode meines Großvaters einen tieferen Sinn verlieh.

Aber, wie gesagt, es handelte sich dabei nicht nur um eine pädagogisch-administrative Methode, sondern um ein Bedürfnis nach Reinheit, die die ganze Welt umfaßte. Deshalb hatte er seine ganze Lebensführung auf eine Selbstbespiegelung ausgerichtet; er inspizierte die Arbeitsgruppen und Klassen wöchentlich, und wenn er z. B. die Chor- oder Kapellenproben in einer Ecke still sitzend verfolgte und nur im Takt mit dem Kopf wackelte oder leicht mit dem Fuß stampfte, unterbrach er die folkloristischen wie klassisch-modernen Tanzproben, um zu erklären, daß es beim Tanz auf die Bewegung ankam, wobei es drei Hauptbewegungen zu unterscheiden galt: 1. von oben nach unten, 2. von unten nach oben, und 3. zur Seite, d. h. nach rechts und links, und diese wiederum zu unterteilen waren in Kopf-, Rumpf-, Arm- und Beinbewegungen; dann verließ er den Raum mit einem »Machen Sie so weiter!«, als ob er die Hauptschwierigkeit behoben hätte und nur noch Nebensächlichkeiten zu lösen geblieben wären; alle seine Inspektionen in der Mathematikstunde beendete er mit: »Aber wir dürfen nicht vergessen: die sicherste Lösung liegt im edlen

Blut unserer Adern«[20], in der Geographie mit: »Der Boden ist nur dann Heimat, wenn darauf jemand gestorben ist«[21], und in der Geschichte mit »Glauben Sie mir, jede Handbreit dieser Heimaterde ist begossen mit dem Blut unserer Gefallenen«.

Die Reglementierung der Bücher, Lieder und Tänze reichte ihm zwar in seinen letzten Dienstjahren nicht mehr aus, und er träumte oft davon, alle Schüler bis auf die Mitglieder der Arbeitsgemeinschaften, die Janitscharenkapelle, die Jungen Wölfe und zehn oder fünfzehn arme Kinder loszuwerden, aber er fand schnell zurück zur Realität: »Das ist nicht machbar«, brummte er, »außerdem habe ich es auch nicht nötig«. Er hatte es wirklich nicht nötig: die Schüler waren ja ohnehin schon zu passiven Elementen einer Ordnung geworden, deren Zentrum er bildete, und ihre hochgebildeten, einflußreichen Eltern und sogar die gestrengen Inspektoren des Ministeriums ließen sich von ihm begeistern und dafür gewinnen, was auch immer er erwirken wollte.

Mein Vater erklärte das eher durch das Profitbewußtsein der Eltern als den persönlichen Charme meines Großvaters. Wenn die Eltern »vor ihm so krochen«, wußten sie, daß eine an den Erfordernissen der heutigen Zeit orientierte Schulbildung am ehesten in unserer Schule und durch die Bemühungen des Rektors gewährleistet war. Ein Korn Wahrheit konnte man schon in dieser Erklärung erkennen, wenn man die Absolventen der Schule beobachtete, wie die in allen Mittelschulen auf Händen getragen wurden. Aber ich fand, daß mein Vater sich auch hierin täuschte, wie in so vielen Dingen, die seinen Vater betrafen. Denn um sich zu überzeugen, daß die große Erfurcht und Liebe, die mein Großvater genoß, jegliches Profitdenken weit überstieg, also keineswegs Schmeichelei war, genügte es, nur jenes unverkennbare Aufblitzen der inneren Sympathie in den Augen

20 Atatürk beendet seine Rede an die Jugend: »Die Macht, die du brauchst, ist im edlen Blut in deinen Adern vorhanden.«

21 Landläufiges Zitat: »Der Boden ist nur dann Heimat, wenn darauf jemand da ist, der *dafür* stirbt.«

der Eltern, Schüler und Lehrer zu sehen, wenn er adrett angezogen, väterlich, bescheiden und sich leicht in den Hüften wiegend durch den Hof und die Flure ging oder wenn er am Pult sprach. Und der wahre Grund, nicht nur für den Erfolg der Schüler, sondern auch für diese Ehrfurcht und Liebe, lag meiner Ansicht nach im besagten Doppelprinzip und in den davon durchdrungenen Reden meines Großvaters.

Sicherlich waren die Reden, wenn man sie mit einem kalten, die konkreten Umstände vernachlässigenden Blick betrachtete, nichts als ein Worthaufen ohne Anfang und Ende, von quälender Stagnation. Aber ich kann bezeugen, daß mein Großvater gerade durch diese Reden die Menschen bezauberte – Lehrer, Schüler und Eltern fanden sich jedesmal, wenn sie ihm zuhörten, auf demselben vertrauten Terrain, hatten nichts Unbekanntes, Unerwartetes zu befürchten und fühlten sich wohl und geborgen. Was nun dieses Wohlgefühl und diese Geborgenheit zur Begeisterung steigerte, war die Tatsache, daß er, wie es aus den abgehefteten über tausend Reden hervorgeht, nie über das Niveau der Grundschule, den in den Grundschulbüchern enthaltenen Wissensstand hinausging, wodurch seine Zuhörer sich im warmen Zentrum des Allgemeinen und Oberflächlichen trafen, wie wenn sie ins Elternhaus zurückgekehrt waren.

Wie schade, daß wie jedem Glück auch diesem ein Ende beschieden war. Mein Großvater wurde aus Altersgründen pensioniert und mußte die Schule eines Tages zu einer ungewohnten Tageszeit mit einem silbernen Teller statt der goldenen Plakette unter dem Arm und mit dem Onkel zur Rechten, dem Vater zur Linken und mir hinterher in aller Stille auf immer verlassen – ehrlich gesagt, mit einer heldenhaften Schicksalsergebenheit, die unsere Erwartung weit überstieg. Bei der Abschiedsfeier des Schulvereins hatte er, obwohl das Blatt in seiner Hand wild flatterte, vielleicht seine interessanteste und originellste Rede gehalten, die trotz so viel Originalität fast nach jedem Satz großen Applaus ernten konnte, am heftigsten aber, als er sagte: »Ich habe in dieser Schule eine solche Ordnung eingeführt, daß seit Jahren kein Schüler seinen Platz hat verwechseln können«, und dann brüllend hinzufügte: »Ich habe alle Schüler unter Maßgabe ihres Wissens, ihrer Umgangsformen und ihrer Familie gleich behandelt, denn, es ist Ihnen sicher auch bekannt, Reichtum ist das Fundament für die Gerechtigkeit.«[22] Er machte einen Eindruck, als ob er beim Sprechen wüchse, wenn man zu ihm am Pult heraufsah.

Am Abend bei uns in der Wohnung dagegen gab er genau das Gegenteil jenes großen, gut aussehenden Mannes ab, wie er zwischen Onkel und Vater still saß – zusammengekauert in seinem Sessel starrte er einen festen Punkt an und vereitelte alle Versuche seiner drei Kinder und beiden Schwiegertöchter, ihn in ein Gespräch einzubeziehen, leeren, kalten Blickes. So war der Plan meines Vaters, die Familie bei uns zu versammeln, um die Pensionierung noch einmal zu feiern, kläglich gescheitert; nachdem er das Essen mit seinem Hängegesicht fast zu einem Totenmahl verwandelt hatte, sagte mein Großvater, ohne den Kaffee abzuwarten: »Ich muß mich entschuldigen, ich bin sehr müde und gehe ins Bett«, nahm den Silberteller und ging. Mein Vater sah ihm traurig nach und murmelte: »Armes Väterchen! Er liegt schon am ersten Abend darnieder – er wird ein Leben ohne Pauken und Klarinetten nicht lange aushalten.«

»Doch, er wird es schon«, hatte keiner von uns gesagt. Aber mein Großvater hielt es aus, und zwar ohne jede Hilfe von irgend jemandem, sondern nur kraft seiner Erinnerungen. Freilich war er, wie wir von seiner Zeit als Rektor mehr als hinreichend wissen, ein Mann der Ordnung und Vernunft, der das Konkrete, das Anschaulich-Anfaßbare leidenschaftlich liebte, und so konnte er es nicht zulassen, daß das Schicksal seiner Erinnerungen von der zufälligen Parade ungeordneter Bilder hinter geschlossenen Lidern abhing. Darum gab er beinahe seine ganze Abfindung aus, um an den altrosa Wänden des Zimmers, in dem er einst am kleinen Tisch in den Unterschriften Mustafa Kemal Atatürks, İsmet İnönüs und Hasan Ali Yücels seine eigene gesucht hatte, Glastische mit Neonbeleuchtung anbringen zu lassen, auf deren mit rotem Tuch ausgekleideten Böden er chronologisch geordnet und begleitet von säuberlich geschriebenen Er-

22 Sprichwort: »Gerechtigkeit ist das Fundament für das Vermögen.«

läuterungen die jährlichen Goldplaketten, die beständigen Geschenke von reichen Eltern wie Füller, Uhren, Feuerzeuge, Schlüsselanhänger, Aschenbecher mit Eiffelturm-, Pisa- und Notre-Dame-Motiven, die »Anerkennungs- und Dankesbriefe« vom Gouverneur, Dezernenten der Schulbehörde und Rektor der Stadtkapelle legte. Über die Glastische hängte er, allem voran, sein Ölporträt, das eine begabte Mutter angefertigt hatte, und das »Profil« aus Kieselsteinen, das von einem achzigjährigen Großvater stammte und Atatürk darstellen sollte, auf und füllte die übrige Wand mit Aufnahmen aus verschiedenen Feiern in goldlackierten Rahmen.

So wie die Aula durch die Zusammenkunft der Arbeitsgemeinschaften eine »tausendjährige« Geschichte sichtbar machte, widerspiegelte nun dieses Zimmer die ehrenvolle Vergangenheit meines Großvaters als Rektor wie eine nicht zu verleugnende Tatsache und ermöglichte, daß das Leben mit den Pauken und Klarinetten wiederkehrte, ohne die Vorstellungskraft anstrengen zu müssen. Es war schon so, daß er, wie die großen Neureichen der letzten Zeit, sein eigenes Museum gegründet hatte; der einzige Unterschied war wohl, daß der einzige Nutznießer dieses Museums der Gründer war, also er selbst; aber nicht aus Egoismus, denn er wollte zumindest am Anfang durchaus die Öffentlichkeit und ließ nach der Fertigstellung der Ausstellung mit dem letzten Rest der Abfindung goldumrandete Einladungen drukken, um alle Mitglieder des Schulvereins, alle Erziehungsberechtigten, die in den letzten Jahren gute Zusammenarbeit mit ihm geleistet hatten, den neuen Rektor und alle »Mitglieder des Lehrkörpers« bis zu den Lehrern der ersten Klassen zum »Gedenken der alten Tage« einzuladen. Leider kam keiner zu dieser Eröffnung außer einigen Familienmitgliedern, von denen er nur einen Bruchteil eingeladen hatte, weil er befürchtet hatte, es würde sonst für die wichtigen Gäste zu eng. Er sagte zu uns weise: »So ist das Leben – Rektor bist du, solange du Rektor bist. Wir wollen uns amüsieren«, und er amüsierte uns auch wirklich, aber ließ von dieser Nacht an keinen Menschen in seine Wohnung und besonders nicht in das Gedenkzimmer und hütete es wie ein Tempelwächter in einer verkommenen Stadt.

Nur mir war diese Tür offen geblieben, wohl darum, weil ich fünf Jahre lang einen Teil seines Rektordaseins ausgemacht hatte und dadurch gleichsam das Innenleben des Tempels kannte. Wenn ich ab und zu bei ihm klingelte, und das geschah nicht ganz ohne den Druck der Eltern, verschwand er nicht hinter dem Türspion wieder, wie die anderen es erlebten, sondern öffnete mir mit strahlendem Gesicht: »Na, komm rein, Vierhundertsiebzehn!«[23] Da ich aber letzten Endes nur irgendein junger Fuchs war, brach er die Kommunikation, zumindest auf verbaler Ebene, hier ab, ging vor mir her, setzte sich an seinen historischen Tisch, zeigte mir mit einer Kinnbewegung einen Stuhl und vertiefte sich in die gewohnten Beschäftigungen, d. h. entweder holte er die Redemappen hervor und las darin, um vielleicht eine notwendige Auffrischung seines Gedächtnisses und Bewußtseins vorzunehmen, oder er widmete sich mit einer Lupe in der Hand und der Sorgfalt eines Archäologen den Stapeln von Photographien, die zwar sachgemäß datiert und klassifiziert waren, aber keinen Platz an den Wänden gefunden hatten, oder aber er nahm einen Bogen aus der Schublade und begann, mit dem besten Füller seine doppelschweifige Unterschrift, die früher alle Schülerzeugnisse schmückte, ins Ewige zu vervielfachen.

Einmal konnte ich nicht umhin, ihn zu fragen, nachdem ich ihn mindestens eine Stunde lang immer dieselbe Unterschrift hatte zeichnen sehen: »Herr Rektor, ist Ihnen nicht langweilig dabei, wenn Sie so immer dasselbe machen im selben Zimmer?« Wie eine alte Frau im Gebet über ein Wort der Anwesenden unwillkürlich lächelt, ohne ihre Haltung zu ändern, lächelte mein Großvater voll Genugtuung, ohne seine Beschäftigung auch nur einen Augenblick zu unterbrechen. Er sagte mir nichts dazu, das war auch nicht nötig, denn es war offensichtlich, daß die Wiederholung noch einmal die Reinigung, ja Läuterung für ihn bedeutete. Besonders jetzt, da die Unterschrift eine einzige und unwandelbare Gestalt angenommen hatte und das Leben zu seiner unentwegt wiederholten Selbstbespiegelung geworden

23 Die Registriernummern werden im Schulalltag sehr oft benutzt.

war, fehlte nur noch, daß mein Großvater gesprochen hätte: »Ich bin Gott«.[24]

Er war nicht nur Heiliger, sondern auch Einsiedler, denn so wie er sich nicht einmal von seinen nächsten Verwandten besuchen ließ, ging er zu niemandem und sagte mürrisch zu meiner Mutter oder meinen Tanten, die ihn ab und zu anriefen und zum Essen oder Tee einluden: »Was denkt ihr euch eigentlich, in welchem Jahrhundert ihr lebt? Hat der heutige Mensch etwa Zeit für solchen Firlefanz?«, was seiner Leidenschaft für Reduktion und Wiederholung den Anschein des Zeitgemäßen gab.

Was kein »Firlefanz« im Leben des heutigen Menschen war, betraf Verlobungen, Trauungen, Beschneidungen, Geburtstage, Hochzeitstage oder ähnliche Ereignisse, die ihn in irgendeiner Weise an die großen Feiern seiner Rektorenzeit erinnerten. Dann kam er auch herbeigeeilt, holte seinen Zettel heraus, hielt eine brillante Rede zur »Bedeutung und Wichtigkeit des Tages«, »überreichte dem Betreffenden«, je nachdem, wie flüssig er gerade war, eine goldene oder silberne, größere oder kleinere Plakette und »eröffnete« damit die Feier. Das löste in unserer Familie einen Drang zum Feiern aus, und mein Onkel, meine Tante, sogar mein Vater begannen, die Geburtstage ihrer Kinder teils aus Jux, teils aus Mitgefühl mit dem Großvater doppelt und dreifach zu feiern, ja ihre Hochzeitstage regelmäßig zu begehen, obwohl sie sie jahrelang nicht vermißt hatten. Dann beschlossen sie aufgrund einer vagen Andeutung, die in den letzten Reden des Großvaters zunehmend vorkam, ihm am zwanzigsten Jahrestag seiner Ernennung zum Rektor die größte Goldplakette seines Lebens zu schenken.

So war auch ein Lebensweg von fünfundsiebzig Jahren mit einer goldenen Plakette abgeschlossen; mein Großvater hatte am Kopf des langen Eßtisches gestanden, den Lobreden der Männer der Familie mit glücklichem, ruhigem Lächeln zugehört, aber in dem Augenblick, da er die Hand ausstreckte, um die blendende Plakette aus der Hand des jüngsten der Anwesenden in Empfang

24 Anspielung auf die mystisch gemeinte Aussage, die Einheit mit Gott erreicht zu haben.

zu nehmen, stürzte er plötzlich zu Boden, während er den Stuhl neben sich mitriß.

Am nächsten Tag hörte ich meinen Vater zu einem seiner Freunde von diesem bitteren Sturz sagen: »Genau wie der Félix Grandet von Balzac«, und war verblüfft, ärgerlich und dachte, daß er sich bei meinem Großvater noch einmal irrte, denn weder die Tätigkeit war die gleiche noch die Leidenschaft. Aber ich denke im nachhinein, sein Sturz könnte nicht besser beschrieben werden.

Orhan Duru

Der Hermaphrodit

Der Hermaphrodit stieg aus der Süßwasserquelle. Niemand sah ihn in der Augustsonne, die die Umgebung in eine Hölle verwandelte. Erde, Meer, Bäume, Gestrüpp und Felsen, alles vibrierte in der aufsteigenden heißen Luft. Er band sich sofort sein Lendentuch um. Süß war das Wasser, welches der Quelle entsprang, Härtegrad 7. Lange Haare hatte der Harmaphrodit. Er war ein Geschöpf von der Art, bei dem der Dichter wohl fragen würde »Bist du ein Mädchen, oder ein Junge?« Je nach Situation und Lichtverhältnissen nahm er männliche oder weibliche Züge an.

Aus der Ferne drang der Lärm der Stadt Kut herüber. Nachdem Professor Osman schließlich die Geschichte der Stadt veröffentlicht hatte, die derart lange in Vergessenheit geraten war (*siehe hierzu unsere Erzählung »Die Geschichte einer Stadt«*), war aus ihr in den letzten Jahren ein Touristen-Paradies (oder etwa – Hölle?) geworden.

Menschen aus allen vier Himmelsrichtungen, aus jedem Land, jeder Nation versammelten sich im Sommer in Kut. Sie kamen mit ihren Autos, Booten und Flugzeugen, mit Säcken auf dem Rücken, Gitarren unterm Arm, mit Vollbart, Sandalen an den Füßen und Shorts an den Hintern. Scharenweise kamen sie, ganze Armeen von Hippies, verlausten Touristen, vertrockneten Jungfern, alten Witwen auf der Suche nach einem Gigolo, alten Herren auf der Suche nach jungen Frauen. Alle kamen sie, alle. Verrückte, Idioten, Durchgedrehte; Leute, die den Verstand, und solche, die ihre Fahrkarte verloren hatten; Junkies, Abgedriftete, Weggedriftete, Betrüger, Hochstapler und Gabelstapler. Touristen aller Herren Länder, vom anderen Ende der Welt besetzten die Häuser, deren Dächer und Vorgärten, die Hotels, Pensionen, Motels und Karawansereien. Sie besetzten die Gassen, Sackgassen, Straßen, Boulevards und Gärten, die Restaurants, Teehäuser, die Kähne und Boote im Hafen, einen Teil des Meeres, den Meeresboden, die Meeresoberfläche. Auch die Museen, Bibliotheken, die Parkanlagen, solche die keine sind... Alle spazierten sie in den Gassen am Strand und an der Uferpromenade entlang. Alemannen, Franken, Ostgoten und Westgoten, Angeln und Sachsen, Afros, Amis, Araber und Scheiche, Genuesen und Venezianer, Spanier. Natürlich auch Schweden, Norweger und Dänen, Belgier, Flamen und Holländer, sowie Pakistani, Portugiesen, Inder und Hindus, Iren und Isländer. Ja selbst Eskimos, Rothäute, Cheyenne und Sioux, Ugander, Pygmäen, Zambier und Zairer; Obis, Übüs, Ankaraner, İstanbuler, Galatasaray-Anhänger, Beşiktaş-Anhänger, Gascogner, Leute aus Haymana... Sie alle zogen miteinander und aneinander vorbei.

Was hatte Kut nicht alles durchgemacht, bevor es ein Touristenort wurde. Zuerst gaben die Bewohner von Kut den Touristen noch Begrüßungsgeld, so als Taschengeld, damit die Armen auch bloß nicht ohne Geld dastünden. Man beköstigte sie in den Häusern, ja auch in Restaurants, ganz wie es die türkische Gastfreundschaft gebietet. All diese Bemühungen haben wirklich ihre Früchte getragen. Beim Anblick der Fische im Meer, der Berge in der Ferne, der Täler in der Nähe; der Wälder, die bis an die Küste heranreichen, und der Bären in diesen Wäldern sind die Touristen in kurzer Zeit wild geworden. Wild und fettleibig wurden sie, indem sie alles verschlangen: Sägebarsche, Papageienfische, Hellinge, Zahnbrassen, Schnauzbrassen und Bastardmakrelen, Köfte aus Ziegenfleisch, die am Hafen verkauft wurden, sie verschlangen Reis, Bohnen, gebratene Auberginen, Kichererbsen, Mandarinen (unreife), Pfirsiche, Wassermelonen und Weintrauben. Sie verschlangen alles, was sie in Kut fanden und was in den umliegenden Städten erzeugt wurde. Algen, die wie Bandnudeln aussehen, Krustentiere, Kriechtiere und auch alles andere Getier, und nun konnte sie niemand mehr bremsen, weil sie in der Sonne im Sand schmorten, dabei Phosphor ansammelten und somit Kraft schöpften, diese Hornochsen, ja diese Viehtreiber.

Der Hermaphrodit schritt den Strand entlang, der sich gleich in der Nähe der Süßwasserquelle befand. Ein regungsloses Meer erstreckte sich vor ihm unter der lähmenden Hitze der Sonne. Er lief über den Sand. Der Lärm der Stadt mischte sich mit dem

Geräusch der Insekten. Der Hermaphrodit lauschte eine Weile. Dann stieg er ins Wasser und schwamm ein Stück von der Küste weg. Seine Muskeln, die über die Jahrhunderte verhärtet waren, dehnten sich, als er durch das salzige, belebende Meerwasser glitt. Er tauchte seinen Kopf ins Wasser und schaute auf den Meeresboden. Dort sah er Algen, sich hin- und herbewegende Schwämme, Seegurken, die von außen pechschwarz waren, rohrförmige weiße Seeblumen, Seeigel, Seesterne und See-Tausendfüßler, die Natur des Meeresbodens, die an seichten Stellen ineinander überging. Ein eigener Kosmos war dieser Meeresboden, manchmal furchteinflößend, doch immer verzaubernd. Er schwamm unaufhörlich, tauchte seine Arme ins Wasser, das glatt wie ein Laken war.

Was in der Stadt vor sich ging und wie sie sich verändert hatte, war dem Hermaphroditen nicht bewußt, als er so im Zustand seelischer Ausgeglichenheit schwamm. Über sehr vieles wußte er Bescheid, aber die ganze Entwicklung in den letzten Jahrtausenden hatte er, ehrlich gesagt, nicht verfolgen können. Von den alten Göttern und der Muttergöttin Kybele wußte er und kannte auch all die Erzählungen über sie. Er erinnerte sich an die Kämpfe der Götter seit der Erschaffung der Welt. Er wußte, wie Kybele zu Aphrodite wurde, und er wußte auch von den Titanen, Zyklopen, von Ganymed und wie die Zyklopen die ersten großen Mauern errichtet hatten. Diese Mauern waren aus unregelmäßigen Felsbrocken. Er kannte Atlas und den Stier, der die Welt auf seinen Hörnern trug, Prometheus, Tantalus, Chaos, die alten Tempel, Altäre und Opfergaben. Er hätte vielleicht einen guten Fremdenführer abgegeben.

Ja, er wußte vieles, aber die Stadt kannte der Hermaphrodit nicht. Auch Ziya Bey kannte er nicht, obwohl dieser ihm gerade von seinem Motel am Strand beim Schwimmen zusah. »Wie kann man hier einfach so schwimmen, das gibt's doch gar nicht!« dachte sich Ziya Bey. »Wie können die ohne meine Erlaubnis in meinem Meer schwimmen?«

Der Hermaphrodit stieg aus dem Wasser und legte sich an den Strand vor dem Motel. Ziya Bey ging sofort zu ihm hin.

»Wenn Sie am Strand liegen und vor dem Motel schwimmen

wollen, müssen Sie sich im Motel einen Platz reservieren lassen oder wenigstens im Restaurant des Motels etwas essen. Vollpension macht 180, Menü 50 Lira«, sagte Ziya Bey. Er hatte seine Felder im Dorf verkauft und von dem Geld das Motel bauen lassen, natürlich in der Hoffnung, viel Geld zu verdienen. Aber die erwartete Kundschaft blieb aus, und diejenigen, die einmal ins Motel kamen, ärgerten sich oft. Er hatte ein unsympathisches Gesicht, dieser Ziya Bey, dunkel, faltig und pickelig. »Und wieso, bitteschön?«, fragte der Hermaphrodit, dieser Hundesohn.

»Na, eben deshalb«, antwortete Ziya Bey, nur mühsam seine Wut unterdrückend. Und da er schon einen Touristen gefunden hatte, dem er eine Rede halten konnte, legte er los. »Da hat man Geld ausgegeben und investiert, Kredite aufgenommen, Schecks und Wechsel eingelöst, um dieses Hotel zu bauen und damit sich hier im Land der Tourismus entwickelt. Gott schütze den Staat und unser Volk, unsere Weiber natürlich auch. Ja, wir haben dieses Motel hier an der Küste bauen lassen, und natürlich haben wir uns auch – zum Motel – ein Stück Strand und Meer dazugenommen. Was nützt schon ein Motel ohne Strand, Sand und den ganzen anderen Kram, der dazugehört, oder?! Das Geld, das wir da reingesteckt haben, soll schließlich wieder rauskommen. Wir drucken ja nicht selbst, nicht wahr? – Das Wasser muß fließen, damit sich die Mühle dreht, und die Mühle muß sich drehen, damit der Mensch gedeihe und das Geld im Beutel klingelt, und sein Beutel möge immer angefüllt sein. Amen. Eh! (Er rülpste.) Wir haben auch Kinder zu ernähren. Gott sei Dank, das eine ist schon groß, ein richtiges Pferd. Wenn jeder, ohne darüber nachzudenken, mit wackelndem Hintern daherkommt, unsere Sonne, unser Meer, den Strand, die Luft und unser Wasser benutzt, aber kein Geld ausgeben will, sondern sich immer in die billigen Köfte-Buden verdrückt, die sich auch noch Lokal nennen, was soll dann hier werden? Wie sollen wir auf einen grünen Zweig kommen, nicht wahr? – Ja, was dann, hm? In unserem Motel gibt es ja auch nicht einfach ein Lokal, sondern ein Restaurant, hörst du, Restaurant! Die Preise sind natürlich dementsprechend... Menu fixe, à la carte, Table d'Hôte usw.... Kapierst du? Verstehst du jetzt, warum ich hier niemanden an meinen Strand lasse, keinen von diesen Touristen, die herkommen, aber kein Geld ausgeben, kein Geld bringen oder nicht damit rüberrücken... Dusche kostet 2,5 Lira extra, Toilette 100 Kuruş, spottbillig.«

»Hoppla«, sagte der Hermaphrodit, wie er sich gerade im Sand hin- und herwälzte, um sich aufzuwärmen. »Das hat die Menschheit noch nicht gesehen.«

»Dann wird es aber langsam Zeit, daß Sie es sehen.«

»Na, dann zeig' doch mal!« sagte der Hermaphrodit.

»Dir werd' ich's gleich zeigen, aber dann bekommst du es mit der Angst zu tun«, konterte Ziya Bey. »Mein Lieber«, sagte der Hermaphrodit, völlig unbeeindruckt und leicht kokett, »mein Lieber, ich verstehe überhaupt nichts von Geld und dergleichen, was sich der lydische Krösus da ausgedacht und uns aufgebürdet hat. Ich genieße das Leben. Und was Geld anbelangt, ich habe keins!«

»Wenn du kein Geld hast, was hast du dann hier zu suchen? Hast du etwa eine schriftliche Einladung von uns?«

»Ich bin von hier und kann auch nirgendwo sonst hin«, sagte der Hermaphrodit zu Ziya Bey.

»Wenn du von hier bist, was sollen dann die langen Haare wie bei einer Frau? Schämst du dich gar nicht, Mann? Außerdem ist diese Mode doch schon längst vorbei«, sagte Ziya Bey.

»Also, ich gehe jetzt, das Motel kannst du dir an den Hut stecken«, sagte der Hermaphrodit.

»Wo willst du hin?« schrie ein hilfloser Ziya. »Wo willst du hin? So kommst du mir nicht davon. Du hast so lange im Meer geschwommen, im Sand gelegen, hast unsere Sonne genießen können. Trink wenigstens eine Coca Cola und geh' dann!«

»Nein«, sagte der Hermaphrodit.

»Eiskalt...«

»Wieviel?«

»4,5 Lira.«

»Pah, die kannst du selber trinken!«

»Du kannst mich doch nicht einfach so stehenlassen und weggehen«, sagte Ziya.

»Ich gehe aber …«, sagte der Hermaphrodit.

»Hier schmarotzt keiner!« schrie Ziya Bey. »Touristen, die kein Geld ausgeben, kommen bei mir nicht durch!«

Der Hermaphrodit lief davon, den Klauen Ziya Beys zu entkommen, und erreichte schließlich, völlig außer Atem, die Gassen der Stadt mit den weißgestrichenen Häusern. Er näherte sich der Köfte-Bude von Ilyas Usta, aus der Zwiebelduft nach außen drang, der einem den Mund wässerig machte. Da erst merkte der Hermaphrodit, daß er Hunger bekommen hatte, und stürzte sogleich hinein. Ilyas bereitete gerade Köfte. Er knetete das Hack, formte es zu Bällchen, ordnete sie auf einem Tablett an und steckte sie dann in den Kühlschrank. Außerdem kochten gerade gefüllte Auberginen in einem Topf auf einem einflammigen Herd, der mit Flüssiggas betrieben wurde.

Der Hermaphrodit bestellte sich eine doppelte Portion Köfte und Bohnensalat und fügte hinzu: »Ich habe aber kein Geld.«

»Das macht nichts«, sagte Ilyas Usta. »Ich schreibe es dir an, damit hat's sich. Wenn du überhaupt nicht zahlen kannst, kommst du mal abends und kellnerst bei mir.«

»Mensch, Klasse, herzlichen Dank, Ilyas Usta«, sagte der Hermaphrodit, drückte dem Meister einen Kuß auf die Wange und setzte sich drei »Touristen-Arbeitern« gegenüber, die auch in der Köfte-Bude waren. Diese Männer waren Leute mit Bart, dunklen Gesichtern und dunklen Brillen, trugen buntgefleckte gescheckte Hemden – sie flößten der Umgebung Angst ein. Während der Hermaphrodit die Köfte hinunterschlang, beobachtete er diese Männer. Sie blickten starr geradeaus. Wenn ein Tourist vorbeiging, verfolgten ihn alle drei mit den Augen. Selbst in dieser Hitze trugen sie dunkelblaue Kleidung. Einem hing ein rotes Taschentuch aus der Brusttasche, in der außerdem noch drei Kugelschreiber steckten.

»Wer seid ihr?« fragte der Hermaphrodit, der den Gang dieser Welt gründlich erkunden wollte.

Die drei Männer schauten ihn ganz lange durch ihre Brillen an. »Weißt du das nicht?« fragte der eine.

»Nein«, antwortete der Hermaphrodit, »ist doch wohl keine Schande, ich bin zwar von hier, aber auch ein Fremder.«

»Er weiß es nicht, hm, hm«, grummelte der mit dem roten Taschentuch.

»Wir sind ›Touristen-Arbeiter‹«, sagte schließlich derjenige von ihnen, der am gesprächigsten war, aber eigentlich gar nichts sagte. »Wir sind ›Touristen-Arbeiter‹. Alle kommen hierher, aber wir fahren als Touristen nach Deutschland.«

»Und was macht ihr dort?«

»Der weiß ja wirklich gar nichts ...«, sagte wieder der mit dem roten Taschentuch.

Der andere übernahm es dann, eine Erklärung abzugeben. »Wir pressen den Saft von Touristen aus. Wir sind zuerst als Schwarzarbeiter nach Deutschland gefahren. Wir sind über die Grenzen, haben hier und da jemanden bestochen. Unter tausend Schwierigkeiten kamen wir dann nach Deutschland. Dort haben wir zuerst auf dem Bau gearbeitet. Mit dem Ersparten haben wir dann eine Preßmaschine gekauft und sie hierher gebracht. Hier pressen wir mit dieser Maschine Saft aus den Touristen, bringen ihn nach Deutschland und verkaufen ihn an die dortigen Touristen-Schwarzarbeiter für hundert Mark den Liter.«

»Was heißt, ihr preßt ›Touristensaft‹?«

»Na, eben so wie man es sich vorstellt ... Die Touristen gedeihen hier sehr gut. Sie werden ziemlich fleischig. Deshalb geben sie sehr viel Saft, wenn man sie auspreßt. Die Erde hier ist ja auch sehr fruchtbar. Nur die Bewässerung ist ein Problem und macht uns zu schaffen. Aber das wird auch bald gelöst. Das Bewässerungsnetz kommt auch hierher. Dann wird's noch mehr Touristensaft geben. Aber die Regierung geht uns nicht recht zur Hand.«

»Was machen denn Touristen-Arbeiter sonst noch so?«

»Was sollen die sonst noch machen? Sie verkaufen eben Touristen-Saft ...«

Da stand der Arbeiter mit dem roten Taschentuch plötzlich auf und lief hinter einem Touristen her, der gerade vorüberging. Der Hermaphrodit erschrak. »Nun ja«, sagte er, »eben habt ihr gesagt, daß ihr den Touristensaft an die Touristen-Arbeiter verkauft.«

»Ja«, sagte der gesprächige Touristen-Arbeiter ganz einsilbig.

»Die Touristen-Schwarzarbeiter kommen ohne Touristensaft nicht aus. Die Italiener liefern zwar auch welchen, aber der ist nicht so schmackhaft wie unserer.«

»Eines verstehe ich nicht«, sagte der Hermaphrodit. »Wie organisiert ihr das?«

»Ganz einfach ...«, sagte der Touristen-Arbeiter. »Wir sind Hersteller, Verkäufer und auch Kunden. Moment mal ... Wir müssen los ...«

»Aber wartet, wohin denn?«

»Wir haben einen Touristen entdeckt. Die Arbeit ruft ...«

Eilig verließen die beiden Zurückgebliebenen die Köfte-Bude. Der Hermaphrodit beendete ganz verwirrt seine Köfte, aber der Appetit war ihm vergangen.

Später dann ging der Hermaphrodit tanzen, in die Disco ›La Blamage‹. Er war schweißgebadet wie in einem Hamam, mitten im Gedränge und Geschiebe von verrückten, langhaarigen jungen Leuten, die sich dem Gegröle eines bekifften Negers von der Platte hingaben, das aus voll aufgedrehten Lautsprechern kam. Er stand direkt davor. Die Touristin Jo-Jo hatte den Hermaphroditen in der Kaschemme von Ilyas Usta aufgegabelt. »Was für ein hübsches Kerlchen«, dachte sie sich, und ihr gingen fast die Augen über, und sie ließ ihren Freund Bijou sitzen. Der Hermaphrodit hüpfte und hampelte zu dieser Pop- und Hupfmusik hin und her. Jo-Jo mit ihrem prallen Busen, ihren vollen Lippen und schmachtenden Augen schwenkte einen Kilometer weiter weg die Hüften. Eigentlich müßten die Menschen doch einander näher sein, zumindest beim Tanzen, wo man sich schon anderswo und bei anderer Gelegenheit nicht nahe kam.

Aus den Lautsprechern grölte die Musik.

Die Luft war drückend heiß, und der Duft von Lavendel vermischte sich mit dem Schweißgeruch, nicht doch, eher: mit dem Geruch von Schweiß. Die Scheinwerfer gingen an und aus, und ein entfernt violettes Licht erleuchtete die Nylon- und Perlonhemden und die dritten Zähne. Auf einmal gefiel dem Hermaphroditen die Stadt Kut sehr. Denn es gab ja auch eine Jo-Jo auf der Bildfläche. Er begriff, daß es ein Fehler gewesen war, sich in die Tiefe der Geschichte und der Mythologie zu vergraben, ohne sich zu entscheiden, wie er sich geschlechtlich weiterentwickeln sollte. Als er nun einer wie Jo-Jo gegenüberstand, vergaß er plötzlich den Gang der Geschichte und seine Pflichten in der Mythologie.

»Ich möchte ein Haus oder ein Grundstück kaufen und mich hier niederlassen, Metin Bey«, sagte er zu dem Besitzer der Disco, gleichzeitig Vorstandsmitglied des Vereins Kut-Sport.

»Das ist nicht einfach«, erwiderte Metin Bey. »Überhaupt nicht einfach. Man muß zum Beispiel erst einmal eins finden, so ein eingetragenes Grundstück. Wenn Sie ein nichteingetragenes Grundstück kaufen, geraten Sie in Teufels Küche.«

»Hast ja 'ne schöne Frau gefunden, Glückwunsch«, sagte da Ziya Bey, der Motel-Besitzer, der wie ein Romanheld plötzlich aus einer dunklen Ecke hervortrat, in der man nicht die Hand vor Augen sehen konnte. »Bleib' lieber nicht zu lange hier, sonst erstickst du noch«, fügte er hinzu. Jo-Jo umarmte den Hermaphroditen erschrocken oder vielleicht nur, weil sie einen Vorwand zum Umarmen gefunden hatte.

»Das Nutzungsrecht würde mir auch schon genügen«, sagte der Hermaphrodit. »Damit hat man nur Probleme«, erwiderte Metin.

»Du hast 'ne Frau. Ich habe wohl wieder den Zug verpaßt«, sagte Ziya Bey.

»Wie kommen Sie denn hier herein, ohne Dame?« fragte Metin Ziya Bey.

»Ich habe ja wohl auch eine Dame, bei der ich unterkommen kann«, antwortete Ziya Bey.

»Gibt es denn hier überhaupt kein kleines Grundstück, ein Feld oder ein Fleckchen Erde mehr an der Küste?«

»Wo denkst du hin?«, sagte Metin Bey, »die haben sich schon vor langer Zeit sehr schnell die großen Geschäftsmänner, AGs, GmbHs und Coops unter den Nagel gerissen.«

»Für euch zähle ich wohl überhaupt nicht. Hört mir doch auch mal ein wenig zu«, sagte Ziya Bey.

»Dann sollte ich eine Klage zur Aufhebung der Miteigentumsgemeinschaft anstrengen und wenigstens Miteigentumsrecht erlangen«, sagte der Hermaphrodit mit einer letzten Anstrengung.

Aber Ziya Bey, der nicht darüber hinwegkam und sich auch nicht abfinden konnte, daß keine Touristen in sein Motel kamen und der antikommunistischen Vereinigung und den Grauen Wölfen Geld in den Rachen schob, ließ nicht locker.

»Ich lasse hier keine verlausten Touristen 'rumschmarotzen«, schrie er mit knallrotem Gesicht.

»Bring' du es doch erst mal zu etwas, du Ochse«, sagte Metin. »Ja, mit Frauen und Rauschgift, nicht wahr. Mir kannst du doch nichts vormachen«, brüllte Ziya Bey zurück.

Plötzlich ging alles drunter und drüber im Halbdunkel der Disco. Ziya Beys und Metins Männer gingen aufeinander los. Der Köfteverkäufer Ilyas tauchte auf mit zwei alten Touristinnen an seiner Seite. »Was ist denn hier los? Kann man nicht mal in Ruhe seine Köfte essen?« – »Où es-tu, ma petite?«, fragte Bijou Jo-Jo, aber da kamen die Touristen-Arbeiter und schnappten sich Jo-Jo, weil diese Frau wohl guten Touristensaft abgeben würde, wie sie sich dachten. Am Schluß packten die Grauen Wölfe den Hermaphroditen und schleiften ihn zum Friseursalon ›Republik‹, wo sie ihn ganz kahl scheren ließen.

Demir Özlü

Der Ekel

»Der Mensch ist der Ekel.«
J. P. Sartre

Je öfter ich an die Einsamkeit denke, die mich dazu bringt, Papier und Bleistift in die Hand zu nehmen und den ganzen Tag nur zu schreiben, desto mehr wünsche ich mir, daß mein Schmerz noch ärger würde. In dieser großen Stadt mit ihren vielen Menschen gibt es nichts Tröstliches für mich. Vor langer Zeit, in anderen Straßen – in einem ganz anderen Milieu; mit anderen Fenstern, anderen Schlafzimmern und all diesen sinnlosen Dingen – war mein Kummer viel größer.

Jetzt befinde ich mich an einem anderen Ort, in dem Gefühl, weder ein- noch auszuwissen, spüre nicht einmal mehr den Schmerz, und das ist für mich das Schlimmste. Ein Zweig hat sich in seiner Leidenschaft gespannt, bis er zerbrochen ist. – Statt dessen ist Stille und Bewegungslosigkeit eingetreten, der Tod erfüllt mein Dasein bis zum Horizont. Nun zeigt sich die Materie in ihrer ganzen, furchterregenden Realität – tritt hervor aus der Asche eines erloschenen Feuers; ich bin bekümmert, obwohl ich genau weiß, daß es keinen Sinn hat zu trauern. Gäbe es für mich doch einen neuen Schmerz... Schade, selbst der hat mich endgültig verlassen.

Jeden Tag nehme ich Papier und Bleistift in die Hand und schreibe.

Mein Dasein läuft vor dem Leben davon, und wie wurde es aus der Bahn geworfen, als ein Abenteuer ihm dazwischenkam... Danach mischte ich mich langsam wieder unter die Lebenden, denn ein anderer Weg blieb mir nicht. Was war dies doch für ein Markt, wo ich das, was ich in der Einsamkeit nach und nach für mich gewonnen hatte, mit vollen Händen wieder aus dem Fenster hinauswarf. Meine Freude wurde größer, immer größer – ich glaubte ja, jetzt würde ich leben – bis sich wieder der Schmerz und diese krampfhaften Anfälle einstellten. Jetzt ist keines davon mehr da. – Trotzdem waren das schöne Tage, obwohl ich sie damals als schlimm empfand. Doch allmählich habe ich begriffen, das waren gute Tage, denn ich hatte die Einsamkeit und den Schmerz mehr denn je erlebt.

Jetzt sage ich, daß es die guten Tage waren. – Oh nein, ein ganzes Leben lang sorglos, ohne Kummer dahinleben... Die Zeit macht die Vergänglichkeit deutlich und vertieft in mir einen heimtückischen Schmerz, eine böse Enttäuschung. – Man sollte es eigentlich lassen, ständig darüber nachzudenken; schon mit der Erfahrung, daß er vergänglich ist, soll ein Lebensabschnitt den Schmerz, den er verursacht, wie einen Schleier aus Kummer über das Leben ziehen, soll einem das endlose Schweigen, das sich unter die Gespräche mischt, lassen und diesen unaufhaltsamen Drang zu schreiben in den Abendstunden, wenn man heimkehrt, neu wecken. Die Zeit, die man mit Schreiben verbringt, ist die Zeit, in der der Tod in die Ferne rückt.

Woher kommt es überhaupt, daß man sich erinnert? Als ich eines Tages in einem Restaurant aß, fing ich an, auf der Serviette zu schreiben, denn ich hatte kein Papier dabei. Ich wäre verrückt geworden, hätte ich nicht in dem Moment diese Serviette mit der Aufschrift Dandrino gefunden. – Nun hat auch dieses Restaurant zugemacht, das Lokal, in dem ich zu schreiben begonnen hatte. Es ist eine ganze Zeit seither vergangen; es wurde geschlossen, weil nicht mehr genug Gäste kamen. – Das waren die Zeiten, in denen ich mich ohne jegliche Erwartung so dahinschleppte, ich versuchte in dieser Lebenseinstellung, die immerzu erneut ins Wanken geriet, festen Boden unter den Füßen zu finden. Was auch anderes?

Was gibt es nicht für den einsamen Menschen für Dinge in den Nebenstraßen in Beyoğlu, in der Tarlabaşi-Caddesi und den vielen Gassen. Die Männer sitzen da in weißen Hemden und den Schuhen mit den heruntergetretenen Absätzen; die Läden werden voll in den Abendstunden. Was für eine altvertraute Melancholie finde ich neben der Englischen Residenz; und dennoch ist es kein langweiliger, gleichbleibender Rhythmus. Hinter der Straßenecke kommen einem Autos entgegen. Die schweigende, wartende Fülle der İstiklal Caddesi zeigt mir, wie sehr ich den Schmerz liebe.

Ich weiß nicht, wie ich mit meiner Geschichte beginnen soll, denn wenn ich nur schildere, was geschehen ist, habe ich das Wesentliche noch nicht getroffen. Außerdem liegt mir so etwas auch gar nicht. Ich muß es ganz anders erzählen, muß den Unterschied hervorheben zwischen der Zeit, als ich mich ungeduldig ins Leben stürzte, und später, da ich von allem die Nase voll hatte. – Es langweilt mich, die Ereignisse nacheinander aufzuzählen, außerdem, was heißt überhaupt Ereignisse? Das Wichtige ist doch dieser ständig anhaltende Schmerz in unserem Innern. In meinem Dasein, in meinem losgelösten, ins Extrem getriebenen Dasein ist dies das Abenteuer in einer Welt mit längst überlebten Sitten; ich hatte versucht, mir ein eigenes Leben aufzubauen, mehr nicht.

Ich hatte mich mitten hinein ins Leben gestürzt, das Alleinsein zu überwinden. Nach einer jahrelangen, einsamen Kindheit gab ich nun die Gefühle preis, die in meinem Inneren gefangen waren, ich wollte sie mit allen teilen. In meiner Isolation fühlte ich mich wie ein Nichts neben all dem Wissen und den Werten, die ich meinte, gewonnen zu haben. Die unendliche Leere in meinem Inneren hoffte ich mit den Straßen, den Menschen, all dem Sein außerhalb zu füllen. Sie war geradezu eine Schatztruhe für alles, was ich liebte, ein Paradies würde ich daraus machen, und die Bewunderung, die ich in meiner Umgebung finden würde, allein das würde mir vielleicht schon genügen. Ich hatte vor, mich nur ganz an mich selbst zu binden, ungeachtet all der Traditionen, und so wollte ich die Schätze, die die Welt mir bot, für mich gewinnen ...

Jetzt dagegen kann ich mich nicht mehr retten vor dem quälenden Schmerz, der drückenden Last. Immer noch frage ich mich dabei, warum ich überhaupt zur Welt kam. Wer bin ich? Was soll aus mir werden? Bin ich da, ständig diese Schmerzen zu ertragen? Ich muß alles erzählen, um mich zu befreien.

Ich war damals neu in der kleinen Stadt. Es war ein sehr schöner Ort, die Sommerferien zu verbringen. Die stillen Straßen zogen sich bis an den Stadtrand hin, wo das offene Land begann. Dort könnte ich tagelang spazierengehen, sagte ich mir, jede Straße würde mir einen anderen Tag ausfüllen; und dort, wo die grünen Wiesen begannen, war die ganze Landschaft vom Geruch der Vegetation erfüllt. Was für ein unverhofft schöner Ort zu einer Zeit, da die Unruhe ständig zunahm.

Das Haus von Ayhans Familie war wohl das schönste in der ganzen Gegend; es war eines der letzten auf der Straße, die in die Stadt hineinführte. Ich denke an den Tag, da ich aufstand, um sie zu besuchen. Was für eine verrückte Idee! Sie hatte sich ans Fenster gesetzt. Wie groß sie geworden war, was für ein hübsches Mädchen, dachte ich, als ich vor dem Fenster stand. Ich war durch den Flur gegangen, das Zimmer im Hausinnern war hell erleuchtet, und draußen, vor dem Fenster, wurde es Abend. Gleich würde eine Schar Menschen vom Hang herabkommen; staubig und schmutzig – die Jungen der Stadt, die vom Fußballplatz heimkamen, gleich würden wir auch ihr aufgeregtes Gerede hören.

Dort, in der Nähe des Fensters nun saß sie und träumte. Früher – früher kam ich meistens im Winter hierher, und dann warteten wir so manchen Abend die Heimkehr der Skifahrer ab, die in ihren hübschen Jacken mit den Reißverschlüssen den Hang herabkamen.

Die Straßen waren dann schneebedeckt, ich erinnere mich noch genau an die breiten Reifenspuren, die die Autos hinterließen. Ich wollte sie nicht lieben. Sie lebte nicht in der Großstadt, wo ich die meiste Zeit verbrachte, sie kam mit ihrer Familie nur selten dahin. Mein Leben dort war für sie wie ein unbekanntes Abenteuer; dabei wäre ich so gerne in der Kleinstadt geblieben und hätte ein ruhiges Leben geführt, – die Unruhe, die mein Leben belastete, würde zu Ende sein, ich würde Zuflucht in der Natur finden und ein Teil von ihr werden – und das erzählte ich ihr auch. Sie besaß das Feingefühl, dies zu verstehen. Doch heute weiß ich, daß ich trotzdem versucht hatte, mich in enge, vorgeformte Klischees zu pressen. In der Zeit, die ich einsam verbrachte, glaubte ich, daß ich eine Art grenzenlose Weite finden würde und auch glücklich sein könnte an einem Ort in der Ferne, wo es niemanden außer ihr gab. Was für ein Irrtum, sich aus dem endlosen Land der Träume zu lösen und das Bedürfnis zu haben, sich in das kleinkarierte Leben einzuordnen und seine Existenz in dessen Hände zu legen.

Ich kann die inneren Kämpfe in meiner frühesten Jugend einfach nicht vergessen. Ständig lag ich mit mir in Konflikt, und in meiner Unentschlossenheit widmete ich mich mal diesem, mal jenem. Ich brachte Ayhan die Bücher, die mir in Kindertagen dazu verholfen hatten, in Träumen zu leben, und wünschte mir, daß auch sie das fühlte, was ich damals gefühlt hatte, daß sie die gleichen Phantasien hätte. Es war eine ständige Flucht vor der gelebten Welt und den Menschen. Doch ich hatte in meinem Leben in der Kleinstadt nunmehr angefangen, mich unter die Leute zu mischen. Die Zeit bewirkte nichts weiter, als daß die Liebe zu ihr noch wuchs.

Tagsüber ging ich vor unser kleines Haus und räumte den Schnee weg, wenn ich im Winter da war. Meine Hände wurden knallrot und ganz starr. »Möge es dir leicht von der Hand gehen!« riefen die Vorbeikommenden, einige zogen sogar den Hut. Dann erhob sich ein Schwarm Schwalben am Heckenrand. Zukunft – ich hatte mir vorgenommen, für mich keine besonderen Zukunftspläne zu schmieden, denn ich glaubte, daß all meine innere Unruhe von den Träumen kam, und hatte allmählich erkannt, daß sie mit der Realität nichts gemeinsam hatten. Die Einsamkeit blieb und bewirkte seltsame Erscheinungen in mir. Abends setzte ich mich vor das Fenster in meiner Wohnung und schrieb etwas in ein Heft mit rotem Umschlag. Wenn ich so schrieb, glaubte ich, daß ich mich nun von allen anderen entfernt hätte, etwas Heimliches, etwas Verbotenes täte – und schloß die Tür meines Zimmers zu. Trotz allem hatte ich das Gefühl, in meinen vier Wänden in die Höhe zu steigen und in Sphären zu gelangen, die kein anderer erreichte – außer ein-, zwei Schriftstellern, die ich sehr mochte. Später kamen diese Gefühle auch zusammen mit den Zitteranfällen, und jeden Tag nahm ich das Heft zur Hand und schrieb. Ich war mir bewußt, daß ich viele Schriftsteller nicht kannte, daß ich noch sehr jung war...

Von daher konnte das, was ich schrieb, keinen Wert haben. Aber meine ganze Hoffnung hing von der Kraft ab, die mich dazu brachte, mich in mein Zimmer zurückzuziehen und die Tür zuzuschließen. Doch wenn ich nach draußen kam, waren all diese Gefühle fort. Das, was ich in der Einsamkeit meinte, gewonnen zu haben, war dort mit einem Mal verschwunden. Dann ging ich nach oben auf die Hügel und versuchte, im Schatten der hohen Bäume nachzudenken. Ach, wenn Ayhan nur das gelesen hätte, was ich damals schrieb. Und wenn sie es heimlich in die Finger bekommen hätte – was sie sich wohl dabei gedacht hätte? Ob sie mich wohl gehaßt hätte?

Ich sah Ayhan damals einmal in der Woche. Ich war hier, in einer ruhigen Umgebung, unter den Menschen glücklich. Ich ging zu den Dörfern, um mich herum machte sich die Dunkelheit breit. Ja, heute verstehe ich: das waren die glücklichen Tage, auf den wilden Wiesen mit ihrem offenen Himmel, der kühlen Luft. Es wurde still um mich herum. – Ich hatte mich selbst heimlich an Ayhan gebunden, unbewußt und mit starken Fesseln, und wenn ich von ihr fortging, wurde ich unglücklich, dann ging es mir schlecht. Nur wenn ich tagelang in meinem Zimmer saß, kam dieses Gefühl in mir auf. Es genügte mir, wenn ich wußte, daß sie dort, in einem Haus am Rande der Stadt, lebte und vielleicht von Zeit zu Zeit an mich dachte, mehr wollte ich gar nicht.

Die schönen Tage folgten einer auf den anderen, mit Schneespaziergängen und erfundenen Spielen. Immerzu schien hell die Sonne, und abends ging ich in das Gazino, wo alle hingingen. Ich war fern von der Stadt. Viel mehr als die Zukunft interessierten mich die Gefühle, die mich bewegten, und so erkannte ich jeden Tag eine neue Seite meiner Liebe und war darüber glücklich. Hätte ich wissen müssen, daß das Wasser, das unaufhörlich an meiner Seele herabfloß, ständig an etwas schliff – bis daß es einst zusammenbrechen würde?

Doch wie begann diese unvergeßliche Krankheit! Wenn ich ganz offen bin, meinen ganzen Haß ausschütte ... Muß ich denn alles bis ins Detail erzählen?

Am Ende aber kämpfte ich darum, das Geschehene zu vergessen und ein neues Leben zu beginnen. Meine verrückten Ausbrüche während dieses Kampfes verdrängten die Ereignisse aus meinem Gedächtnis.

Bin ich denn nun ein Gefangener hier, an diesem Ort, wo ich keine neue Regung empfinde? Wessen Gefangener? – ich weiß es nicht. Jetzt sieht es so aus, als sei alles ganz fern, abgenutzt wie die Rillen in alten Schallplatten. Die Stunden, in denen ich nach einem Grund suchte für meine Raserei ... alles vergangen, ich bin ruhig, geradezu selbstbewußt; doch ich bin abgestumpft, mein Widerstand ist verbraucht, nein, ich sterbe nicht, es ist nichts weiter, als daß ich die Lebensungeduld hinter mir habe – mehr nicht.

Dann zog Ayhan mit ihrer Familie in die Großstadt. Zwei Jahre lang versuchten wir, ständig füreinander da zu sein, und alles, was es in der Stadt zu erleben gab, unternahmen wir gemeinsam. Dann verging die Zeit, die Trennung kam, ich wollte es zunächst nicht wahrhaben, doch ihre Familie nahm sie und zwängte sie in die alten Bräuche. Ich für meinen Teil zog es vor, mich wieder in meine Einsamkeit zurückzuziehen, um den Kummer, der mich umgab, abzuschwächen. Jetzt habe ich begriffen, daß ich nicht zu dieser Gesellschaft gehöre, daß ich ein Außenseiter bin. Ich bereue es nicht, im Gegenteil, ich bin glücklich darüber. Ich werde mich selbst gestalten, ohne einem vergangenen Glauben nachzuhängen, auch wenn ich mich inmitten von Hoffnungslosigkeit und Leere befinde.

28. Februar

Ich saß am Fenster und dachte daran, wie sie fortgegangen war. Auf der Straße draußen ging dann und wann jemand vorbei, um diese Uhrzeit waren es aber meist alte Leute.

Die Sonne schien nicht mehr in mein Zimmer. Der Abend ist eine traurige Zeit. Was soll ich tun? Ob ich hinausgehe? Aber nein, es ist jetzt ein schrecklicher Menschenauflauf dort, und keiner weiß von etwas ... Es ist wohl das beste, hier am Fenster sitzenzubleiben; gegenüber ist ein Garten, umgeben von einer flachen Mauer, in der Mitte eine Pinie. Ein Holzhaus, sie haben es ziegelrot angemalt, darüber der unbewegliche Himmel. Wenn ich jetzt rausgehe, unter mir der staubige Bürgersteig, ein mit Kopfstein ausgelegter Streifen. Aber wohin sollte ich gehen? Es ist doch wohl das beste, hier am Fenster sitzenzubleiben. Es gibt keinen Ort, wohin ich gehen könnte, alles ist umgeben von einem matten Licht.

Ich habe meine Gedanken ständig ins Unterbewußtsein verdrängt, ich wollte überhaupt nicht denken. – Hier sagte ich zu ihr: »Laß uns schweigen«. Wenn ich etwas gesagt hätte, dann sicherlich sehr kränkende Worte. »In Ordnung«, sagte sie. Wir hatten uns an dieses Fenster in der Konditorei gesetzt.

Doch jetzt sitze ich hier nicht, um mich all dessen zu erinnern. Ich denke nicht an ihr Fortgehen, bin nicht unglücklich darüber. Nur dieses Gefühl der Unzufriedenheit: diese Stadt ist schlecht, ich habe hier nichts zu suchen, ich kann nicht so werden wie die anderen, ich bin fertig mit allem, nichts stellt mich mehr zufrieden. Das habe ich auch ihr gesagt: »Ich kann nicht so sein wie die anderen, ich bin fertig mit der Welt. – Wenn du gehst, gibt es nichts mehr, was ich tun könnte.«

»Bist du gar nicht traurig?« fragte sie. – Sie maß dabei ihren eigenen Wert.

»Weiß ich doch nicht«, entgegnete ich. »Ich kann, glaube ich, gar nicht mehr traurig sein. Nur dieses Gefühl eben. Ich vertreibe mir nur noch die Zeit.«

Ich mache noch einmal all das, was ich bisher zum Zeitvertreib gemacht habe.

Dann ein Haus in Nişantaş, gepflegt, mit Marmortreppen. Sonst nichts, vielleicht lese ich ein Buch. Nein, kein Buch und nichts anderes. Ich sollte vielleicht irgendwo hingehen. Wohin aber, wegfahren möchte ich eigentlich auch nicht, es ist, als hätte ich alle Städte der Welt gesehen, und ich bin erschöpft, als hätte ich überall schon einmal gelebt.

»Alkohol? Alkohol trinke ich nicht, auch damit bin ich fertig. Jetzt bin ich traurig, wenn ich trinke.«

Man sollte Schluß machen mit all dem. Sie ist nun fort, und was dann kommt, kann ich nicht sagen. Ich bin nicht in ein großes

Vakuum geraten, meine Träume gerieten nicht durcheinander, ich sage mir sogar jetzt manchmal, wären sie es doch nur... Dann hätte ich mich daran gewöhnt, den Sinn, den ich mit ihrem Fortgehen verlor, zu erkennen; dann hätte ich mit allem noch einmal von neuem begonnen; doch jetzt kann ich nichts Neues mehr anfangen; ich werde den ziegelfarbenen Bau sehen und abends schlafen gehen. Am nächsten Morgen dann wird die Sonne auf meinen Bücherschrank scheinen, meine Sachen vom Vorabend liegen über das Sofa verteilt. Ich muß aufstehen und sie aufräumen, und was ist dann? Wird es immer so sein? Eigentlich: es gibt weder etwas zu gewinnen, noch daß etwas verlorengegangen wäre...

Zu jener Zeit versuchte ich, den Sinn, den ich mit ihrem Fortgehen verloren hatte, zurückzugewinnen. Ich kehrte wieder nach einer langen Nacht heim. Im Eingang zu meiner Wohnung geriet ich in eine seltsam drückende Hitze im Halbdunkel. Ich war todmüde. Ein großer Tag. Morgen ist wieder ein Tag, neues Sonnenlicht, eine neue Unentschlossenheit, ich kann wieder meine Wahl treffen. Aber will ich überhaupt etwas wählen, etwas unternehmen? Ich werde auf die helle, staubige Straße hinausgehen. Hohe Häuser, ihre hellgrauen Fassaden. – In Talimhane ist es Abend geworden. Ein kalter, schöner Garten. Wenn ich an draußen denke, fällt mir eine staubige Straße ein. Hier ist es hell, hier ist alles klar umrissen: der Bücherschrank, das Lampenlicht, Papier, alles ist deutlich, sauber und ohne Staub. (Warum sehe ich die Gebäude, die Straße nur immer staubiger und undeutlicher, je länger ich nachdenke? Gibt es denn kein Thema in meinem Leben? Wenn ich an die Zukunft denke, sehe ich immer nur einen Weg, der mit Kopfstein gepflastert ist, Gebäude mit glatten Fassaden, nasse, große Scheiben einer Konditorei.)

Ich trinke nun meinen ersten Kaffee, seitdem sie fort ist. Der Kellner hat ihn gebracht, hat mir das Tablett vorgeknallt. – Wenn wir in Talimhane gesessen haben, was waren das für ausgefüllte Abende. Es war, als hingen rote und blaue Luftballons vom Himmel herab, es war Festtagsstimmung, ein Glanz im Halbdunkel der Dämmerung, es war so, daß man nicht genug davon bekommen konnte.

Ein Abend, der mit Ballspiel geendet hatte? Das weiß ich doch heute nicht mehr; und wenn ich mich zu erinnern versuche, bringe ich alles durcheinander. Mir kommt dann nur ein Abend in den Sinn, mit hellen Lichtern und vielen Menschen. – Und wie still war sie schließlich gegangen. Ich kann nicht sagen, ich hätte so etwas nie erwartet. Ich war Menschen gegenüber schon immer mißtrauisch; das rührte von meiner ängstlichen Natur her.

Es gibt einen stillen Himmel, der dort irgendwo bei der Asmalımescit aufgehängt sein muß; die Bauten drumherum sind alle in französischem Stil errichtet, und ihre grünen Fensterläden schwingen hin und her. Als sie ging, war es dort wie schon immer, doch ich konnte nicht drum herum, mich zu fragen, was sich eigentlich verändert hatte. Hier ist es wie früher. Überall ist es wie früher, es ändert sich auch nicht. Die Jahre bringen den Dingen kein Ende, *wir* verändern uns, wir nähern uns mit jedem Tag ein wenig mehr dem Tode, und die Stimme in unserm Inneren ist ständig bemüht, uns etwas zu sagen.

Ganz still war sie fortgegangen. Ich kann nicht sagen, daß ich es nie erwartet,. aber auch nicht, daß ich damit gerechnet hätte. Ich kann dazu einfach nichts sagen. Ein Gedanke an ein Haus, in dessen dunklem, muffigen Treppenhaus man still die Treppen hochstieg, setzte sich mir im Gedächtnis fest; ein nervöser, launischer Vater, eine gutherzige Mutter, die jeden Kummer bereit war zu teilen. – All dies widersprach meiner Realität, niemals dachte ich daran, daß die Freundschaft unter den Menschen mit ihren Interessen und persönlichen Vorteilen verbunden sei.

Wenn wir einmal ein Haus haben, sollte es nicht so sein wie unseres, sagte sie eines Tages, glaube ich. Mir fiel dabei ein schneebedecktes Haus außerhalb der Stadt ein. Die Straßen der Stadt waren naß vom Regen, ich dachte damals nicht daran, wie man zu jenem Haus in die Ferne gelangen könnte, ich sah nur eben ein einsames Haus in der Ferne. Wieso ich an den Schnee dachte, weiß ich nicht. Als ich es ihr erzählte, lachte sie. Ein warmes Zimmer ist ein schöner Ort, an dem man sich immer aufhalten möchte. »Wenn wir ein Haus hätten«, sagte ich.

»Ein Haus in der Ferne?«

»Ein schneebedecktes Haus?«

Hätte sich dann alles zum Guten gewendet? Wäre ich dann davon befreit worden, alles unbefriedigend zu finden?

6. März

Könnte ich doch nur all diese Probleme lösen, die mich peinigen. Ich habe das Wesen der Dinge noch nie verstehen und auch für mich noch keine Erklärung finden können. Etwas nicht zu wissen macht Angst; wenn ich an die vergangenen Tage denke, läßt eine seltsame Angst meine Seele erzittern; ich führe ein Leben in ständiger Angst, die mich quält, sie macht sich erst dadurch bemerkbar, daß sie sich in meinem Verhalten widerspiegelt. Wenn ich nur eine Tür aufmache und eintrete, wenn ich mich irgendwo hinsetze, einen Menschen ansehe, dann habe ich keinen Einfluß mehr darauf; die Angst macht sich selbständig, und manchmal überfällt sie mich sogar in Form von unerklärlichen Krankheiten, ich erleide Zitteranfälle.

Ich verstehe inzwischen jede einzelne der ordinären Verhaltensweisen, zu denen die Angst mich treibt. In der Einsamkeit bringt mich die Angst vor dem Tod um, oder die Angst, als ein Unbekannter zu überleben. Ich sollte fliehen und mich widersetzen, ja, ich muß unbedingt einen Weg zum Widerstand finden ...

Ich habe begriffen, daß der Mensch anders ist als er bisher analysiert wurde. Der Mensch ist ein großer Sumpf, alles verschwindet in ihm und sinkt ein für allemal in die Tiefe hinab. Wenn ich nach Hause zurückkehre, denke ich an all die Gemeinheiten, denen ich tagtäglich begegne. Doch ich sehe auch ein, daß ich selbst nicht anders bin. Ich befinde mich im Sumpf und kann es nicht verhindern, daß ich immer weiter hinabsinke. – Wieviele Nächte habe ich mir dies eingeredet und versucht, endlich Ruhe zu finden.

Sich für die Vergangenheit eine Geschichte auszudenken und sie jahrelang im Verborgenen halten. Ich tue genau das Richtige, wenn ich nun diese Zeilen aufschreibe.

Ich habe keine Schuld daran, daß wir kein dreieckiges Zimmer hatten. Reines Banausentum. Ich hatte mich für das Gute entschieden, ohne dabei an mich zu denken, ich hatte mich dem Guten zugewandt. Ein nervöser Vater war es, der diese Lebensweise nicht verstand. Ich hatte sogar meine Familie zu ihnen geschickt, doch sobald ihr Vater etwas von ihrem Kommen erfuhr, lief er davon, schlug die Tür zu und verschwand. Was ihre Mutter da wohl gesagt hatte. ›Sei nicht traurig, es wird alles gut‹ oder ›ich werde deinen Vater schon rumkriegen‹, ich weiß es nicht. Mir sagte sie jedenfalls nichts. Warum hatte ihr Vater das nur getan. – Diejenigen, die am Fenster vorbeigingen, wurden weniger. – Ein nervöses Leben, jahrelang, ein Leben, ohne zu verstehen, ohne zu wissen, ohne die Menschen zu lieben, ohne sie zu kennen. Ihre Mutter hing noch immer an einem Satz fest, immer wieder an bestimmten Denkgewohnheiten, einer ganzen Reihe dummer Klischees.

Ich dagegen hatte schon längst die Nase voll von all dem. Man muß die Menschen mit Gewalt zum Nachdenken bringen. Aber wie? Ich wußte doch, daß sich hinter den Gazinos, ja selbst den luxuriösen Etablissements, in denen all diese törichten Menschen zusammenkommen, nichts anderes verborgen ist als Unwissenheit, der Gedanke, andere aufs Grausamste auszunutzen. All der Ekel, die persönliche Unruhe, mit nichts zufrieden sein zu können... Wie soll ich mit diesem Leben fertig werden? Ich habe nun einmal den Schritt getan, die Werte der anderen zu mißachten und meinen eigenen Weg zu gehen. Ich schaue mit Abscheu dorthin, wo die Etablierten leben. – Es wird bald Nacht werden, ich muß diese Konditorei, den Platz hinter dem Fenster verlassen und gehen...

21. März

Lange Zeit dachte ich nicht an sie. Ich merkte, wie die Tage vergingen. Tag und Nacht gingen ineinander über. Ich führte jetzt mein Leben woanders, anderswo in Beyoğlu. Der abklingende Schmerz läßt mich allmählich ruhiger werden. Ich bin bereit, die Realität zu ertragen. Dennoch bin ich noch nicht ganz geheilt; ich kann kein vollkommenes Glück im Leben erwarten, das ich in meinen Gedanken aufbaue. Ein Leben ohne Ziel und Wünsche, ein Leben, das seine Lage selbst bestimmt...

Ich möchte an die Zeit zurückdenken, da ich begonnen hatte, sie zu lieben und von mir selbst nicht mehr zu unterscheiden.

Es ist seltsam: diejenigen, die mir ohnehin nahestanden, bedeuteten mir kaum etwas. Später dachte ich lange darüber nach; woher kam meine Gleichgültigkeit gegen die, die mir nahe waren? Woher kommt mein Desinteresse, gibt es einen Grund für meine ständige Flucht?

28. März

Der Frühling hat begonnen. Es ist jetzt unendlich viel Zeit verstrichen, und für mich gibt es keinerlei Hoffnung mehr. Sie ist fort, ein für allemal. – Wie komme ich nur darauf in diesem Lokal, das alle meine Bekannten wegen seiner vorzüglichen Küche schätzen? – Wenn ich diese Zeilen nicht auf die Serviette schriebe, würde ich verrückt. – Auf der einen Seite ist doch der Mensch ein schwächliches, armseliges Wesen, sage ich mir. – Wie komme ich nur darauf, hier, wo ich zu Abend esse? Ich weiß nicht. Ich sitze hier allein an einem großen Tisch vor dem Fenster. Ach, könnte ich doch einmal an nichts denken, nur einen Moment nicht das Alleinsein empfinden. Was ist mir geblieben, was ist überhaupt zurückgeblieben? Ich habe Angst. Ich bin mir nicht einmal mehr sicher vor dem Tisch und dem Fenster, wo ich sitze. Wer bin ich? Was bin ich? Woher komme ich? Wie komme ich dazu, mich an diesen Tisch zu setzen? Ich habe mir einen Fensterplatz ausgesucht? Das habe ich nicht einmal gemerkt! Ich verstehe es nicht... Welche Kraft kann es geben, die mich in diesem Moment sogar vor meinem eigenen Dasein unsicher macht? Ich weiß es nicht... Über allem steht die Frage: »Wie erinnere ich mich?« Über allem...

Wie habe ich mit meinen sehenden Augen nur zugelassen, daß sie aus meinem Leben verschwindet? Sie wollte nicht, doch sie ging. Ihr wißt es nicht, und wenn ich es auch erzähle, ändert es schließlich doch nichts.

Damals hoffte ich, daß das, was ich um Mitternacht in dem kleinen Zimmer unter dem Dach in die Maschine tippte, viel verändern würde, sehr viel sogar. Ich hatte gehofft, so etwas Kraft zu gewinnen, aber leider habe ich mich geirrt. Man könnte ja sein ganzes Leben verbringen in den Kneipen, den Clubs, die ihre blauen Türen die ganze Nacht, bis morgens offenhalten. Doch ganz plötzlich kommt dann die Erinnerung: wie schön waren doch ihre Haare, und wenn ich an ihr blasses, weißes Gesicht denke, steigert sich mein Schmerz noch. *Unser letzter Abend...* Welches Kleid hatte sie an? Ja, ich erinnere mich, die braunen und grauen Punkte darauf sind mir noch klar im Gedächtnis, ich habe sie nicht vergessen. Ich weiß. Es gibt auch etwas, das *ich* weiß. – Was nützt es schon, wenn die vielen, undeutlich erkennbaren Menschen alles wissen, die zum Abendessen in dieses Restaurant kommen, das langgestreckt wie ein Flur sich hinzieht. – Wie schön waren ihre Haare, glänzend und fein. Sie wissen es nicht. Ich will alles aus mir herausschreiben, sie sollen es hören. Weine ich? Auch daß ich weine, ist unwichtig. »Ich sterbe den ganzen Tag«, müßte ich sagen. Wie werden sie es aufnehmen? Es ist falsch, niemand sollte davon etwas wissen. Ich lebe jahrelang schon in den Kneipen am Meer. Die Reichen mit ihren Villen am Strand wissen es nicht, welch großes Geheimnis ich daraus mache: ich gehe in ganz weite Ferne, um sie wiederzufinden und ihr feines, schönes Haar wiederzusehen. Kilometerweit laufe ich.

Eine beunruhigende Dunkelheit, die Dunkelheit in einer neuen Stadt. Lichter, Glühbirnen leuchten. Gartenzäune, ich gehe vorüber an den Häusern mit den Gärten. Wie unruhig ich bin! Ist es Abend? – Ich zwinge mich dazu, mich anders als gewöhnlich zu verhalten. – Warum schleppe ich mich nur so dahin? Wer hat mich hierher gebracht, wo ich fremd bin? Daß sie ihre Kindheit, ihre frühere Jugend nicht ausleben konnte! Allein daran zu denken, ist für mich eine Qual. Die kleinen braunen Punkte, die ineinander übergehenden Grautöne. Wie kräftig waren ihre Beine, wie geschmeidig... Nun bin ich an diesem Ort, wo man Lieder singt und zu Abend ißt.

Jetzt ist es Abend, und ich bin hier, in der Großstadt in einer stillen Gasse. Die Straßen sind vom Regen naß – es muß geregnet haben, bevor ich hier war – auch früher ging ich immer zu Fuß die Straßen entlang. Die Gegend hier war mir bekannt, ich hatte die Tür geöffnet und war eingetreten. Es war still drinnen, es war schön. Ich weiß es genau, es war ein Abend wie jeder andere. Ich hatte mein Essen bestellt. Jetzt waren auch andere gekommen, und wir aßen gemeinsam. Ich war ruhig, als hätte ich sie völlig vergessen; ihre Wärme, die mich umgeben hatte, war wie fortgeblasen. Plötzlich sah ich es wieder vor mir: plötzlich kommt mir ihr schönes Haar, ihr braun-graues Kleid in den Sinn. Ich habe es also doch nicht vergessen. Liebte ich sie? Wollte ich die Realität besiegen? Sicher findet man für alles einen Grund, wenn man nur nachdenkt. Das Nachdenken sollte ich aufschieben – bis die Erinnerung an sie nachläßt. Sie war fern.

Ich ging. Kommt nicht näher, ihr blauäugigen Herren und feinen Damen, die ihr zum Abendessen hierhergekommen seid! In diese Fremdheit sollte sich nichts einmischen. Ich will etwas schreiben, wie das, was sich junge Mädchen, wenn sie abends spät nach Hause kommen und heimlich vor den Eltern in ihr Zimmer schleichen, in alten Schulheften verstecken, damit es keiner sieht.

17. April

Dies ist das Schlimmste! Ich weiß, daß ich sie seit Tagen erlebe, so sehr ich sie auch zu vergessen suche. Mitten aus dem Schlaf schrecke ich auf. Es sind die Erscheinungen meines Bewußtseins, die mit toten Blicken wie Schatten um mich herumhuschen und mir auf die Brust drücken. Plötzlich schrecke ich hoch. Was einmal verloren ist, das kommt nie wieder. Ich werde nur noch hier sitzen und nachdenken, solange, bis ich sagen kann, ich hätte gar nichts verloren. Wenn ich einmal erschöpft in mein Zimmer zurückkehre, kann es sein, daß sie mir erscheint. Sie liegt dann nur da, und ich bin durch den Alkohol nicht in der Lage zu denken, ich habe sogar Angst davor, daß sie zu einer fixen Idee heranwächst.

Könnte ich doch endlich einmal neue Seiten in meinem Tagebuch beschreiben, in denen es nicht nur um sie geht! Ich glaube, das wird nie ein Ende haben. Wie lange soll das so weitergehen? Ich weiß, daß es im Moment für mich keinen anderen Ausweg gibt, als zu schreiben.

Ist es Nacht jetzt? Schlafenszeit? Nichts dergleichen! Ob ich jetzt hinausgehen sollte? Die Straßen sind menschenleer. Die Dinge, die da waren, bevor du kamst, alle liegen noch genauso da; das Sofa, das Bücherbord, die benutzten Kleider, ungebügelt... Und du liegst einfach so da. Warum? Ich denke nach, denke an die Zeit vor dem Regen. In der Konditorei in Tepebaşi: »Es ist schwer, die Liebe zu ertragen«. Warst du das, die das sagte – daß es schwer sei, die Liebe zu ertragen? Wieso sagtest du nichts anderes, sondern gerade das? Du sagtest es eben, was gibt es da zu fragen, wieso? Fühlte ich damals, daß ich lebte? Wo, das begriff ich nicht. Wir saßen da. Von wo war sie in mein Leben gekommen? Aber wichtig war doch eigentlich nur, mit ihr zu leben. Später dachte ich dann, daß es doch gar nicht so wichtig sei, warum sollte es auch? Aber es ist doch schön, sich ins Leben zu stürzen, es zu verstehen. Warum wollte ich sie so sehr? Warum wollte ich die Liebe so sehr? War ich denn darauf angewiesen? War ich darauf angewiesen, geliebt zu werden? (Als Kind wohl behütet, immer geliebt, bewacht, geradezu beschützt vor allen Schlechtigkeiten der Welt.)

Der Ekel beginnt wie eine Kinderkrankheit. Ich sitze abends und schreibe, um es auszudrücken, schreibe, damit all diese Sinnlosigkeit verständlich wird und eine bessere Welt – wenn auch zu spät – geschaffen werden kann. Es soll deutlich werden, daß nach all diesen Ausbrüchen des Wahnsinns doch nichts ist, daß es nicht einmal die Möglichkeit gibt, zu leben... Daß wir nur noch schreiben können, ständig das Bedürfnis haben zu schreiben. Verdammt, es gibt keine andere Erlösung als zu schreiben, keinen Ausweg, als es dem Menschen jeden Tag ins Gesicht zu klatschen, wie gemein er doch eigentlich ist. Was sollte man tun, wenn nicht leben, in die Konditorei gehen, Straßen entlanglaufen, im Haus sitzen; und dann? Dann ist da der Schmerz darüber, ein sinnloses Dasein zu fristen. Ist nicht das Leben aller Städter gleichermaßen dadurch zerstört, daß sie es in Zeitabschnitte einteilen müssen, die eigentlich gar nicht von ihnen bestimmt werden? Wenn dann eines Tages der Tod an unsere Tür klopft, werden wir wie Idioten plötzlich feststellen, daß wir immer nur vor allem davongelaufen sind und wie Wahnsinnige uns von allem entfernt haben. Was für ein bitterer Augenblick für einen Menschen, der in einer Gesellschaft von Scheinheiligen nie das machen konnte, was sein Herz ihm sagte.

Der Sturm ist mit seiner ganzen Kraft durch die Lande gefegt. Was gibt es noch für einen Unterschied zwischen uns und durch den Regen weit, weit weggeschwemmten Baumstämmen?

20. April

Nun gut, wo sind aber diejenigen geblieben, die uns liebten? Haben wir sie verloren? Ihre blassen Gesichter, ihre feinen Hände, ihre Körper, Beine, ihr Gang – weg, zusammen mit der Zeit fort. Ich verstehe nicht, wie sind sie verschwunden? Viele denken sich Geschichten aus, nur um viel erzählen zu können. Ich weiß nicht, was war, bevor du kamst, wie du kamst, wie es war, als du da warst, und wie du wieder gingst. Ich entsinne mich nicht mehr der Ereignisse, der Dinge, die sich zwischendurch abspielten.

Ich setze mich so heimlich hin und reihe es Wort für Wort auf, damit sie es verstehen. Sie verstehen es nicht, aber ich will, daß sie es tun. Ich frage mich, ob sie es verstehen würden, wenn ich es aufschriebe. Was für ein Stumpfsinn, sich Ereignisse, Geschichten auszudenken, nur um es verständlich zu machen. Es ist nicht einmal sinnvoll, diese aufzuschreiben. Aber vielleicht kuriere ich mich dadurch selbst.

Damals wartete ich. Ich wartete die Minuten ab. Sie würde kommen. Gewiß, ganz bestimmt, ich war mir sicher. Ich kannte den Weg, den sie immer nahm, ganz in der Nähe von uns, beinahe an unserem Haus vorbei. Ich wurde ungeduldig. Ich hielt es nicht mehr aus. (Nun ist sie fort, es bleibt nur die Erinnerung. Ich habe nur einen Menschen kennengelernt, weiter nichts.)

Aber die glücklichen Tage, die nassen Straßen, die vielen Menschen. Habe ich sie überhaupt je in der Menschenmenge getroffen? Oh ja, ganz früher einmal, sie hatte mich nicht gegrüßt, weil sie so scheu war, und selbst das wollte sie nicht zu erkennen geben.

Es ist schwer, die Scham und den Kummer jener Tage zu schildern. Wenn ich nach Hause kam, war ich unglücklich und malte mir Schlimmes aus. Ich setzte mich hin und schrieb; Schreiben war schon immer meine Gewohnheit, war mein erster Schritt gegen die Welt, die den Menschen einengte. Nicht jeder fühlt so etwas, ich fühle es, setze mich hin und schreibe...

Warum erzähle ich dies alles? Es stimmt nicht, daß ich alles offengelegt habe, denn von den Ereignissen erzähle ich ja gar nicht. Nicht ein Wort von dem, was gesprochen wurde, taucht hier auf. Doch ich habe den Schmerz unserer Beziehung erfahren, und mit dem Loslösen von dir möchte ich mich von den anderen lösen. Niemand darf sich da in meine Sache einmischen, egal, was aus mir wird, ich will glücklich werden.

Ich habe es einfach nicht geschafft, etwas Gutes aus der Einsamkeit zu machen. Wie hätte ich es auch tun sollen, ich war noch fast ein Kind, still und unauffällig. Der Wunsch nach einer Beziehung rührte daher.

Ich verstehe jetzt, es gibt für den Menschen keine Rettung vor dem Alleinsein. Ich habe die Vergänglichkeit aller Gemeinschaft, der Stunden, die man gemeinsam zu verbringen glaubt, kennengelernt. Nun habe ich mehr Selbstvertrauen. – Aber die Liebe ist so schön! Es ist ein verteufeltes Spiel. Es ist wie das leichte, trügerische Spiel deiner Füße auf dem nassen Bürgersteig. (Wenn ich dich sah, wünschte ich, die ganze Welt zu umarmen.)

Ich mache nichts. Seitdem du gegangen bist, sitze ich nur immer hinter dem Glasfenster der Konditorei in Tepebaşi und baue Luftschlösser. – Aber wie gut du doch warst. – Jetzt ist es für mich schön, an das Nichts zu denken. Hätte ich dir einen Brief geschrieben, hätte ich die ganze Seite nur mit dem Wörtchen »nichts« bekritzelt. Vor dir zu reden sogar ist unnütz. Du bist fort, weiter nichts. Nur ein Strich, vergilbte Blätter auf meinem Schreibtisch.

10. Mai

Immer wenn ich mich entsann, wollte ich's vergessen. Die alltäglichen Situationen, das Herumlaufen, das Sitzen, die Gespräche, all das bringen einen wieder dahin, wo man angefangen hat. Mir ist, als hätte ich lange Zeit schon nichts gemacht. Ich konnte mich nie vergessen. Ich bin allein, zusammen mit der Person, die ich mir in den Gedanken geschaffen habe. Oft habe ich sie zurechtgebogen, so, wie ich sie gern haben wollte, doch manchmal wuchs sie heran, entwickelte plötzlich eigene Kräfte...! Es gab Zeiten, da verlor ich durch sie die Hoffnung. Sie bewirkte, daß ich mich selbst verabscheute. Ich konnte sie nicht vergessen. Ein zweiköpfiges Wesen, das immer größer wurde. Mein Verstand versuchte, sich auf eine dritte Person zu konzentrieren, sie zu vergessen, aber ich schaffte es einfach nicht, ich konnte nicht nach meinem Willen handeln, auch das muß ich vergessen.

Ich muß hier jetzt ganz allein sein, mich selbst wiederfinden. Das, was ich in meiner Einsamkeit lerne, muß ausreichen, um zu positiven Schlüssen zu kommen.

Ach, wie sehr ich mich doch irre, wenn ich so etwas sage. Im Leben, im realen Leben gibt es kein gutes Ende. Wem ist man Rechenschaft schuldig für Erfolg, Mißerfolg und das Gute, was man tut...? Es gibt da eine Vermutung: wenn man traurig ist, etwas nicht erreicht zu haben, und dem Kummer darüber freien Lauf läßt, so heißt das nichts anderes, als daß man gern trauert und den Kummer insgeheim liebt.

Als ich an der Mauer entlangging, dachte ich an sie. – Ich wollte es sofort wieder vergessen. Seit Jahren lebe ich im selben Rhythmus, ohne daß sich etwas ereignet. Sie war in meinem Leben nur eine andere Phase der Ereignislosigkeit.

Als ich an der Mauer entlangging, erinnerte ich mich an sie. In der Nähe unseres Hauses, an einem hübschen Ort mit vielen Gärten. Ich erinnerte mich an eine Frau, und immer noch ist sie mir im Gedächtnis. Wir waren bei der Familie Güniz. Man ließ mich im Gästezimmer warten. Das Zimmer war leer. Es war mir nicht wichtig, ob sie kamen. Ich rauchte. Ganz gemächlich redete ich mir ein, »ich muß sie aus meinem Leben verbannen«. Nicht in diesem Moment, doch ich habe schon viel Hoffnungslosigkeit erlebt: ich habe völlig versagt, ich habe etwas angestrebt, was ich nicht erreichen konnte, war unglücklich, niedergeschlagen, armselig. Ich kann ganz plötzlich einen anderen Gedanken fassen – glaube ich doch.

Ich bewege mich nun auf ein Dasein völliger Teilnahmslosigkeit zu, ein sinnloses Abenteuer. Ein Abenteuer, das mit dem Verstand gelebt wird. Ich würde gern in die Zeit zurückkehren, da ich Lebenshunger hatte. Doch wer weiß, wie oft ich mich noch irren und mich in Hoffnung verstricken und an etwas binden würde?

Dennoch werde ich immer und immer wieder fragen: Wer bin ich? Was mache ich, und warum?

13. Mai

Ich schreibe auf diese Blätter, was ich möchte, beziehungsweise, was ich schreiben muß. Ich mache mich selbst dafür verantwortlich. Schon lange habe ich mich gelöst von den Gedanken und Wünschen der Mehrheit. Ich war damals noch ein Kind; es ist lange her, daß ich geflüchtet bin vor ihrer Art zu leben, vor den Freunden, die ihr Leben erfüllten und die mir so fern lagen. (Ach, sie sind so unglücklich!) Ich denke nicht wie die meisten, meine Wünsche sind andere, ich lebe anders als sie. Ich versuche, selbst abzustecken, was richtig und was falsch ist. Es gibt nichts mehr, was meine Gedanken mit ihren verbinden könnte. Genau wie ihre Gedanken nur an den persönlichen Vorteil gebunden sind, ist ihr Leben auch eigentlich nicht *ihr* Leben.

»O glücklicher Kriton, was geht uns an, was die Mehrheit sagt? Selbst die klügsten Menschen hegen keinen Zweifel, ob die Dinge wirklich so geschehen sind; eigentlich sollten wir uns doch nach ihnen richten.«

27. Mai

Welch große Schuld trügen wir doch alle, wenn der neue Mensch genauso schlecht wäre wie der alte. Man könnte in der Verantwortung, daß niemand den anderen betrügen darf, auf eine neue Ordnung zusteuern. Doch der Etablierte hat diese Verantwortung nicht erkannt.

19. Juni

Mit jedem vergangenen Tag vergesse ich sie mehr. Ich nehme mir nun auch Zeit, an mich zu denken. Aber dem können wieder jene Phasen großer Unruhe folgen, die Zitteranfälle. Doch solange es Schönes zu erleben gibt, sollte ich mich dem nicht entziehen.

24. Juni

Mir ist klar, daß ich diese Gedanken, die mich hier bewegen, noch länger mit mir herumtragen werde. Es ist nötig, damit ich mich selbst finde. Ich will nicht mehr vor mir davonlaufen. Als ich vor mir floh, war ich unterlegen, ich erlitt eine Niederlage in der Ferne, an einem leeren Ort, an dem ich fremd war, geriet in ein Durcheinander von Zweifeln, fühlte die Angst, mich von mir selbst entfernt zu haben. Ich habe begriffen, daß die Zeit rücksichtslos vergeht und ich nichts habe. Ihr bewegt euch auf das Nichts zu, und ihr habt nichts. Ihr werdet vergehen, ohne etwas zu haben. Für den Menschen ist die größte Angst die Angst vor dem Vergehen. Seht ihr denn nicht, daß in all unseren Verrücktheiten heimlich der Tod herrscht und uns wie ein Spielzeug benutzt?

1957-58, İstanbul, Fatih

Oğuz Atay

Die Erzähler von der Bahnstation – Ein Traum

Wir waren drei Geschichtenerzähler und arbeiteten auf der Bahnstation eines Provinzstädtchens, das weitab von den großen Städten lag. Wir wohnten nebeneinander in drei Baracken dicht neben dem Stationsgebäude. Ein junger Jude, eine junge Frau und ich. Wir handelten mit Geschichten. Unsere Geschäfte gingen nicht gerade glänzend, denn nur selten kam ein Zug vorbei.

Außerdem konnte man an den Tagen, an denen nur Postzüge vorbeikamen, überhaupt nicht von Geschäft sprechen. In den Postzügen am Nachmittag wurden auch eher Äpfel, Ayran, Wurst und Brot verkauft. Zu dieser Zeit schliefen wir. So waren wir für die Nacht ausgeruht, denn all unsere Hoffnungen hingen an dem einzigen Expreß nach Mitternacht. Die anderen Händler wachten meist nicht auf und waren nicht zur Stelle. Auch uns passierte es, daß wir den Expreß verschliefen.

Wir standen in gutem Einvernehmen mit dem Stationsvorsteher, dem einzigen Beamten der Station: doch auch er versäumte bisweilen, uns zu wecken. Wir konnten das irgendwie verstehen: Er stellte die Weichen, kümmerte sich um die Telegramme, gab die Signale. Fahrkarten verkaufen, Türen öffnen, schließen... alle Arbeiten mußte dieser Mann allein machen. Immer wieder gaben wir ihm ein kostenloses Exemplar einer Erzählung, um uns bei ihm einzuschmeicheln. Aber trotzdem vergaß er, uns zu wecken, und wir mußten selbst dafür sorgen.

Am Tag mußten wir die Geschichten schreiben, man kann sich vorstellen, daß dies keine leichte Arbeit war. Sicher, nachmittags schliefen wir, aber gegen Abend packte uns die Inspiration und ließ uns bis zum Morgen nicht mehr los. Der Stationsvorsteher machte sich über diese Ausdrucksweise lustig. Dann vergaßen wir, daß er alles allein machte, und gingen auf ihn los: Könne er sich denn nicht, ehe der Expreß kam, zu unseren Baracken bemühen, die ganz dicht beim Stationsgebäude lagen? Wir waren für ihn doch Beamtenkollegen, die am gleichen Ort arbeiteten.

Wir arbeiteten manche Nacht, ohne zu essen, und schrieben dann die Geschichten auf der einzigen klapprigen Schreibmaschine der Station ins Reine. Da ich der erste war, der mit dem Schreiben begonnen hatte, durfte ich als erster das Gerät benutzen, aber ich ließ meist dem jungen Juden den Vortritt. Ich mochte den schmächtigen, kränklichen Jungen sehr.

Ja, man konnte glauben, daß wir zur Bahnstation gehörten: außerdem war alles nach dem gleichen Plan gebaut und hatte die gleichen architektonischen Besonderheiten. Der Vorsteher nannte uns scherzhaft »die Erzählerbeamten«. Daraufhin begann eine dieser endlosen Diskussionen: Nein, wir hatten sicherlich nicht den Status eines Beamten. Wir erhielten nur Geld, wenn wir eine Erzählung verkauften, und da dieses Geld von den Reisenden stammte, war es kein regulärer Lohn. Dann seid ihr also Geschichtenhändler, sagte der Vorsteher. Im Grunde wollte ich weder als das eine noch das andere gelten: Wir waren Künstler. Wir hätten einen Sonderstatus haben müssen. Davon spürte man nichts, wenn wir nachts zusammen mit den Apfel- und Wurst- und Brotverkäufern – sofern sie wach waren – versuchten, den Reisenden unsere Waren anzupreisen und uns dabei auf die Füße traten. Wir schrien genau wie diese, um unsere Sachen zu verkaufen. Der junge Jude natürlich nicht so laut, und die junge Frau blieb meist auf dem Bahnsteig zwischen Reisenden und Händlern stecken. Zu verkaufen hatten wir ohnehin nicht viel. Auf der alten Schreibmaschine des Stationsvorstehers konnten wir von jeder Erzählung höchstens ein, zwei Kopien machen. Danach wurden sie ziemlich undeutlich und fanden keinen Abnehmer mehr. Wenn eine Geschichte ein, zweimal nicht verkauft werden konnte, veraltete sie, und es war mühsam, einen Interessenten dafür zu finden. Wir verarbeiteten nämlich aktuelle Themen, und boten wir eine Erzählung von vorgestern an, verzogen die Reisenden das Gesicht und warfen sie uns vor die Füße mit dem Vorwurf: Das wissen wir schon, habt ihr nichts Neues? Dann waren die Äpfel- und Ayranverkäufer am Zuge. Es gab noch andere Schwierigkeiten. Der Zug hielt nicht immer vor unseren Behausungen. Oft leitete der Vorsteher die Güterzüge auf den ersten Bahnsteig und ließ deshalb den Expreß am zweiten oder gar dritten Bahnsteig (wenn man überhaupt von Bahnsteig reden konnte) einfahren. Weil die Eßwarenhändler schon vorher davon wußten, erwarteten sie den Zug dort: Da wir stets im letzten Moment erwachten, stürzten wir oft schlaftrunken zuerst auf die Güterwaggons zu. Um die mußten wir dann herumgehen und uns in der Finsternis zwischen den Schienen vortasten. Der Platz, wo der Zug stand, war nicht gut beleuchtet, und gerade das war für uns besonders wichtig. Unsere Geschichten, die zusammengerollt in kleinen Strohkörbchen lagen, verkauften sich so nicht sofort. Jeder Reisende öffnete die Rollen, um zumindest einen Blick auf die Zeilen zu werfen. Wenn sie wegen der Dunkelheit nichts erkennen konnten, gaben sie sie nach flüchtigem Hinsehen wieder zurück.

Die Geschäfte gingen nicht gut. Es waren die Kriegsjahre. Sogar das Brot war teuer. Oft wurde verdunkelt und die trüben Bahnhofslampen erhellten unsere Werke nicht ausreichend. Daher war es sinnlos, nachts zu arbeiten. Hinter unseren Fenstern mit den dicht geschlossenen Vorhängen, im schwachen Licht der Lampen, die wir mit blauem Papier umwickelt hatten, versuchten wir, kleine Geschichten zu schreiben, ohne zu wissen, ob wir sie je würden verkaufen können. Zum Glück gab es die eiligen Schlafwagenreisenden, die etwas kauften, ohne es zu prüfen, und auch noch den doppelten Preis dafür zahlten. Diese schenkten den lästigen Ayran-, Äpfel- und Wurstbrotverkäufern (vor allem denen) keine Beachtung, denn sie hatten ja im Speisewagen gegessen. Sie hatten wohl von uns gehört, denn unserer war der einzige Bahnhof, auf dem man druckfrische Erzählungen erstehen konnte. Wir reservierten ihnen die besten Kopien, denn es waren anspruchsvolle Kunden. Dennoch war es nicht einfach für sie, nach Mitternacht aus ihren bequemen Betten aufzustehen, um eine Geschichte zu kaufen. Aber auch hier fanden wir Abhilfe: Mit ein paar Kuruş brachten wir die Schlafwagenschaffner dazu, die Reisenden an unserer Station zu wecken (dafür knöpften sie uns bei jeder Ankunft ein kostenloses Exemplar jeder Erzählung ab. Ich bezweifle, daß sie sie lasen. Wahrscheinlich verkauften sie sie weiter). Ohne die Schlafwagenreisenden wären wir ruiniert gewesen. Einige waren sogar richtige Stammkunden.

Da sie unsere traurige Situation kannten, gaben sie uns etwas zu essen, Kuchen oder Gebäck, das sie von ihren Freunden bei der Abreise auf dem Bahnsteig bekommen hatten. Meist waren wir sehr hungrig, weil wir nachts arbeiteten. Nachts schrieben wir, nachts tippten wir, nachts versuchten wir zu verkaufen. Wenn der Expreß außer Sicht war, gingen wir müde und erschöpft zum Bahnhofsgebäude zurück. Im Wartesaal verzehrten wir, was uns die Reisenden geschenkt hatten. Manchmal waren die anderen Händler dabei. Dann bot uns der Ayranhändler Ayran an, den er nicht hatte verkaufen können: Er wäre am nächsten Tag ohnehin sauer gewesen. Vielleicht taten wir ihnen leid. Der Apfelhändler schälte ab und zu – nicht immer – einen Apfel für uns. Wir konnten ihnen dafür nicht die übriggebliebenen Erzählungen anbieten, da keiner lesen und schreiben konnte. Nur der Wurst- und Brothändler wollte manchmal eine – von wem, war gleichgültig – aber von der letzten Kopie sollte sie sein: Weil das Papier so schön dünn war, drehte er seine Zigaretten damit.

Manchmal, wenn ich gutgelaunt war, d. h. wenn der Verkauf gut war, las ich den Händlern meine Erzählungen vor (die junge Frau mochte das nicht). Der Brotverkäufer und der Apfelverkäufer schliefen schon bei den ersten Zeilen ein, blieben aber bis zum Schluß im Wartesaal (rechtzeitig zum Ende der Geschichte wachten sie wieder auf). Der Ayranhändler hörte mir mit ganzer Aufmerksamkeit zu: Sein Interesse schmeichelte mir. So gut ich konnte, versuchte ich beim Lesen die Worte der Helden meiner Geschichten mit Leben zu erfüllen. Hinterher schüttelte der Brothändler den Kopf und seufzte über die schlechten Zeiten, in denen wir lebten: »Sowas gibt's«, und der Apfelhändler sagte: »Was der Mensch nicht alles erlebt!« Ich verfaßte auch Geschichten, die von der traurigen Lage der Händler erzählten. Dabei schlief sogar der Ayranhändler ein.

Der Stationschef kümmerte sich nicht um das, was wir schrieben; aber er bestand in jedem Fall auf einer Kopie von jeder Erzählung, die er sorgfältig abheftete und in einem besonderen Schrank aufbewahrte. Wir fielen unter Paragraph 248, der alles regelte, was auf dem Gelände der Bahnhofsverwaltung schriftlich abgefaßt wurde. Wenn die Rede auf Gesetze kam, geriet ich unwillkürlich in Wut: Gab es kein Gesetz, das unsere Lage verbesserte und uns eine angesehenere Position auf dem Bahnhofsgelände zuwies? Ich haßte es, durch ein Gesetz zusammen mit Wurstverkäufern in einen Topf geworfen zu werden. Wieder begann eine lange Diskussion. Der Vorsteher nahm eines der dunkel eingebundenen Bücher vor und erläuterte, daß die Hygieneverordnung für die Lebensmittelverkäufer auch für uns maßgeblich sei.

Meiner Meinung nach verschlechterte sich die Situation zusehends. Der junge Jude wurde schwächer. Er schien an einer verborgenen Krankheit zu leiden. Uns fehlte das Geld, ihn ärztlich behandeln zu lassen. Auch das Eisenbahnkrankenhaus nahm ihn nicht auf. Ich fuhr den Stationsvorsteher an: Man wußte, wie man uns durch Paragraph 248 unsere Geschichten mit Gewalt wegnehmen konnte, aber es ließ sich offensichtlich kein Gesetz finden, das dem jungen Juden ärztliche Behandlung zukommen ließ. Jeder wußte, wie schlecht die Dinge standen. Es gingen Gerüchte um, daß eine neue, kürzere Strecke gebaut werden sollte, die nicht mehr an unserer Station vorbeiführen würde. Dann würden nur noch Postzüge hier halten.

Ich machte mir Sorgen: Außerdem war ich, glaube ich, verliebt. Ja, ich war in die junge Frau aus der dritten Baracke verliebt. Eines Nachts irgendwann wurde sie von einem Schlafwagenschaffner, der uns nicht kannte, aus der Zugtür geworfen. Es war den fliegenden Händlern verboten, die Wagen zu betreten. Die junge Frau fiel auf den staubigen Boden, ihr Korb und ihre Erzählungen wurden auf dem Bahnsteig verstreut. Ich streichelte ihr Haar, um sie zu trösten und sagte: »Weine nicht!« Außer uns beiden war niemand mehr auf dem Bahnsteig. Die anderen hatten schnell ihre Waren verkauft und waren verschwunden.

In letzter Zeit vertrugen wir uns nicht gut mit ihnen. Sie hatten vor, hygienisch unbedenkliche Limonade in geschlossenen Flaschen, in Cellophan eingewickelte Wurstbrote und dergleichen in den Schlafwagen zu verkaufen. Sie hatten sich auch mit den Schaffnern geeinigt. Mein Gott, warum gab es jeden Tag neue Probleme? Diese unersättlichen Reisenden wurden, nachdem sie im Speisewagen gegessen hatten – wer weiß, was sie alles aßen –, nach Mitternacht noch einmal hungrig! Gottseidank fanden wir eine vorübergehende Bestimmung, die es ihnen untersagte, sich den Wagen zu nähern. Aber diese verdammte Verfügung war schon im nächsten Monat außer Kraft. Wir beide – die junge Frau und ich – umarmten uns zitternd in der Kälte der Nacht. Welcher Wind hatte uns in dieses Provinznest verschlagen? Unter welchen Bedingungen mußten wir arbeiten! Es war unmöglich, wahre Kunst zu schaffen, wenn man sich statt dessen mit Eßwarenhändlern, Eisenbahnbeamten, Hunger und Armut herumschlagen mußte. Was uns vor allen Dingen fehlte, waren Bücher. Wir konnten es uns nicht leisten, mit dem Zug in die Großstadt zu fahren und welche zu kaufen. Was konnte man unter solchen Umständen schon von uns erwarten? Je mehr ich nachdachte, desto klarer wurde mir, wir hoffnungslos und absurd unsere Lage war. Eigentlich tat die Eisenbahnverwaltung uns keinen Gefallen, wenn sie uns die schuhschachtelgroßen Zimmer neben dem Stationsgebäude gab. Wegen der Züge, die tagsüber mit gellendem Pfeifen vorüberrasten, konnten wir nie durchschlafen. Der Wert unserer Geschichten wurde auch nicht erkannt. In einer der vergangenen Nächte sagte ein junger, adretter Schlafwagenreisender, daß er einige Erzählungen, die wir ihm verkauft hatten, einem bekannten Kritiker gezeigt hätte, und daß dieser berühmte Schriftsteller sie abgedroschen und altmodisch gefunden hätte. Es nieselte; die oberen Blätter in dem Strohkorb wurden feucht. Es war Herbst. Ich fror in dem dünnen, zerschlissenen Pullover. Wie sollte ich unter diesen Umständen wohl gut schreiben? Da sagte ich mit kalter Stimme zu dem jungen Mann: »Bitte, geben Sie die Geschichte zurück und nehmen Sie ihr Geld wieder«. Im Grunde war dies eine Lüge, denn ich hatte keinen Kuruş in der Tasche.

Gedankenversunken nahm ich nicht mehr wahr, was um mich herum vorging. Der Zug entfernte sich. Da bemerkte ich die junge Frau in meinen Armen. Sie schmiegte sich an mich und legte ihren Kopf an meine Brust. Ich küßte sie. Ich hängte mir den Korb mit unseren Erzählungen über den Arm, und wir gingen auf die Station zu, deren Lichter von weitem leuchteten.

In dieser Nacht liebten wir uns in einem wirren Gefühl, das der Hoffnungslosigkeit und der Einsamkeit entsprang. Während ich diese Zeilen schreibe, fürchte ich, in die billige Sentimentalität der Eintagsgeschichten zu fallen, die ich in meiner Baracke schrieb, wo ich zwischen den anderen Händlern, dem mürrischen Gesicht des Stationsvorstehers und den Schienen eingezwängt war.

Ja, ich liebte die junge Frau und ging oft zu ihr. Es machte mich verlegen, daß ich am Zimmer des jungen Juden vorbeigehen mußte, der in der Mitte wohnte.

Seine Krankheit wurde immer schlimmer. Schließlich konnte er nicht mehr wie früher jede Nacht herauskommen. Er schrieb immer weniger. In den letzten Tagen begann ich, seine Geschichten mitzuschreiben. Er war zu schwach, um gegen diese Hilfe zu protestieren. Wenn er sich besser fühlte, setzte er sich an den Tisch und schrieb kürzere Sachen. Dem Stationsvorsteher war das zu wenig, und er behauptete, daß wir, entsprechend einer Verordnung, an die ich mich heute nicht mehr erinnere, mehr schreiben müßten, um die Miete aufzubringen. Mittlerweile mischte er sich nicht nur in unsere Themen ein, sondern auch in die Art und Weise, wie wir schrieben. Zu diesem Zeitpunkt begann ich, Liebesgeschichten zu verfassen. Das wollte er nicht, um – wie er behauptete – keine Gerüchte aufkommen zu lassen. Wir mußten uns seinen Wünschen wohl oder übel beugen. Wo sonst würden wir, wenn wir hinausgeworfen werden, einen Bahnhof mit Baracken finden, in denen wir schreiben konnten? Meine Geliebte kochte ihm das Essen und flickte seine Kleider, damit er keine Schwierigkeiten machte. Er verachtete uns, und ich glaube, er hatte uns schon immer verachtet. Da wir, wie er behauptete, auf Kosten der Eisenbahn lebten, sollten wir doch auch darüber schreiben. Er gab sich selbst als Beispiel. Was machte ein Bahnhofsvorsteher überhaupt jenseits der Schienen? Vergeblich versuchte ich, ihm klarzumachen, wie schwer es ist, ständig neue Themen zu finden, die damit zu tun hatten. Wahrscheinlich wußte er, daß wir uns auf sowas nicht einlassen würden. In dem miserablen Leben, das wir führten, sorgte er für neue Angst, als er drohte, einen Bericht über uns an die oberste

Dienststelle zu schicken. Wir waren auch mit den anderen Händlern verfeindet. In diesem öden Winkel der Erde brachte es eine Handvoll Menschen nicht fertig, in Frieden miteinander zu leben.

Ich fühlte mich innerlich erschöpft. Der Schlaf, der immer um Mitternacht unterbrochen wurde, das Pfeifen der Züge, der Zwang, ständig neue Geschichten für eine unverständige, dumme und verständnislose Käufermenge zu finden, der junge Jude, dessen Krankheit sich verschlimmerte, der Stationsvorsteher, der immer bösartiger wurde... ich wußte nicht mehr, wie ich mit alldem fertig werden sollte. Auch meine Geliebte war müde, und so mußte ich auch ihr bei ihren Geschichten helfen.

Ich merkte, wie meine Gedanken verschwommener wurden, wie auch meine Beziehung zur Außenwelt immer schwächer wurde. Irgendwie erlebte ich nicht mehr mit, wie die Tage vergingen. Ich hatte das Geschick verloren, Themen für meine Erzählungen aufzuspüren und Personen mit den Ereignissen zu verknüpfen. Oft erfuhr ich nicht einmal die wichtigsten Ereignisse. Sicher, manches kam mir zu Ohren: Der Krieg war zu Ende. Zügeweise kehrten die Soldaten von der Front zurück. Kurzzeitig machte ich Kriegsgeschichten aus ihren bruchstückhaften Informationen. Dabei hatte ich vergessen, ob der Krieg in unserem Land stattgefunden hatte oder in einer fernen Wüste. Hatte unser Territorium sich vergrößert oder verkleinert? Mit einem müden Lächeln entgegnete der junge Jude: »Was haben diese Dinge für eine Bedeutung? Unsere Station steht immer noch an der gleichen Stelle.« Da wir keinerlei Kanonendonner gehört hatten, fanden wohl nie Kämpfe in unserer Nähe statt.

In den mürrischen Gesichtern der Reisenden, wenn sie unsere Geschichten überflogen, las ich dann, daß der Krieg schon lange vorbei war. Eines Tages erklärte mir einer, daß ich beginnen würde, entscheidende Fehler bei den Städtenamen zu machen. Auch die Namen unserer Staatsmänner verwechselte oder vergaß ich. Das war kein Wunder, denn seit Jahren hatte ich die Namen von Menschen nicht mehr laut ausgesprochen: so lange schon sprachen auch die Menschen auf der Station nicht mehr miteinander. Wir hatten gar kein Verlangen danach. Selbst der Name der Station, der nur auf den Verputz einer Seitenwand gepinselt war, verblaßte und geriet in Vergessenheit. Wir besaßen nicht einmal ein Wörterbuch, um gegebenfalls Wörter zu suchen. Ich war mir nicht mehr sicher, ob ich mich an Wörter, die ich nicht jeden Tag in meinen Geschichten verwendete, erinnern würde. Mit den Eßwarenhändlern redeten wir nicht mehr. Der Stationsvorsteher brachte seine Ablehnung nur noch mit Gesten zum Ausdruck. Der junge Jude war mittlerweile zu schwach zum Sprechen. Er machte mit Zeichen deutlich, was er wollte. Die junge Frau und ich liebten uns wortlos. An diesen Zustand hatte ich mich nach kurzer Zeit gewöhnt.

Eigentlich konnte ich nicht genau sagen, wieviel Zeit inzwischen verstrichen war. Aber was blieb mir übrig, als mich daran zu gewöhnen. Schließlich war ich nicht mehr jung. Ich konnte nichts anderes als schreiben. Ich konnte nicht in die Großstadt gehen und ein neues Leben beginnen. Unsere Beziehung zur Außenwelt wurde immer geringer. Seit die Zeitungen zu teuer wurden und nicht mehr mit dem Zug befördert wurden, hatte ich keine Ahnung von dem, was in der Welt passierte. Dann wurde die neue Eisenbahnlinie eröffnet, und der Expreß kam nur noch einmal wöchentlich vorbei. Das war mir recht. Ich wollte sowieso keine kurzen Geschichten mehr schreiben, die schnell zu einem Ende kommen mußten.

Ich schrieb den ganzen Tag, ohne mein Zimmer zu verlassen. Nur der Lärm einer nahen Schusterwerkstatt störte mich noch: Den jungen Juden gab es nicht mehr, er war vor kurzem gestorben. Ich hätte es gerne gehabt, wenn die junge Frau in die Baracke neben mir gezogen wäre. Jedoch bevor ich Gelegenheit hatte, diesen Wunsch zu äußern, tauchte eines Tages der Stationsvorsteher mit dem Schuster auf. Der Mann zog sofort ein. Seine Arbeit konnte schlecht mit unserer verglichen werden. Ich überlegte mir, ob ich ihm vorschlagen sollte, in die Baracke der jungen Frau zu ziehen. Damit wartete ich zu lange. Denn eines Tages ging ich zu seiner Behausung, um es ihm zu sagen ... Ja, ich bin etwas durcheinander. Jedenfalls: Kurz vorher war die junge Frau weggegangen. Ja, ihr Raum war leer. Eines Nachts, während ich schlief, nachdem ich eine längere Erzählung beendet hatte, war sie in den Zug gestiegen und weggefahren. In jenen Tagen war ich sehr verwirrt. Die langen Geschichten kamen nicht richtig an. Vielleicht erwartete ich zuviel, weil ich sie nur noch einmal in der Woche verkaufte. Die Erzählungen waren alles andere als klar und verständlich. Ich verbrachte meine Tage mal hungrig, mal satt. Eines Tages – eine Weile danach – mäkelte ein Reisender an einer Geschichte herum, die ich ihm kurz zuvor verkauft hatte. Sogar die Seitenzahlen waren mir durcheinandergeraten. Ich sagte ihm, daß ich seit einer Woche hungrig gewesen war. – Nein, das tat ich nicht. Das erzählte ich – eine Weile später – einem anderen. Dem ersteren hatte ich versucht weißzumachen, daß ich die Seiten absichtlich so geordnet hätte. Viele Dinge vergaß ich. Trotzdem konnte ich Kritik nicht ertragen. In solchen Momenten und auch in anderen Momenten größter Besorgnis fand ich meine frühere Begeisterung wieder. Dann verlor ich sie wieder. Ich machte mir zum Beispiel Sorgen, wenn der Stationsvorsteher drohte, mich hinauszuwerfen, weil ich zu nichts zu gebrauchen sei. Dabei schrieb ich besser denn je, obwohl ich keine Kunden finden konnte. Der Schuhflicker erzählte mir von der Welt draußen. Was, ich glaube nicht, daß ich mich daran erinnern kann. Er erzählte mir von der Welt, die verwirrend war und die ich nicht verstand. Er hörte nicht zu, wenn ich ihm versuchte vorzulesen. Ich aber fühlte, daß die Geschichten an Wert gewannen, was ich immer schwerer begründen konnte. Das war nun auch dem Schuster nicht mehr begreiflich zu machen, denn er war weggegangen und hatte mich allein zurückgelassen. Nach unserer letzten Unterhaltung war er – eine kurze Zeit später – von der Station verschwunden.

Dies ist eine der letzten Geschichten, die ich aufgeschrieben habe. Mehrere wie diese haben sich angesammelt. Sie sind alle in meinem Kopf. Ich erinnere mich gut an sie. Möglich, daß ich sie bis jetzt noch nicht alle aufgeschrieben habe. Manchmal stehe ich nach alter Gewohnheit um Mitternacht auf, lege die neuen Geschichten sorgfältig in meinen Korb – oder in den der beiden anderen – und gehe hinaus zu den Gleisen. Mittlerweile fährt hier kein Zug mehr vorbei. In den letzten Tagen habe ich den Stationsvorsteher auch nicht mehr gesehen. Wahrscheinlich hat er

Urlaub genommen, denn er hat seit Jahren keinen mehr gehabt. Ich trage jetzt neue Kleider. Ich glaube, er hat mich an seiner Stelle zurückgelassen. Es kommen irgendwie gar keine Züge mehr vorbei. Egal, das sind unwichtige Einzelheiten.

Ich habe Angst. Denn ich will weg von hier. Der Kaufmann läßt mich weiterhin anschreiben, aber so kann es nicht weitergehen. Ich wollte ihn etwas fragen, aber ich schämte mich aus dem gleichen Grund, weshalb ich schon früher – vor langer Zeit – nicht den Mut gefunden hatte, den Schuster zu fragen: Ich wollte einen Brief schreiben, doch ich wußte keine Adresse. Also, ich kannte überhaupt keine Adresse. Sie hätten mir das nicht geglaubt, und deswegen schämte ich mich. Ich hatte es nicht fertiggebracht zu fragen: »Könnten Sie mir irgendeine Adresse nennen?« Irgendeine Adresse würde mir schon genügen.

Aber seit einer ganzen Weile gibt es noch ein anderes Problem: Es bereitet mir Schwierigkeiten, meine eigene Adresse auf diesen Brief zu schreiben. Zwar kommt – vielleicht nur vorübergehend – kein Expreß- oder Postzug mehr vorbei. Aber angenommen, ich finde für diese Geschichte irgendeinen Weg zu meinem Leser: Wie sollte ich ihm erklären, wo ich bin? Das ist meine Sorge. Aber ich will ihm schreiben, will ihm alles schreiben, ihm erzählen, ohne aufzuhören, ihm sagen, wo ich bin. Ich bin hier, Leser, wo finde ich Dich?

Füruzan

Vergiß das Blut nicht

Als ihr beim Kaffeehaus angekommen seid, haben sie euch gleich auf mich aufmerksam gemacht, nicht wahr, mein liebes Kind? Ihr habt auch kaum ausruhen können, so sehr haben sie darauf bestanden, mich zu zeigen, oder? Nicht wahr, sie haben gesagt, seit vier Monaten sitzt sie immer da? Ißt nicht, trinkt nicht, sitzt immer nur so da, oder?

Der Magen, der nach seinem Recht verlangt, macht sich den Schmerz zum Mahl. Wenn die Hand nichts mehr greifen kann und die Beine einem nicht mehr gehorchen, dann zermahlen die Zähne, was man dazwischen schiebt. Mein Warten hat viele Gründe. Warum können unsere Leute das nicht verstehen? Gott gibt oder nimmt, das weißt du.

Wir kennen das so, daher wehrt sich keiner dagegen. Unser Glaube an Gott ist geblieben. Ich hab' wohl recht, wenn ich denke, daß es außer mir niemanden etwas angeht, was mein Sohn tut. Warum wundern sie sich und zerreißen sich die Mäuler? Sie reden über alles, was sie sehen, ohne ein bißchen nachzudenken. Muß denn der Mensch unbedingt den nahen Tod oder Schmerzen vor Augen haben, um weise zu werden?

Als sie dich herüberschickten, haben sie bestimmt gesagt »Geh hin und schau sie dir an. Laß dir von der Durkadın, der Mutter von Musa, den Grund erzählen, warum sie wartet. Nur sie kann dir die Wahrheit sagen.«

Erst durch die Erzählung von euch Fremden haben wir erfahren, daß unser Meer hier das reinste, beste aller Meere ist. Mein Sohn Musa hat seine Soldatenzeit auch in İstanbul abgeleistet. Ob Zivilist oder Soldat, die jungen Männer von hier verbringen ihre Zeit immer auf dem Meer. Das Meer ist ihnen schon von klein auf vertraut. Und wir Frauen sind damit beschäftigt, uns die verschiedenen Arten von Fischen und Meerestieren einzuprägen. Sag mir doch, sind die Fische in den Meeren eurer Stadt İstanbul genauso? Ich hätte dich das auch gefragt, wenn du nicht aus

İstanbul wärst. Wenn die Ungläubigen aus Deutschland hierherkommen, frage ich sie auch immer nach ihrem Meer. Diejenigen aus unserem Dorf, die eine Schule von innen gesehen haben, sagen dann »Glaubst du denn, Durkadın, daß es überall ein Meer gibt?« Wir sind die Glücklichen, die diesen Ort gefunden haben. Siehst du mein linkes Auge? Es ist blind. Tummeln sich in euren städtischen Meeren auch die Riesenbarsche, Gabelmakrelen, Zahnbrassen, Rotbrassen und roten Barben?

»Musa, mein tüchtiger Junge, schon seit alters her ist das Schwammtauchen und Fischen unsere Arbeit, so ist das nun mal. Was ein richtiger Kerl ist, der fährt auf's Meer hinaus; mit Mandelbäumen hat unsereins nichts zu schaffen.«

Ein ganz schön großes Maul hatte er, wie er so mit meinem Sohn sprach. Kerl, hab ich gesagt, grad neulich erst war Mehmets Körper von der Taille abwärts aufgeschwollen, durch die Taucherlähmung. Es ist nicht mehr Leben in ihm als in einer Lumpenpuppe. Und wieviele von denen, die im Gebiet von Alanya nach den groben Schwämmen tauchen, sind nicht schon durch die Taucherlähmung um ihre Jugend und Manneskraft gebracht worden? Soll ich sie dir mal aufzählen? Und du ... Wer nachts, wenn du schläfst, dein Schnarchen hört, glaubt doch, man hätte einen wilden Stier im Zimmer eingepfercht. Deine Lungen sind durchlöchert wie ein Sieb, so pfeift dein Atem, wenn du nach Luft schnappst. Hast du denn nach alldem gar keinen Verstand mehr im Kopf, daß du unserem Sohn auch noch solchen Rat gibst? Schäm' dich doch wenigstens vor deinem hohen Alter und deinen weißen Haaren. Was ich auch sagte, es hat nichts genutzt, mein liebes Mädchen. Um ehrlich zu sein, mit ein paar Mandelbäumen hat man ja auch nicht sein Auskommen. Musa hat dann seine Unterschrift im Landratsamt gegeben und das Schreiben zum ungläubigen Griechen geschickt.

In der Nacht ließ mein Kerl meine Wehschreie nicht verstummen. Er schlug mich und das war gut so, mein Kind. Ich hab jeden Schlag ausgehalten und mich wieder aufgerappelt. Ich habe dann wie ein schwaches kleines Kind den Kopf gebeugt und geweint. Jeder Knochen im Leib tat mir weh, und vor Schmerz ist ein Stück meiner Seele gerissen, aber ich war nicht still.

»Reichen denn die Prügel, die du eingesteckt hast, immer noch nicht, daß du mit dem Heulen aufhörst?« fragte mich mein Mann. »Gehorchst du erst dann, wenn ich dir das Leben nehme, das dir Gott gegeben hat?«

Ich hab' ihm, der schon so lange mein Mann ist, nicht geantwortet. Auch als er wieder meinen Hintern mit Fußtritten bearbeitete, hab' ich nicht aufgehört zu weinen und zu schluchzen. Dann ließ er mich und kniete sich vor mich hin. Die Gegend hier ist heiß. In heißen Gegenden, mein Kind, leuchtet der Mond anders. Musa hatte die ganze Zeit lang auf seiner Bettstelle, die er sich beim Gemüsebeet gemacht hatte, geschlafen. Er hatte weder von meinem Geschrei noch von den Schlägen seines Vaters gehört. Mein Alter hatte sich also, wie ich schon gesagt habe, vor mich hingekniet. Ich sah sein Gesicht im Mondlicht ganz genauso, als wäre es taghell. Auf seinem Gesicht lag die gleiche Verwunderung wie damals in unseren jungen Ehejahren, als er das erste Mal die Hand gegen mich erhoben hatte. Der Kerl sah genauso jung und grün aus, wie damals. Daß ein ausgewachsener Mann so hilflos dreinschaut, daran bin ich nicht gewöhnt, da hab ich erst so richtig angefangen zu heulen.

»Na, na, still Mädchen, hör' schon auf! Was ist denn mit dir los? Sollen wir dich womöglich noch besprechen lassen? Hör' endlich auf, sei still. Kommt Zeit, kommt Rat.«

Ich wurde still, und mein Mann beruhigte sich.

»Zum Teufel mit deinen Sorgen, Durkadın! Was hast du nur immer wieder für neue Macken. Das Tauchen nach Schwämmen ist doch nichts anderes, als was mein und dein Vater, dein Bruder, die Schwager und alle Bekannten auch tun. Und du machst hier, ohne dich zu schämen, ein Geschrei wegen Musa, sogar lauter als die Eulen. Wir werden ihn verheiraten. Eine Zeit habt ihr, Mutter und Sohn, geglaubt, aus dem wilden Olivenhain könnte noch was werden. Und wenn du die Mandelbäume meinst, die reichen mal gerade zum Leben. Selbst wenn wir sie an den ersten Besten verkaufen könnten, was würde schon dabei herausspringen? Als ich damals den Brautwerber geschickt habe, um um deine Hand anzuhalten, he, bin ich da etwa nicht zum Tauchen gefahren für sechs Monate?«

Seit wir als Brautleute zusammen unter ein Dach gekrochen sind, hatte mein Mann nicht so lange mit mir gesprochen.

»Sag mal Durkadın, wieviele Jahre soll es denn noch dauern, bis dein Sohn das Boot in Bozburun abzahlen kann? Gibt es denn einen anderen Weg? Und wenn auch unser hungriger Magen wartet, werden seine Verlobte, ihre Mutter, ihr Vater und ihre älteren Brüder so geduldig sein? Wenn ich ins Kaffeehaus gehe, werden mir ihre jüngeren Brüder die Hand küssen? Für die Hochzeit war der Herbst abgemacht. Jetzt bereiten sie sich schon vor, so wie es sich gehört. Aber du heulst nur und wirst widerspenstig!« Ich fand keine passenden Worte, die ich ihm hätte erwidern können. Das stimmte nämlich, schon immer hat unser Fünfhundert-Seelen-Dorf genau so um das tägliche Brot und ein Dach überm Kopf gekämpft.

Als der Tag schon angebrochen war, hatte ich noch kein Auge zugemacht. Damit Musa, der da beim Gemüsebeet aufgestanden war, nicht merken sollte, daß ich nicht geschlafen hatte, kam ich langsam über die Schwelle zur Tür heraus.

»Na, Musa. Na, mein Sohn, Mutters Bester, soll ich dir deine Suppe heiß machen?«

Er lachte mir zu. Wenn hier so ein Mann lacht, dann funkeln seine Zähne, weil er so viel in der Sonne war.

»Mach sie warm, Mutter, tu das. Bald kommen auch die anderen. Ich meine, das Haus soll hier stehen, mit einem kleinen Badezimmer, einer Diele, und draußen baue ich einen Windschutz.«

»Wozu Badezimmer bei einem Häuschen mit zwei Räumen?« hab' ich dann nicht gefragt. Sie könnten ja auch die Tür zumachen und sich im Eingang auf dem Fußboden waschen. Alle Ausgaben bedeuten doch für meinen Sohn, noch mehr Schwämme hochbringen zu müssen. Aber ich wollte ihm nicht weh tun und hab' ihm schweigend die Suppe vorgesetzt. Er brach sein Brot genauso wie morgens, wenn er zum Fischen 'rausfährt. Da kam seine Verlobte Zelha mit ihrem Maultier am Strick hinter sich her, an dem Gemüsebeet vorbei. Das Kopftuch war ihr verrutscht und sie zupfte es zurecht. Die Hennafarbe auf ihren Fingern paßte sehr gut zu ihren geflochtenen Haaren.

»Komm doch her, Zelha«, sagte ich.

Die Hände vor der Brust verschränkt, kam sie zu uns.

Wie gut sieht das Henna auf den Händen der jungen Mädchen aus. Und dann schau dir doch bloß mal meine an. Sie sind wie nackte Äste. Wenn ich kleine Kinder festhalte, habe ich immer Angst, ihre zarte Haut zu verletzen. Die Hände von allen alten Leuten hier in unserem Dorf sind so knorrig wie Äste. In den frisch mit Henna gefärbten Handflächen meiner Zelha fingen die Spuren von Sichel, Schlegel und Seil gerade erst an, sich einzugraben und zu glänzen. Musa sah so von der Seite zu seiner Verlobten 'rüber. Bei uns gibt es eigentlich keine große Scheu vor Männern. Schließlich gibt es viel Arbeit im Dorf. Wer soll da schon Zeit finden, sich an jemanden ganz offen 'ranzumachen? Trotzdem hält Zelha Abstand. Geradewegs ins Gesicht zu schauen, gehört sich ja auch nicht. Zelhas Kopftuch hatte sich noch einmal da geöffnet, wo ihre Ohrringe aufhörten.

»Ja bitte, Schwiegermutter?«

»Musa geht heute morgen, verabschiedet euch voneinander«, habe ich unwirsch gesagt.

Wir beide bemerkten ein Paar Tränen in Zelhas Augen. Sie hatte sie abgewischt, bevor sie ihre Nasenflügel erreichten:

»Wozu die Brautgabe? Als wäre das eine Bedingung. Wozu ein Haus mit Badezimmer und Windfang? Ein Zimmer hätte doch auch gereicht.«

Als sie sich umgedreht hatte und weggegangen war, tauchte Musa seinen Löffel wieder in die leere Suppentasse.

»Nimm doch noch mehr, mein Sohn!«

»Nein, Mütterchen, ich bin satt«, sagte er.

Dann haben wir nicht mehr miteinander gesprochen. Als Osman und İbrahim kamen und nach Musa riefen, war sein Vater gerade dabei, meinem Sohn ein besprochenes Amulett um den Hals zu hängen.

»Ich werde für euch drei beten«, sagte ich zu ihnen. »Meine lieben Jungen, bleibt standhaft, wenn ihr bei den Ungläubigen seid.«

Osman drehte sein mit hellem Flaum bedecktes, immer lächelndes Gesicht zur Seite.

»Tante Durkadın«, sagte er, »ja, es ist weit, ja, er gehört den Ungläubigen, dieser Ort, von dem du sprichst, nicht weit von der Insel Sini. Sie nennen sie Kreta, diese Insel. Ist doch egal, ob wir nun im Meer hier oder dort tauchen. Wenn wir nicht den Melat-, sondern den Psatorschwamm[1] hochbringen, bekommen wir noch mehr ausgezahlt. Dann nehmen wir sofort das Geld und kehren wieder zurück.«

Dieser Osman kann vielleicht reden. Genauso wie du. Die Stadtmenschen verstehen ihn ohne Schwierigkeiten. Er ist so'n bißchen Hansdampf in allen Gassen. Jetzt hast du wohl nicht verstanden, was das heißt, Hansdampf? Wie soll ich's erklären. Bei Hochzeiten sorgt er für die Unterhaltung und hält alle Fäden in der Hand. Wo er gerade ist, sind Stimmung und gute Laune. Schon in seiner Kinderzeit war er ein freches Kerlchen. Er band die Schwänze der Hunde mit Schnüren fest, brachte sie so zum Jaulen und ließ sie dann wieder los. Dann ging er zur Beschwörerin Fatma Hanım und hockte sich vor ihren Stuhl. Da wartete er und sagte: »Mach mir ein Mittel dagegen, Tante Fatma, die Hunde heulen immer, wenn sie mich sehen.« Als sein Vater nach den großen Schwämmen tauchte, hat seine Mutter am Anfang noch gesagt: »Ich will mich nicht aufregen.« Trotzdem, ihr Mann hat auch die Taucherlähmung gekriegt, und beide Beine und ein Arm waren gelähmt. Da war's vorbei mit den guten Tagen.

»Nein, Osman, rede doch nicht so einfach daher«, habe ich gesagt. »Vergiß nicht, es ist Land der Ungläubigen. Das Meer rund um die Insel Sini ist uns schon seit uralter Zeit bekannt. Aber wenn du Kreta meinst, das ist fremdes Gebiet. So lange ihr das noch nicht richtig kennt, wird es euch nichts Gutes bringen. Was ich sagen will ist, bringt euch nicht unnötig in Gefahr, um noch mehr Geld vom ungläubigen Griechen zu bekommen.« Aber Osman, İnce İbrahim und auch Musa haben nur über mich gelacht, so wie in ihren lustigen Tagen. Ach, mein Kind, woher nehmen diejenigen, die zum Nackttauchen ausziehen, bloß dieses Selbstvertrauen? Soll ich es nun Unerfahrenheit oder Jugend nennen? Ja, genau das war es wohl. Sie verabschiedeten sich, und

1 besonders hochwertige Schwammart.

ich sah ihnen mit meinem einzigen Auge so lange nach, bis sie auf dem Steg immer kleiner und kleiner wurden. Nie werde ich vergessen, wie sie an dem Tag aussahen, als sie in die Fremde gingen.

Hatte ich dir schon gesagt, daß mein linkes Auge blind ist? Die Sonne hat's ausgebrannt, als ich auf dem Feld die Ernte einbrachte. Ich drehte mich zur Sonne. Die Mittagssonne stand genau da über dem Hügel. Es war nicht das erste Mal, daß ich in die Sonne sah, um die Uhrzeit herauszufinden. Oh, nein ... Aber diesmal war es so, als wäre mein Augapfel ins Meer geflossen, so sprudelte das salzige, ätzende Wasser des Mittelmeeres durch meine Pupille herein. Ich schloß beide Augen; bei meinem linken blieb es so schwarz wie in den Meereshöhlen an der großen Bucht. Ich schloß beide Augen; dabei schien die Sonne hellrot in mein rechtes Auge. Da begriff ich, daß die Sonne mein linkes Auge zum Schmelzen gebracht hatte. Ich hockte mich auf dem Feld hin und nahm meinen Kopf zwischen die Hände. Mein Körper hatte alle Wärme verloren, war eiskalt geworden. Der Schweiß lief mir vom Rücken herab und floß in meinen Unterrock. Das war vor zehn Jahren, als das Auge ausgelaufen ist, ja, mein liebes Kind.

Du fragst nach meinem Alter? Mit etwa sechzehn habe ich geheiratet. Als ich siebzehn war, wurde mein Musa geboren. Meine Zelha hat nicht lange gelebt. Und Selime ist jetzt eine ausgewachsene Frau mit vier Kindern. Ich sag zwar Kinder, aber das Älteste beendet jetzt schon die Grundschule. Du denkst dir bestimmt, ich sehe älter aus, als ich bin. Die Zähne fallen den meisten hier schon mit dreißig Jahren aus. Das alte Mütterchen mit dem Baby an der Brust, das du vorhin am Steg gesehen hast, ist Ayşe, meine jüngere Schwester. Jetzt ist sie schon wieder schwanger. Während unsere Fruchtbarkeit noch lange anhält, vergreisen wir schon äußerlich. Mein Kerl ist älter als ich. Und schau doch nur, wer uns jetzt sieht, merkt den Unterschied nicht.

Ja, so habe ich ganz alleine auf dem Feld das Klagelied auf mein ausgelaufenes Auge angestimmt. Unser Feld ist klein, wir beide kommen damit zurecht. Mein Mann war irgendwo am anderen Ende davon. Soll ich ihn rufen, hab' ich mich erst gefragt. Meine

Hoffnung war noch so groß wie diese nicht enden wollenden Berge da hinten. Seit ich auf der Welt bin, haben meine Augen alles gesehen. Wie war mein Augenlicht so plötzlich erloschen, das konnte ich nicht fassen. Ich zitterte am ganzen Körper. Ich hab' mich dagegen gewehrt und diese schreckliche Dunkelheit der pechschwarzen Meerestiefen als Traum gedeutet. Zuerst öffnete ich mein rechtes Auge. Alles rundherum wurde sonnenhell, und in der Nähe zwitscherten die Spatzen und Finken. Ich atmete tief aus. Mit dem einen Auge sah ich einer Schildkröte zu, die raschelnd über den Boden kroch. Die Schildkröte hatten sie, als sie noch ein Junges war, mit Steinen beworfen. Sie tat mir leid wegen der Delle in ihrem Panzer. Libellen mit rosa Flügeln zogen an mir vorbei zum Wasser. Um zu schauen, ob ich wohl auch die eine da hinten beim Bienenkorb von hier aus sehen könnte, hab' ich mein rechtes Auge dahin gerichtet. Sie surrten und schimmerten silbern. Jetzt traute ich mich und öffnete auch mein linkes Auge. In mich hinein strömte das Feuer der Sonne, ich konnte es nicht fassen. Immer noch waren in meinem linken Auge diese Meerestiefen. Es war so, als hätte sich mein Schädel ganz fein gespalten und als würde sein Schmerz an meinem Auge reißen. Alles in mir zog sich zusammen, ich fühlte mich ganz leer. Den Kopf auf die Knie gestützt, blieb ich so sitzen. Als die Sonne mir schon auf dem Rücken brannte, stand mein Mann vor mir.

»Was soll das, Durkadın, bist du krank?« stieß er mich an.

Da fing ich leise an zu weinen, wie am Ende meiner Brautnacht. Ich versuchte meinen Kopf ganz zu beugen und ihn irgendwo zu verstecken.

»Nun hör' schon auf, Mädchen«, sagte er. »Was soll dieses Geschrei? Bist du etwa schon wieder schwanger? Ist doch egal, die, die überleben sind sowieso weniger als die Toten, du Dumme, was soll's?«

»Die Sonne ist mir ins Auge geströmt. Mein Augapfel ist gesprungen und ausgelaufen. Sonnenfeuer brennt in mir.«

Ja, mein liebes Kind, damals konnte ich wie eine Frau weinen. Um mir ins Gedächtnis einzugraben, wie mein Musa zusammen mit İnce İbrahim, der am besten den Zeybek-Tanz tanzen kann, und dem immer lächelnden Osman das Motorboot bestieg, um in die Fremde zu gehen, hat mein rechtes Auge gereicht. Ich ließ an meinem inneren Auge İnce İbrahim vorbeiziehen, wie er Lieder sang, wie er sich auf einer Hochzeit im letzten Herbst nach dem Zeybek-Tanz zum Misket-Tanz aufstellte. Dann hatte ich das traurigste Zeybek-Lied, das aus Muğla, auf den Lippen. Das, in dem es heißt: »Mein Geliebter soll nicht in die Fremde ziehen.«. Dann folgten die Zeilen »Ich habe die Nelken in ihren Schalen vertrocknen lassen und damit mein Leben verdorben«. Solche Lieder passen ganz genau hierher. Natürlich kennen die Dichter dieser Lieder dieses Meer und die Sonne, die in den Menschen hineinströmt und sein Auge blendet.

Ich habe nichts gegen die Sonne. Wenn Wolken sie verdecken, wird auch unsere Seele von Wolken erdrückt. Dann erkennt man beim Meer weder Oben noch Unten, und kein Boot findet mehr Schutz. Es wirft Bäume und Gestrüpp ans Ufer. Es regnet in Strömen, und du kannst den Kopf nicht zur Tür 'rausstrecken. Und dann plötzlich ein Lichtmeer, wenn Sonnenstrahlen die Wolken beiseitedrängen, daß das Innerste im Menschen aufbricht und neu erblüht.

Inzwischen bin ich ja auch alt. Da ist der Verlust eines Auges nicht mehr zu beklagen. Aber willst du die Wahrheit wissen? Wenn auch die Arme und Hände von uns Frauen wie Äste verdorren, in unseren Herzen bleibt ein Plätzchen, so weich, daß man seinen Kopf darauf betten könnte. Als İnce İbrahim, Osman und ganz zum Schluß Musa den Fuß auf das Meer gesetzt hatten, versiegte mein Tränenstrom. Ob Mutter, Schwester, Bruder oder Vater, alles, was der Mensch an Bekannten und Verwandten hat, war da.

Nein, mein liebes Kind, ich habe mich nicht zu ihnen gesellt. Den Auszug unserer Jungen hab' ich mir von diesem Felsvorsprung, den du da siehst, angeschaut. Mit meinem rechten Auge sah ich die vier Jungen aus den anderen Dörfern, die sich hier versammelten, die Sonne, wie sie gülden über der dritten Bucht glitzerte, den Großmast, an den der Motorbootfahrer ein weißes Tuch gebunden hatte. Ich sah die ausgeblichene türkische Fahne mit Halbmond und Stern, Omans Vater, der sich zum Kaffeehaus schleppte, und sogar die Flicken auf dem Rock von Osmans Mutter.

Das alles hab' ich mit meinem rechten Auge ganz genau verfolgt, ohne daß mir etwas entgangen ist. Als das Motorboot ablegte, rief Osmans Vater noch irgendwas. Seine Stimme hallte von den Buchten wider. Was er rief, hab' ich nicht verstanden. Aber was wird er schon gesagt haben, bestimmt waren es gute Wünsche. Was haben wir mit unseren guten Wünschen schon jemals verhindern können? Ich bin von diesem Platz da nicht weggegangen. Ich sah auch, wie das Boot um die siebte Bucht bog. Das Boot, das meinen Musa und die anderen Jungen forttrug, wurde immer kleiner und sah am Ende aus wie die unausgehöhlten Holzbötchen, die die Kinder immer schnitzen. Mein Herz war von einem Giftpfeil getroffen, der solche Schmerzen verursachte, daß sie überhaupt nicht mehr vergleichbar waren mit denen, die mich beim Verlust meines Auges gepeinigt hatten.

Hätte jemand diesen giftigen Schmerz sehen wollen, so hätte ich tief in mein Herz greifen und wahrhaftig eine haarfeine grüne Schlange herausreißen können. Die Schlange der Pein wächst in mir, durchdringt mich und wird unermeßlich groß. Hab' ich dir schon gesagt, daß ich seit dem Tag nicht mehr weine? Welcher Schmerz könnte von nun an die Durkadın noch zum Weinen bringen! »Wenn die Durkadın mal weinen könnte«, so haben es dir die Leute bestimmt gesagt, »käme sie wieder zur Vernunft«, nicht wahr?

Die erste Zeit habe ich mich in die Arbeit gestürzt. Dann kam der Brief von meinem Musa, und ich hab' ihn mir vorlesen lassen. Was er schrieb, war gut. »Das Meer hier ist genauso wie unseres, Mütterchen«, schrieb er in seinem Brief, »die gleichen Buchten und Felsvorsprünge. Den besten Schwamm finden wir bei vierzig Metern.«

Sie hatten auch ein Foto machen lassen, Osman, İbrahim und Musa. Unter ihnen war da noch ein junger Mensch, den ich gar nicht kannte, der mir aber gleich vertraut vorkam, weil er nicht aussah wic ein Stadtmensch. Hinten auf dem Bild stand »Für unsere Eltern«. Wenn ich mich richtig erinnere, war dieser Bekannte ein griechischer Ungläubiger mit Namen Kosta, das wurde aus Musas Erzählungen im Brief klar. Er sei auch so ein Nackttaucher. So einer, der genauso wie unsere Kinder kaum einen Pfennig Geld in der Tasche hat. Mit diesem ungläubigen Griechen Kosta hatten unsere Kinder sich angefreundet.

»Er ist genauso arm dran wie wir, aber trotzdem fröhlich«, haben sie geschrieben. Mein Musa ist ein kluger Kopf, er erklärte im Brief: »Das Wort arm paßt nur, weil wir letzten Endes in der Fremde sind«, nur damit ich mir das nicht zu Herzen nehme und mir keine Sorgen mache.

Wart' mal, ich will dir das Bild zeigen. Wenn ich es auch jetzt nicht mehr so richtig sehen kann, stehen sie doch alle noch da. Siehst du, das ist Musa. Nicht wahr, ein Prachtbursche! Ihre Gesichter sind alle sehr klein darauf. Man sieht, daß sie ordentlich gelacht haben. Das kannst du an den weißen Zähnen erkennen. Ist schon ganz weich, das Foto, und zerknittert. Ich frag' mich zwar, ob ich hinten was draufkleben lassen soll, aber ich habe nicht das Herz, es aus der Hand zu geben. Sie glauben, daß ich mich gräme, wenn ich es mir immer wieder anschaue. Auch wenn sie es mir wegnehmen würden, würde ich aus leerem weißem Papier Vierecke ausschneiden und mir einfach so Musa, Osman, İbrahim und den, den sie Kosta nennen, aus der Erinnerung darauf denken.

Sollen sie doch denken, was sie wollen. Es kommt doch nicht auf dieses Stück Papier an, sondern darauf, was unser Herz darin sieht. Dabei ist mein rechtes Auge auch schon müde. Nur noch dunkle Schatten und das Schimmern des hellen Feuers kann ich erkennen. In mondklaren Nächten spiegelt sich das Meer darin. Der säuselnde Wind beruhigt meine Seele. Die haarfeine grüne Schlange, die mein Herz vergiftet, kommt dann langsam zur Ruhe. Ist still, um neue Kräfte zu sammeln. Sie soll sich nur ausruhen, von jetzt ab ist sie mein Ein und Alles. Wenn sie stirbt, dann ist auch mein Leben zu Ende, das ist gewiß. Bläst der Morgenwind durch Myrthenzweige, ist es so, als wenn der Atem von Neugeborenen in meine Lungen strömt. Dann fühlt sich meine Seele wieder jung und frei von Schmerzen. Als mein Mann sah, wie mich das Foto aus dem Brief, der Ende des ersten Monats gekommen war, aufgemuntert hat, stell' dir vor, da ist er doch in die Kreisstadt gegangen und hat mir vom Markt einen über und über mit Blumen bedruckten Stoff mitgebracht. Wie wir uns dann gegenüberstanden, hab' ich zu ihm gesagt:

»Oh, der wäre etwas für unsere Schwiegertochter, Mann.«

»Mein Sohn wird ihr schon genug Kleider und Schmuck aus dem Land der Ungläubigen mitbringen. Laß dir dies hier von der Kombur Selime zuschneiden und nähen, damit du ab und zu bei Hochzeiten ein gutes Kleid hast, Durkadin.«

Ich bin dann zur Selime gegangen. Den Ausschnitt hat sie wie üblich gemacht, und den Rock hat sie schön weit gelassen.

»In drei Tagen kannst du es dir abholen, Durkadin«, hat sie gesagt. Eines Nachts, wir hatten uns schon schlafen gelegt und uns vom halben Tod umarmen lassen, hörte man beim Doppelbrunnen Schreie, so erzählte man es mir. Ich hab' nur Zelha rufen hören: »Schaut nur, wer da gekommen ist!« während sie hinunterlief.

»Steh auf, Halil İbrahim«, hab' ich zu meinem Mann gesagt. »Steh auf, das ist Zelhas Stimme.«

Als wir angezogen waren und rausgingen, sahen wir Leute, die in tiefer Nacht aufgestanden waren und durcheinanderliefen. Wir sahen, daß hinter den Gardinen Lampen angezündet wurden. Als wir begriffen, was passiert war, sank ich zu Boden. Hansdampf Osman war gekommen. Er stand beim Kaffeehaus im weißen Licht der Gaslampe, die sie gerade angestellt hatten. Er war ganz außer Atem, der Osman. »Sag schon, mein Sohn, komm, sprich«, egal wie sehr wir auch auf ihn einredeten, er gab keinen Ton von sich. Gevatter Halil, sein Vater, schleppte sich auf Krücken nach vorn. »So wartet doch, er wird schon erzählen. Drängt ihn nicht so«, sagte er und schlurfte seinem Sohn entgegen.

Alles war still. In dem Moment war Osman für uns wie unser Dorfältester. Wir versammelten uns um ihn herum, und er trank das Wasser, das ihm gereicht wurde. Im Licht, das sein knochiges Gesicht beschien, sah das Kind Osman wirklich aus wie ein Ältester.

»Ich bin abgehauen«, sagte er, »ich hab' es nicht mehr ausgehalten. Das Essen, das zum vereinbarten Lohn gehörte, war ungenießbar. Sie wollten mich mit dem Geld abspeisen, das ein Taucher bekommt, der nur noch den Cumua-Schwamm holen kann. Die Melat-Schwämme waren in der ersten Zeit noch in seichteren Lagen. Durch die Ernte wurden sie immer weniger, und die Ipsator-Schwämme waren nur noch in fast sechzig Metern Tiefe zu finden. Vor Sorge um das tägliche Brot wissen wir nicht ein noch aus.

Und der Vertrag macht uns zu reinsten Gefangenen! Wir konnten uns nicht mehr frei bewegen. Sagen wir mal, du hast es unter tausend Schwierigkeiten geschafft, von Kreta zu fliehen. Wenn du es dann nicht bis in unsere Gewässer geschafft hast, bringen sie dich wieder zurück. Sie sagen, das Geld zahlen wir erst, wenn die Arbeit getan ist. Gestern Nacht bin ich auf Rhodos angekommen. Von da aus bin ich 'rüber zur Sini-Insel. Vor einer Woche sind drei Griechen die Lungen beim Tauchen geplatzt. Mit ein Paar Groschen als Beigabe haben sie sie zu ihren Familien zurückgeschickt.

Die armen griechischen Taucher brechen die gemeinen Felsenschnecken auf und essen sie. Wir würden die noch nicht mal als Fischköder nehmen. Hast du hundert davon, sind das gerade mal zwei bis drei Happen, noch dazu sind sie so schleimig. Wir haben sie auch gegessen. In den letzten Tagen konnte ich kaum wieder an die Meeresoberfläche kommen. Selbst die Schwämme, die ich mit den Händen erreichte, konnte ich nicht mehr abreißen. Ich hatte Angst, konnte nicht mehr. Einer von den griechischen Tauchern war noch nicht ganz tot gewesen, als sie ihn auf das Boot zogen.«

Mein liebes Kind, ich konnte gar nicht glauben, daß es auch einem ungläubigen Griechen im eigenen Land genauso schlecht gehen soll wie einem Fremden. Als gäbe es das bei uns nicht.

»Die ganze Zeit bin ich nicht satt geworden«, sagte Osman.

Sein Vater hing zusammengesunken an seinen Krücken und sah ihn ganz verständnislos an. Als seine Mutter sich auf den Weg nach Hause machen wollte, sagte Zelha: »Warte, Tantchen, ich konnte heute Nacht nicht schlafen und hab' deswegen schon das Essen von morgen auf den Herd gestellt. Es ist noch ganz warm, ich will es schnell bringen.«

Zelha hat dann in der Dunkelheit den Topf voll Kichererbsensuppe vom Feuer genommen und hergebracht. Dazu haben sie noch Brot gegeben. In das zischende Brennen der Gaslampe, die Stimme der Eule, die die Nacht milder stimmte, und das Zirpen der Grillen; in all diesen Geräuschen, die wir hörten, mischte sich Osmans Schlürfen und Schlucken. Plötzlich erhob İnce İbrahims Stiefmutter ein Geschrei, wie bei einer Beerdigung.

»Sag doch, Osman, ich will dir mein Leben opfern. Sag doch, was ist mit meinem Söhnchen İbrahim?«

Daß sie derart schrie, war ein bißchen der Sitte wegen, denn als der Vater von İbrahim sie zur Frau nahm, hatten die Dorfleute schon hinter ihrem Rücken gesagt: »Mit einer Stiefmutter im Haus hat ein junger Mann nichts mehr zu lachen.«

Salih Çavuş, der Vater von İbrahim, stand etwas entfernt beim Sonnendach des Cafés am Anlegesteg und sah niemanden an.

»Es geht ihnen schon gut, Tante Havva«, antwortete Osman. Hätte Osman doch etwas anderes gesagt, liebes Mädchen. Ich weiß nicht, was er hätte sagen sollen, aber dieses kurze »Es geht ihnen bestimmt gut« gehörte sich einfach nicht.

»Wenn es ihnen angeblich gut geht, mein Osman, warum wolltest du dann dein Leben vor dem Feind retten und bist hierher geflohen? Wie kannst du sie so im Stich lassen?« sagte ich.

»Tante Durkadın ...«, sagte Osman, und seine Stimme überschlug sich dabei. »›Los‹«, sagte ich zu den beiden, »›wenn wir nach einer Ruhepause auf Rhodos die Insel Sini erreicht haben, dann ist es schon fast geschafft. Auf Sini haben wir ja Papu Dimitri und andere griechische Bekannte. Sie finden für uns ein Versteck. So hab' ich es auch mit Papu Dimitris Schwammfischerboot hierher geschafft.‹«

Die Olivenfelder dort sind gut, aber ein Teil davon auf der Insel ist genauso wild wie die Olivenhaine bei uns. Ich hab' doch gesagt, am Tag, als die drei Griechen urplötzlich die Taucherlähmung bekommen haben, da hat Musa gesagt ›Auch ein Grieche ohne Geld ist hilflos. Warum wunderst du dich, mein Bester? In unserem Meer bekommt man die gleiche Taucherlähmung. Laßt uns doch erstmal den Lohn kassieren, dann stehen uns alle Wege offen. Außerdem muß ich zuerst nach Bozburun, da will ich die letzte Rate für das Boot abzahlen und dann ins Dorf zurückkehren. So muß es sein‹. ›Kann man sich denn aussuchen, wo man stirbt, Hansdampf Osman‹, machte sich İbrahim über mich lustig. Ich habe mir aber drei Tage und Nächte lang überlegt, und gefunden, daß der Mensch leichter in seiner Heimat stirbt.«

»Was ist denn passiert, als die griechischen Taucher starben, Osman, daß es dich so mitgenommen hat und du weggelaufen bist? Warum hat mein Musa alles so leicht genommen?« bedrängte ich ihn.

»Es war genauso, wie hier bei uns, Tante Durkadın. Die Mutter von einem von ihnen war aus einem nahen Dorf. Sie kam gleich angerannt. Den Vater hatte sie nach einem Popen geschickt. Als der schwarzgekleidete Pope kam, fing die Frau so an zu schreien, daß ihre Bekannten zuerst erschrocken zurückwichen. Dann hielten sie die Frau fest an den Armen und zogen sie weg. Der Pope stellte sich in der Mitte auf und betete, als rede er mit sich selbst. Hätte der Vater des Toten nicht griechisch gesprochen, du hättest ihn für unseren Gevatter Hüseyin halten können, genauso war er von Gestalt und Kleidung. Als die Leiche des einheimischen Tauchers weggebracht wurde, hat Musa mitgeholfen, den Sarg zu tragen. Die anderen beiden Toten sollen Freunde gewesen sein. Sie haben sie auf ein Schiff gebracht und dorthin geschickt. In das unterste Schiffsdeck haben sie sie gepackt, mit einem Mann in Begleitung. Der sollte zusammen mit den Toten auch den Arztbericht und die polizeilichen Papiere dorthin bringen.«

Es gab keine Fragen mehr. Von Balıkaşıra her graute schon der Tag. Mein Mann flüsterte irgendwas mit dem Vater von Osman. Und İbrahims Stiefmutter tupfte sich mit ihrem weißen Kopftuch die Tränen ab. Auch die Kinder aus dem Dorf hatte der Lärm der Menge und das Kommen und Gehen geweckt, und sie waren aufgestanden. Einige hatten ein angebissenes Brotstück in der Hand, andere weinten. Als mein Mann »Los, geh schon Durkadın!« sagte, bin ich ohne Widerworte nach Hause gegangen. »Jetzt haben wir die Nacht zum Tag gemacht. Am besten wär's, wir würden gleich aufs Feld gehen.«

»Mir tut alles weh«, hab' ich gesagt, »geh du ruhig, aber laß mich nach Hause. Ich hab' keine Kraft zum Arbeiten heute morgen.«

An dem Morgen habe ich erst richtig gespürt, wie dieser innerliche Schmerz, diese haarfeine Schlange erwachte. Es war so, als würden sich dauernd Wunden in meinem Fleisch auftun. Ich kam nach Hause und holte das Bild von Musa aus seiner Marinezeit. Sein Gesicht darauf war ganz klar. Dann hab' ich mich gründlich zum Gebet gewaschen. Als das kühle Wasser meine Haut berührte, hab' ich daran gedacht, wie ich mich früher als Mädchen vor Festtagen gewaschen habe. Tränen rannen mir aus den Augen, mein liebes Kind. Du mußt wissen, auch das blinde Auge eines Menschen kann weinen.

Auf dem Boden habe ich ein sauberes Tuch ausgebreitet. Ich hab' den Koran von der Wand genommen und angefangen, mit meinen Fingern über die Schrift zu fahren. Ich kenne weder die alte noch die neue Schrift. Aber jeden schwarzen Fleck, jeden Strich im Buch, das Gott den Muslimen gesandt hat, habe ich voller Ehrfurcht mit meinen Fingerspitzen gelesen, ohne etwas auszulassen. Musa und meine anderen Kinder habe ich lebendig an meinem inneren Auge vorbeiziehen lassen. Ich habe an mich, meine Mutter, meinen Vater und an die Toten aus meinem Dorf, die ich nicht kenne, weil sie schon so lange tot sind, aber deren Namen unseren Neugeborenen gegeben werden, gedacht. Ich dachte dabei wieder an unser Land, das so reich ist an Sonne, Regen und Meeren, und daran, daß wir unser Brot aus der Tiefe holen müssen. An die fleischigen Fische dachte ich, mit ihren roten Kiemen, die in den Tiefen der Buchten umherschwimmen. All dieser Dinge habe ich zusammen mit dem erhabenen Namen Gottes gedacht.

Und ich habe bemerkt, nichts habe ich gegen die Sonne, die mein Augenlicht nahm, und gegen das Meer, das die meisten unserer Männer zu Krüppeln macht. Auch das habe ich ganz offen mit meinem Gott beredet. Und ich hatte dabei genau das gleiche freudige Gefühl im Herzen, wie als Mädchen, wenn ich auf das weite Mittelmeer schaute, das im Sonnenuntergang kühl schimmerte. Mit meinen Fingern, die durch Anstrengung ganz rauh und geschwollen sind, habe ich die Schrift, ohne auch nur etwas von ihr zu übergehen, gestreichelt. Dabei habe ich, so gut ich konnte, Gott angefleht und inständig um die Rückkehr von Musa und den anderen jungen Männern gebetet. In meine Bitte habe ich den Wunsch eingeschlossen, alle unsere Toten mögen friedvoll in der Erde ruhen.

Als ich die letzte Seite umdrehte, hab' ich erst mal mein Auge nach rechts und links schweifen lassen, um zu sehen, ob da jemand in meiner Nähe wäre. Dann rief ich, so laut ich konnte: »Musa soll nicht dort drüben bleiben. Schütze du ihn vor der Ungewißheit des Meeres und vor unmenschlichen Menschen. Oh mächtiger Gott des Menschengeschlechts, erhöre mich! So viele Jahre ist hier keiner durch die Feindschaft der Menschen gestorben. Unsere Sorge war nur das tägliche Brot. Du bist doch Gott, verdient denn jeder, dem du das Leben schenkst, sein täglich Brot nur um den Preis seines Lebens?«

Dann war ich still. Sah aus dem Fester. Schloß den Koran, küßte ihn und hielt ihn gegen die Stirn. Im Zimmer wurde es heller. Von weitem kam zweimal hintereinander der Ruf eines Rebhuhns. Es vergingen vier Tage und Nächte. Ich hab' mich nicht aufgelehnt und meine Arbeit gemacht. Ob auf dem Feld oder im Haus, ich tat meine Arbeit. Es gab ja keinen Grund, sich ungehörig zu verhalten. Osman war ein Kind unseres Dorfes. Es hätte uns auch angestanden, sich über seine Rückkehr zu freuen. Sie sollten nicht sagen, »Die Durkadın denkt nicht weiter als bis zu ihrer eigenen Türschwelle.« Und dabei wuchs die Sorge in meinem Herzen nicht nur Musas, sondern auch İnce İbrahims wegen.

Es war der siebte Tag. Gerade, als zum Nachtgebet gerufen wurde, näherte sich ein fremdes Boot dem Steg, wo auch ihr ausgestiegen seid. Die Leute im Kaffeehaus standen auf. Selbst zum Nachtgebet wird es hier nicht dunkel, sondern es herrscht nur Zwielicht. Wer war auf dem Boot? Aus dem Kaffeehaus kamen sie zur Begrüßung heraus. Ich war gerade dabeigewesen, Brotteig zu kneten. Das, was ich hier erzähle, hab' ich gesehen, als ich hinausging, die Glut anzufachen.

Ich weiß heute noch nicht, warum ich die schmale, lange Holztruhe auf dem Boot gesehen, sie aber überhaupt nicht wahrgenommen habe. An ihrer Kopf- und Fußseite hatten sie irgendwelche bunten Dinge festgesteckt. Die Menschenmenge wurde immer größer. Ich bin auch hinuntergegangen und habe mir einen Weg durch die Menge vor dem Kaffeehaus gebahnt. Die bunten Dinge am Kopf des Sarges waren hiesige Wald- und Wiesenblumen. Wo sie sie auch gefunden hatten, sie hatten sie festgesteckt. Du brauchst niemanden zu fragen, wer die Nachricht überbracht hat; keiner weiß es. Das ist die Macht der schlechten Nachricht, mein Kind. Sie läßt sich nicht aufhalten, noch verhindern.

İbrahims Vater hatte den Sarg erreicht und stand nun mit herabhängenden Schultern daneben. Er musterte das Gesicht jedes einzelnen. Die Menschen aus der Kreisstadt auf dem Boot waren schweigsam. Verwelkt neigten sich die Blumen über dem Sarg. Wenn ein Windstoß unter das Sargtuch fuhr, sah man das Rot des frisch gehauenen Kiefernholzes. Vier Männer, die wir nicht kannten, schulterten den Sarg. Weil er so schwer war, gingen sie erst in die Knie und richteten sich dann wieder auf. Vorsichtig stiegen sie aus dem Boot. Alle Menschen aus dem Dorf hatten sich versammelt, keiner fehlte. Und niemand sprach. Der Ortsvorsteher war vorgetreten. Aus dem Bug des Bootes zog der Bootsmann ein Bündel hervor und reichte es ihm. Ihre Köpfe näherten sich einander und trennten sich wieder.

Vor Salih Çavuş blieb der Ortsvorsteher stehen. Er streckte ihm das Bündel entgegen. Salih Çavuş stieß es von sich. Das Bündel fiel auf den Boden und sein Knoten löste sich. Heraus fiel eine versilberte Tabakdose.

»Was soll das, Salih Çavuş«, sagte der Ortsvorsteher.

Salih Çavuş bückte sich und sammelte das auf dem Boden Liegende auf. Sein Gesicht war kreidebleich. İbrahims Stiefmutter riß sich los und stürzte hinzu. Und wie sie dann »İbrahim, mein Junge!« aufschrie, trauten selbst die, die es hörten, ihren Ohren nicht. Ich kam auch dazu und sagte: »In dem Sarg da sind sowohl İbrahim als auch Musa.« Ich sagte das aber nicht so mit verzweifeltem Geschrei und Weinen, wie es sich für einen Unglückstag gehört. Ich war wie einverstanden mit allem, was passierte.

Das Augenschmalz wischte ich mit meinem Kopftuch ab. Ich streckte mich zu dem Sarg 'rüber, den die Männer auf ihren Schultern trugen, und lehnte meine Wange dagegen. Ein Gestank stieg mir in die Nase, so was hatte ich mein Lebtag nicht gerochen. Verfaultes, verdorbenes Fleisch, selbst verrottetes Heu kann kaum solchen Geruch verbreiten. Aber ich sagte zu mir, so, wie wir uns mit dem unannehmbarsten Unheil abfinden, so ist auch der übelste Gestank über uns geschickt. İbrahims jugendlicher Körper, der sich im Tavas-Tanz gereckt und gestreckt hatte, lag also in dieser eilig zusammengenagelten Holzkiste. Sein sich auflösender, aufgequollener Leichnam war wer weiß wieviele Tage in der Fremde herumgestoßen worden. Dieser unvermeidliche Geruch, der meine Seele wie eine schwarze Wolke erdrückte, mich mit dem Gefühl von Übelkeit umgab, war das Lebensgeschwür des kränklichen İnce İbrahim, der für seine jungen Jahre zu viel Kummer hatte ertragen müssen. Die Unerträglichkeit des Gestanks verbreitete in alle Richtungen die Mühsal, die er ertragen hatte, und das Böse, das im Tod eines jungen Mannes liegt.

Einige Zeit blieb ich so in Gedanken versunken angelehnt an den Sarg. »Laß doch, Durkadın, da drin soll doch nur die verwesende Leiche von İbrahim sein. Man sagt, sie muß so schnell wie möglich beerdigt werden, der Leichnam sei schon seit Tagen unterwegs«, sagte Salih Çavuş. Ich lachte. Halte mein Lachen nicht für ungehörig. Was heißt das schon, Weinen? Über einen verwesenden zweiundzwanzig Jahre jungen Toten? »Ach, mein lieber Salih Çavuş«, hab' ich gesagt, »hier drin sind beide, Musa und Ibrahim, daß du's nur weißt.«

»Hör doch auf, zu weinen, Nachbarin Durkadın«, sagte Salih Çavuş. Das heißt also, das Weinen hatte ich mir so entwöhnt, daß mein Mund lachte, während meine Augen Tränen vergossen. Salih Çavuş hielt mich an den Händen und zog mich von dort weg. Weiß nicht, warum er seine Augen mit dem Ärmel abwischte. Er dachte wohl, auch er weine. Aber so wie kein Leben in seinem Gesicht war, hatte er auch keine Tränen in den Augen.

Das Begräbnisgebet wurde ausgerufen, und sie begruben İbrahims Leichnam. Den leeren Sarg nahmen die aus der Kreisstadt mit. Am Abend lud der Ortsvorsteher sie zu sich nach Hause ein, und wir brachten ihnen Huhn und Kichererbsenspeise. Sie konnten aber nichts essen. Als sie İbrahims Leichnam ins Grab gelegt haben, soll aus dem Leichentuch Blut in die Erde gesickert sein.

»Das Blut ist auch Musas Blut«, hab' ich gesagt.

»Nein nein, Durkadın«, erwiderten sie da.

»Das ist auch das Blut der griechischen Taucher, die ihre Lungen ausgespuckt haben und gestorben sind«, sagte ich.

»Niemals«, haben sie gesagt, »nie, die waren doch keine Muslime!«

»Ihr versteht nichts davon«, hab' ich gesagt und gelacht.

»Weine nicht, Durkadın«, sagten sie, »wir haben es mit unseren eigenen Augen gesehen, ins Leichentuch war nur eine Person gewickelt, und das war İbrahim. Es ist auch kein Blut herausgeflossen.«

Ich sagte: »Die Erde wollte auch ihr Blut, das ist doch klar. Ist auch ordentlich viel Eiter aus meinem Musa geflossen? Ist also sein toter Körper jetzt ganz rein?«

Sie haben lieber geschwiegen und sind davongegangen. Drei Tage später gab Halil Çavuş İbrahims Hose und Weste und was er noch so hatte, dem Sarı İbrahim. Der ist mit seinen sechzehn Jahren jung und kräftig. Wenn er ein Lied zu singen anhebt, und du seine Stimme hörst, dann wird der Schmerz in deinem Herzen übermächtig und bricht aus dir heraus.

Du wunderst dich, wieviele İbrahims und Osmans es in diesem Dorf gibt? Der Name jedes Toten ist ein Andenken für den, der bleibt. Wozu nach neuen Namen suchen? Jeder kennt hier jeden, liebes Kind, und zum Zurufen reicht doch ein Name. Es sind jetzt wohl vier Monate, daß ich hier sitze. Zwei Briefe von Musa sind gekommen. Der griechische Taucher mit Namen Kosta ließe mir die Hände küssen. Sie würden gemeinsam Suppe kochen und essen. In einem Brief fragten sie, ob uns die Tabakdose, die İbrahim seinem Vater Halil Çavuş gekauft hatte, erreicht hätte. Jetzt enden die Briefe nicht mehr so wie die ersten, die sie geschrieben hatten, fröhlich und mit Scherzen.

»Noch zwei Monate, Mutter, das ist nicht mehr lange«, sagte er. »Mach dir keine Sorgen.«

Ach mein Musa! Ach du Armer! Da glaubt er doch, er wird die zwei Monate nicht auf dem Meeresboden schuften, sondern auf der Straße spazieren.

Außer diesem Bild, ich hab's dir ja gezeigt, bewahre ich nichts mehr auf. Da sind sie nämlich noch alle vollzählig drauf. Osman, İbrahim, Kosta und Musa. Die Briefe kommen mir jetzt unvollständig vor. Ich habe nur einen Wunsch: Wenn ich doch eine Totenklage auf die jungen Männer anstimmen könnte, die gestorben sind, auf die Toten, die aus der blauen Tiefe des Meeres aufsteigen, um ans Tageslicht, an die Luft zu kommen. Eine so gewaltige Totenklage, daß sie den Verstand und das Herz der Menschlichen unter den Menschen berührt. Das ist nicht möglich, ich weiß es wohl! So wünschte es sich eben das Herz. Ich gehe nicht mehr nach Hause. Mein Mann hat die Hoffnung aufgegeben und zwingt mich nicht dazu. Manchmal bringt er mir Essen. Und Zelha, die hat begonnen, die Arbeit im Hause zu machen, noch bevor sie unsere Schwiegertochter geworden ist. Sie sagt immer: »Es ist genug, Mutter, Musa kommt zurück.«

»Wenn er auch wiederkommt, so müssen doch andere fortgehen. Auch ihr Blut wird sich ins Leichentuch von İbrahim mischen. Wie kannst du das nur vergessen, schöne Zelha«, sage ich dann. Ich lache, ohne es meine Schwiegertochter, deren Leib noch kein Kind getragen hat, merken zu lassen. »Weine nicht, Mütterlein«, sagt sie. Wie ich schon gesagt habe, eigentlich weine ich nie. Ich sehe aber, das Lachen habe ich auch verlernt. Ich denke an jeden Menschen, der in meinem Dorf ein- und ausgeht, an die ungläubigen Engländer und Deutschen, an den Lehrer und die Menschen, die die Kreisstadt bevölkern, in die ich noch nie gegangen bin. Auch an das Bezirksamt, das einen Tagesmarsch weit entfernt von uns ist, denke ich, und an die Menschen jenseits der Felsen, von denen ich die Schatten in ganzer Länge sehen kann. Alles, was geschieht, steht in irgendeiner Weise in Verbindung mit diesen Dingen, sag ich. Ich kann nicht böse sein, weil das Meer und die Ungeheuer im Meer ihre Opfer fordern. Das habe ich durch mein Ausharren hier bei Tag und Nacht gelernt. Das Meer, die Sonne und die Fische haben doch keinen Verstand, daß sie dem Menschen feindlich wären.

Ja, mein liebes Kind, du bist aufgestanden, es wird wohl Zeit für dich. Die Steine haben sich erwärmt und die Myrthen beginnen, ihren Duft zu verströmen. Das Zirpen der Grillen ist seltener geworden. Es ist Abend. Heute Nacht wird der Mond scheinen. Bis ihr in Cabıcak angekommen seid, wird er nicht leuchten. Ihr werdet sehen, da wo ihr hingeht, sieht er gar nicht wie unser Mond aus. Der Lärm der Menschen beschmutzt ihn. Hör mal genau hin. Du wirst ab und zu eine Vogelstimme hören. Das ist die Nachtigall. Wenn sich nachts das Dorf schlafen legt, kann sich keiner vorstellen, was ich alles höre. Du denkst, das Meer wird nachts dunkler, oder? Nein, das stimmt nicht. Die verschiedenen Fische und Ungeheuer aus der Tiefe verströmen ihr Licht und schleichen sich so mit den Wellen bis hin zum Ufer. Diese zaghaft schlagenden Nachtigallen dagegen beginnen dann gemeinsam zu klagen. Der volle Mond steigt hinter den Buchten, der alten Burg und der Insel auf der anderen Seite auf, streichelt mit silbernem Licht das Meer und erreicht mich. Er fällt auf meine gealterten rauhen Hände und meine Augen, die aus den Augenhöhlen verschwunden und trübe sind. Er weckt die haarfeine, grüne Schlange, die unter meiner verknöcherten Brust zusammengerollt wartet. Du glaubst sicher, diese Schlange gehört zu dem Bösen, aber du irrst dich. »Vergiß es nicht«, sagt sie und versprüht dabei ihr Gift rund um meinen Lebensbaum, der weiß, was es heißt, Mutter zu sein. »Vergiß das Blut nicht«.

Sicherlich gibt es unter den Schlangen keine gute. Wenn sie schon herumschleicht, giftig ist, nicht lachen und nicht weinen kann, muß sie ja böse sein. Aber ihre Bosheit ist in diesen Zeiten genau das richtige. Damit ich mich an das, was geschieht, gewöhne, ist es gut, daß sie jede Nacht auflebt.

Geh' nur, lebe wohl. Es ist Zeit. Sicher, du gehörst dahin, wo die Menschen mit Namen gerufen werden, die wir hier noch nie gehört haben.

Ich? Hab' ich doch schon gesagt, ich warte weiterhin. Da kenne ich keinen Überdruß, keine Schwäche. Wenn ich sterbe, werde ich alle Worte finden, die ich sagen will. Auch wenn die Leute sie zuerst nicht verstehen, werden sie im nachhinein anfangen, darüber nachzudenken.

Was ich sagen will ist, mit jedem Tag, jedem Monat wird man meine Erzählung besser verstehen. Sieh mal, in dieser Nacht werden wir erfahren, daß Dankbarkeit für den Menschen nicht immer das richtige ist. Wenn nur noch der Morgenstern am Himmel steht, dann kehren die Boote mit schönen Brassen, so groß wie ein Kind, und mit glänzenden Schuppen vom Fischen zurück. Ich werde wieder für sie beten.

Wenn der Morgen dämmert, stecken die Felsenfische den Kopf aus den Höhlen und schwimmen umher. Zu dieser Stunde werde ich, den Kopf auf die Knie gestützt, ein bißchen Schlaf finden. In diesem Schlaf, so kurz, daß man nicht auseinanderhalten kann, ob es Traum oder Wirklichkeit ist, werden diejenigen, die in der Fremde ihr Leben gelassen haben, zu Bildern, und sie lächeln mir zu. Ihre Gesichter sehen alle gleich aus, wie blühende Mandelzweige im Frühling.

Ich weiß ja, Musa hat sich noch nicht zu ihnen gesellt, aber was soll's? Wenn du ihr Lachen siehst, glaubst du nicht, daß sie schon tot sind. »Lacht doch nicht«, werde ich ihnen ganz leise zurufen. »Nehmt doch euren unverdienten Tod nicht so hin. Ihr Menschen, opfert euch doch nicht für die, die auf eure Kosten leben und euch zwingen, das Leben zu riskieren.«

Bevor die Sonne glühend über den Buchten aufsteigt, wenn der Rauhreif fällt, werde ich meinen Kopf von den Knien nehmen. Daher kommt es, daß sie sagen: »Sie schläft nie«. Geht es denn etwa ohne Schlaf? Geht es denn etwa ohne Essen? Die Neugeborenen werden eines Tages so von mir erzählen: »Oma Durkadın hatte schon gesagt ...«

Jetzt schon sind die Menschen mucksmäuschenstill, wenn sie mir zuhören. Aber dann gehen sie weiter, kopfschüttelnd und schon bei anderen Gedanken. Hast du noch einen sehr weiten Weg, mein Kind? Du hast gesagt, wir hätten alle die gleichen Namen. Hast du Angst, uns durcheinanderzubringen, wenn du später von uns erzählst? Reicht es nicht, wenn du sagst »Es sind Menschen wie wir«?

Sevgi Soysal

Als sich Henker Fuchs unter die Stadtbewohner mischte

Der Fluß schlängelte sich von der Stadtmitte bis zu den äußeren Stadtmauern und teilte sich genau am Hause des Henkers. Zu Fluß und Stadt hin hatte es eine feste Grenze. Hier endete die Stadt, deren äußersten Rand dieses Haus bildete. Seit dem Jahre 1400 wurde es von der Familie Fuchs bewohnt. Seit dieser Zeit wurde auch in der Familie Fuchs das Amt des städtischen Henkers immer vom Vater auf den Sohn übertragen. Es war ihnen ebenso verboten, in der Stadt zu wohnen, wie sich unter die Stadtbevölkerung zu mischen.

An ihrem Haus rann ein Arm des Flusses vorbei. In den Garten des Henkers gelangte man nur mittels einer besonderen Brücke, die über den Fluß führte. Nur äußerst mutige Stadtkinder wagten sich bis zu dieser Brücke heran, rannten dann aber, ohne Atem zu schöpfen, zurück zur Stadt, als habe sie das Beil des Henkers berührt. Wie viele Kinder hatten nicht schon seit dem Mittelalter diesen unheimlichen Schauder erlebt.

Fremde erkannten von weitem, wer zu den Henkerskindern gehörte. Alle Füchse waren rothaarig. Das war von jeher so. Rote Haare galten als Zeichen des Teufels. So waren sie gekennzeichnet als Kinder des Teufels und des Henkers.

Nie sprachen sie mit jemandem, nie antwortete man ihnen. Eine Gelegenheit, die dies erfordert hätte, ergab sich auch nicht. Die Frauen der Familie konnten nicht auf den Markt der Stadt gehen, niemand hätte ihnen etwas verkauft. Für ihre Ernähung sorgte die Stadtverwaltung. Täglich kam ein Pferdewagen mit Eßwaren. Der Fuhrmann stellte den Proviant am Ende der Brücke ab und fuhr sogleich im Galopp davon. Kaum hatte er dann die Stadt erreicht, lief er direkt ins Wirtshaus, wo er Schauergeschichten über die unheimlichen Bewohner des Hauses verbreitete, an die er sogar selbst glaubte.

Die Frauen der Stadt erzählten sich diese dann schamvoll

errötend beim wöchentlichen Kaffeekränzchen. Die roten Haare dieser Familie waren ein Symbol für das Blut, das sie vergossen. Seit dem Mittelalter begeisterte sich diese Stadt an Hinrichtungen. Lachend amüsierte man sich mit Kind und Kegel, während man Nüsse knabberte und den Hinrichtungen zuschaute. Man ereiferte sich gegen den zum Tode Verurteilten und klatschte Beifall, wenn sein Kopf fiel. Hinterher spielten die Kinder dann noch tagelang das Hinrichtungsspiel. Es war ein Vergnügen mit Tradition. Später jedoch, einige Zeit nachdem sein Kopf gefallen war, empfand man eine besondere Zuneigung zu dem Delinquenten, und der Henker, der dieses Unrecht vollzogen hatte, wurde verflucht. Er war der einzig Verantwortliche all dieser ungerechten, dieser fröhlichen Tode.

Es war immer diese eine Familie, die den Hexen der Stadt, den Ketzern und Deserteuren, auch denen, die ihren Fürsten keinen Tribut leisteten, und den unkeuschen Priestern den Kopf abschlug. Sie war es, die manchmal aufständisches Volk und zuweilen auf Wunsch des Volkes seine Fürsten hinrichtete. Sie war Henker der Herrschenden wie auch der Aufständischen, die personifizierte Ungerechtigkeit.

Für jeden abgeschlagenen Kopf wurde ein Wehgeschrei angestimmt, während dessen man mit Abscheu an den Henker dachte. Dies war so seit dem Mittelalter. Nach langen Regenfällen strömte der Fluß blutrot gefärbt vom Hause des Henkers an der Stadtmauer vorbei. Dann wußten die Stadtbewohner, daß der Henker sein nächstes Opfer gefunden hatte.

Die Todesurteile wurden nach ordentlichen Gerichtsverhandlungen ausgesprochen; so sah es nach außen hin jedenfalls aus. Vorher jedoch hatte der Henker mit den roten Haaren als Zeichen des Teufels dank seiner übernatürlichen Kräfte dafür gesorgt, daß der später Geköpfte schuldig wurde.

Joseph Fuchs erwachte mit furchtbaren Kopfschmerzen. In der Nacht zuvor hatte er die Hälfte des Weinbestandes, den er von seinen Vorfahren geerbt hatte, vertrunken – den Wein, den seine Familie von alters her kelterte.

Ein Leben ohne menschliche Beziehungen verstreicht langsam. Aber seine Familie hatte gelernt, dieser unendlich langen Zeit einen Sinn zu geben. Sie kelterten Wein, woben Teppiche, strickten und spielten Gitarre. Es wurde gedichtet, vierstimmig gesungen, und man züchtete Hühner. Im Herbst besserten sie ihr Haus aus, strichen die Fensterläden, deckten das Dach, zogen neue Seitenwände für das Haus hoch, schnitzten Türen, tischlerten und polierten ihre Möbel. Unter ihnen gab es auch einige, die Wandbilder malten, Bilder von rothaarigen Männern mit kapuzenähnlichen Kopfbedeckungen, die gen Himmel blickten. Bilder von Früchten, Jesus, der Jungfrau Maria, von Kreuzen, Schäfchen, Wiesen, Hirten und blühenden Pfirsichbäumen.

Ein Mitglied der Familie hatte das Bild eines zum Tode Verurteilten gemalt. Es war das Bild des einzigen Delinquenten, der die Henkersfamilie je beeindruckt hatte. Ein Jungengesicht mit schlankem Hals, langen lockigen Haaren und starren blauen Augen – Augen, die durch Tränen noch schöner wirken würden, Augen, die sich der Nähe des Todes bewußt sind – nüchtern und trotzig.

Auf dieses Bild hatte Joseph Fuchs die ganze Nacht sein Glas erhoben. Das Beil, das seit dem Mittelalter vom Vater auf den Sohn vererbt worden war, hatte er in den Keller verbannt. Eine Ader, die sich aus grauer Vorzeit bis in diese Tage erstreckt hatte, war geplatzt, und es floß daraus in Strömen all das Blut der Hingerichteten. Um sie zu vergessen, hatte Joseph Fuchs Trost beim Wein gesucht. Endlich war er frei. Nie wieder Häupter abschlagen, nie mehr töten müssen: Das war etwa so, wie nicht mehr rothaarig sein.

Joseph Fuchs hatte die Brücke hinter sich gelassen und, die Stadtmauer entlanggehend, die Stadt erreicht. Jedem, der ihm entgegenkam, wünschte er einen: »Guten Morgen«, so als sänge er ein Lied, frohlockend, als offenbarte er seine Liebe. »Guten Morgen, Herr Briefträger«, »Guten Morgen, Herr Zeitungsverkäufer«, »Guten Morgen, Herr Polizist«, »Guten Morgen, Herr Müllmann«. – Keiner erwiderte seine Grüße.

Sie würden sich schon noch daran gewöhnen. Vielleicht ist es schwerer, sich daran zu gewöhnen, daß ein Mensch nicht mehr tötet, als daran, daß er tötet. Er stieg die Rathausstufen hinauf: »Guten Morgen, Herr Pförtner«, »Guten Morgen, Herr Bürodiener!« – Alle seine Morgengrüße blieben an der grauen Farbe der Treppen und Flure kleben und vermischten sich dort mit dem Schmutz. Der Bürodiener wischte mit einem Tuch Josephs »Guten Morgen« zusammen mit dem Schmutz von den Wänden, dann wrang er das Tuch in einem Eimer aus, und die Morgengrüße ertranken.

Als Joseph Fuchs das Wirtshaus betrat, stoben die Katzen auseinander. Wären sie nicht vor ihm geflohen, so hätte er sie getreten.

Er hätte ihnen den Tritt versetzt, den er dem Beamten im Rathaus nicht hatte versetzen können. »Ich habe bei der Stadtverwaltung gearbeitet; seit dem Mittelalter ist meine Familie bei der Stadt angestellt. Jetzt, wo – wie Sie wissen – das Gesetz geändert wurde, möchte ich eine andere Aufgabe von Ihnen zugewiesen bekommen.«

Der Beamte hatte ihm nicht ins Gesicht geschaut, sondern nur immer aus dem Fenster geblickt, den Kopf auf eine Hand gestützt. Dann hatte er gesagt: »Ich verstehe. – Auf der Versammlung ist dies alles besprochen worden.« Fuchs hatte an ein anderes Amt, ein anderes Haus inmitten der Stadt gedacht. Er hatte sich seine Söhne vorgestellt, wie sie mit anderen Kindern Fußball spielten und zweimal in der Woche zum Markt gingen.

Der Beamte hatte ihn nicht angesehen und mit einer Hand seinen Nacken massiert. Höflich hatte er gesagt: »Das alles verstehe ich. Ihr schriftliches Gesuch wurde von der Kommission geprüft. Wie Sie wissen, befindet sich die Stadtverwaltung im Dienste der Bevölkerung. Wir hoffen, Sie werden – auch wenn es sicher schmerzlich ist – verstehen, daß die Bevölkerung von den Pflichten eines – verzeihen Sie – Henkers nicht begeistert ist. Deshalb werden Sie ihre Rente erhalten und weiterhin in dem Haus vor der Stadtmauer wohnen und . . . .«

Aber gerade das Haus wollte er ja nicht – am wenigsten das Haus. Er wollte mitten in der Stadt wohnen, im Stadtpark sitzen und ins Kino gehen. Er wünschte sich, an einem belebten Arbeitsplatz zu arbeiten, einmal ins Bordell zu gehen.

An jenem Tag hatte er sich auf alle Anzeigen in der Zeitung hin gemeldet. Aber Katzen, Frauen und Kinder, sie alle flohen vor ihm, weinten und schlugen ihm die Tür vor der Nase zu. Fenster wurden verschlossen, Telefone gaben keine Antwort. Gardinen blieben zugezogen, Türklingeln stumm.

Als Joseph Fuchs das Wirtshaus betrat, war es so, als habe er die Todesurteile von fünfhundert Jahren an einem Tag vollstreckt. Er bestellte Bier und Gulasch, doch die Wirtin sah ihn bloß feindselig an: »Das Gulasch habe ich an die Katze verfüttert.« Sie fragte ihn nicht, ob er etwas anderes bestellen wolle. Joseph ging selbst hinter die Theke und schenkte sich wieder und wieder Bier in sein leeres Glas ein und trank. Niemand, weder die Wirtin noch die Gäste sagten etwas. Sie beachteten ihn nicht, sondern warteten nur auf das Ende, das Ende der Hinrichtung, darauf, daß er endlich verschwand.

Schließlich war die Hinrichtung vollstreckt. Er ging hinaus und lief den Fluß entlang. Am Flußufer liefen die Huren davon, ohne Lohn von den Kunden zu verlangen, die sie gerade bedienten.

Die Nacht verschloß ihre Türen, der Mond verhüllte sich, die Wolken wandten sich ab. Die Dunkelheit, die flüchtenden Huren und ihre fluchenden Kunden, sie alle verbargen sich, nahmen ihn nicht auf. Die Dunkelheit hatte ihre Pforten verschlossen, bevor Joseph Fuchs sie erreichen konnte.

Er begann zu rennen. – Die Kinder sollten wieder spielen, die Frauen lachen, die Katzen schnurren und die Türen sich wieder öffnen können. Er rannte, damit die Stadt von neuem den Hinrichtungen zuschauen konnte, die Menschen im Wirtshaus sich wieder betrinken und Lieder singen, die Huren wieder ihre Kunden befriedigen konnten, damit der einzige Schuldige wieder nur der Henker sei. Er rannte für diese verachtenswerte, aber ach so schöne, so unverzichtbare Bequemlichkeit, dieses Überbleibsel aus dem Mittelalter.

Er floh aus der Stadt. Die Dunkelheit sollte sich auflösen, der

Mond sich zeigen. Doch die Dunkelheit verschwand nicht, der Mond kam nicht zum Vorschein. Plötzlich erblickte er vor sich den Fluß. Dieser jedoch öffnete seine Schleusen. Die Tiefe des dunklen Gewässers umfing ihn. Dort, in diesem blitzschnell verstreichenden, letzten Moment begriff Joseph endlich, daß es schwer ist, nicht mehr zu töten. Jetzt endlich verzichtete er darauf, das Töten, das einzige, was er je zu tun wußte, aufzugeben. Der Henker Fuchs verzichtete darauf, nicht mehr der allein Schuldige sein zu wollen.

In diesem letzten Augenblick köpfte er ohne Unterlaß, das Beil seiner Väter in den Händen, die Mitglieder der Kommission, ihre Frauen, Mätressen und Kinder. Die Dunkelheit öffnete sich ihm. Der Mond erschien. Blutrot floß der Fluß. Der Mond schaute hinab auf das Wasser. Er sah das Blut Joseph Fuchs' brüderlich vereint mit dem Blut der Stadt fließen, seine Schuld sich mit dem Blut der Stadt vermischen.

Onat Kutlar

Nur dunkel soll es nicht werden...

15. Dezember 1983

»...
Im Knast an die Rose, den Garten zu denken,
ist schlecht,
an die Berge, die Meere zu denken,
ist gut.«

sagt Nazim Hikmet. Ich aber denke, während ich dir jetzt schreibe, an das Gesicht einer Frau, als wär's eine Rose, ein Garten. In Freundschaft, brüderlich.

Ein feines, gepflegtes Gesicht, mit Augen, schmal vor Zärtlichkeit. Stundenlang schaut sie vom Ufer der Straße her auf die vorbeiströmenden Fahrzeuge. Monatelang schon geht sie an einem bestimmten Tag in der Woche frühmorgens fort. Sie steht befangen am Straßenrand, irritiert von der Sorge: »Und wenn ich sie verpasse?!«, von der Angst erfüllt: »Und wenn jemand fragt?!«. Jedesmal muß etwas an ihrer Kleidung ins Auge fallen, das ist wichtig für sie. Ein leuchtend-bunter Schal, ein Seidentuch ... Sie entfernt sich kaum von ihrem bestimmten Platz. Ein Punkt, berechnet in langen, einsamen Stunden und monatelang ausprobiert. So daß sie gut sehen kann, vor allem die herankommenden Fahrzeuge, ohne selbst besonders aufzufallen.

Eine andere Möglichkeit hat sie nicht. Weil sie keine Verwandte ersten Grades ist. So will sie die einzige ihr verbliebene Chance auf die beste Weise nutzen. Wenn du hier im geschlossenen Gefängniswagen auf dem Weg zur Verhandlung vorbeifährst, wird sie dir zuwinken und lächeln. Das ist es, was sie will. Sehen wird sie dich nicht, nur wissen, du bist dort drinnen und ihr grüßt einander.

An diesem kalten Wintertag steht eine Frau dort am Rande der Straße, wie eine Rose, die langsam im Asphalt Wurzeln schlägt.

Nun denke ich an das Gesicht einer anderen Frau. Einer Frau, die am Fenster sitzt und abwesend in den Seiten eines Buches blättert. Ein feiner Regen fällt draußen, unaufhörlich, seit Tagen schon. Sie hebt den Kopf, blickt ihre lachende kleine Tochter an. Und während sie schaut, vergehen die Jahre. Das Kind wächst, ist plötzlich ein junges Mädchen geworden. »Mein Gesicht«, denkt die Frau, »darf sich nicht ändern!« Denn dein Gesicht ändert sich niemals für sie. Die Mieten, das Schulgeld, die Freunde, das Gefängnistor, die Jahreszeiten, sie ändern sich. Die Wachen wechseln, die Gesetze, die Kleider, die Seiten der Zeitungen, alles wechselt, ändert sich. Das einzige für sie stets unverändert Bleibende aber ist dein Gesicht.

Ihr liebevolles Gesicht an den kräftigen Stamm gelehnt, der dein Wesen ist, hält sie beharrlich den endlosen Regenfällen stand.

Warum mir auch meiner Mutter Gesicht vor Augen steht, wenn ich an deine Mutter denke, weiß ich nicht. Weil alle Mütter einander ähnlich sind, deshalb vielleicht. Im Hof eines Lehmziegelhauses überdies, vor einem qualmigen Herd sehe ich sie, deine Mutter, die Augen tränenfeucht. Vom Rauch? Wer weiß! Sie trocknet ihre Tränen mit ihrem feinen Baumwolltuch. Läßt die Suppe weiter brodeln. Und wartet auf die Nacht, die kommen wird wie ein rabenschwarzer, Dampf zischender, nicht enden wollender Zug, um dann an dich zu denken. Auf das Einschlafen der Männer, Kinder, Tiere, Bäume wartet sie, auf die Ruhe der Sättigung. Dann wird sie, wie man gebrochene Glieder mit kundigen Händen richtet, zu richten versuchen, was deinetwegen in ihrem Innern zerbrach. Ein Frauenantlitz voller Geduld und Mut.

So voller Leben ist diese Rose! Keiner der unzähligen Stürme, die ihre Zweige brachen, konnte sie niederzwingen. Noch immer vermochte sie aufrecht zu stehen. Allein, wenn's notwendig war.

Kaum vorstellbar, wie groß die Zahl der Frauengesichter ist, die ich jetzt vor Augen habe! Vor den Toren wartend, auf Nachricht, Urteil, Brief, Vollzug, Freilassung, ein paar Worte, Hoffnung, Monate, Jahre wartende Frauen. Müde Frauen mit Tragetaschen über den Schultern, junge Frauen, die unter deinem Blick erröten, innerlich beben, Frauen im Dschungel der Stadt, von hier nach dort den Anwälten nachhetzende Frauen, bemüht, nicht verlorenzugehen, Frauen, die als letzte Möglichkeit trotzig an die unmöglichsten Türen pochen, Frauen, deren Gesichter vor Schmerz versteinert sind, Frauen, die deine Geliebte, deine Tochter, deine Ehefrau, deine Schwester sind.

Vergiß nicht, eines Tages deinen Blick – so wie ich es eben getan habe – in die Ferne wandern zu lassen: Du wirst dort einen Rosengarten sehen.

Winter herrscht jetzt. Kaum ein Blatt zeigt sich an den Ästen. Doch wir alle wissen, der Frühling kommt bestimmt. Dann werden wir gemeinsam dem Rauschen der Blätter an den Zweigen lauschen. Laß uns, wie schon so oft zuvor, mit Nazim Hikmet schließen, wie wir mit ihm begonnen haben:

»...
Ein Teil von dir mag
einsam sein im Kerker dort
wie der Stein am Grunde des Brunnens,
doch der andere Teil von dir muß
eindringen ins Weltgeschehen,
so tief, daß du drinnen erschauerst,
wenn draußen vierzig Tage weit
das Blatt am Boden raschelt!«

Ferit Edgü

Die Rückkehr

Warum kam ich hierher?
Warum kehrte ich zurück auf diesen Boden,
diese karge Insel, umgeben
von Wasser und wieder Wasser?
Auf dieses Stück Erde,
dessen Luft ich nicht ertrage,
dessen Klima mir schadet,
und wo ich bisher jede Rückkehr bereut hatte,
kam ich zurück –
warum?

Hier öffnete ich die Augen. Hier werde ich sie schließen. Weil ich es so gesagt habe. Hier. Auf dieser Insel. In einem Winkel dieser Insel. In meinem kleinen Haus mit Garten. Weil ich es so gesagt habe. Oder irgendwo am Strand. In einem Felsenloch. In einer Meereshöhle. Wie ein Flüchtiger. Oder auf einem der Hügel. Mit der Schußwunde an der Stirn. Wie ich es gesagt habe.

Ich habe die Augen nicht hier geöffnet. Ich erinnere mich nicht mehr, wo. (Ich werde mich auch nicht erinnern, wo ich sie schließen werde.)

Die Frau, die mich gebar, ist tot. Mein Kindheitsgedächtnis ist tot.

Kann ein Toter sehen?

Wenn ich meine Augen hier geöffnet haben kann, oder auch nicht – warum dann diese Rückkehr,
(die wievielte?)
diese ständige Rückkehr?
Ich weiß es nicht.
Ist es eine Leidenschaft?
Eine fixe Idee?
Anziehung des Bodens?

Ruf des Meeres?
Ich weiß es nicht.
Und kehre zurück, ohne es zu wissen.
Ich stieg aus dem Schiff
mit einem Koffer.

Der Beamte am Anleger grüßte mich, fragte nach meinem Befinden und hieß mich willkommen.

Am Abend betrat ich das Haus, das überall mit Spinnweben behängt war, nachdem ich die Tür mit dem großen Eisenschlüssel geöffnet hatte.

Im Flur fand ich eine Kerze, die man auf der Truhe stehengelassen hatte. Es war so, als ob sie auf mich wartete.

Ich zündete sie an. Im Kerzenlicht besah ich mir dann das Haus, die Spinnweben, die Spuren der Feuchtigkeit an den Wänden.

Ich ging ins Schlafzimmer. Das Bett war bereit. Ein völlig verstaubtes, verdrecktes Bett wartete auf mich.

Ich nahm die Bettdecke weg, öffnete das Fenster, dann alle Fenster, löschte die Kerze und ging. Während ich im Lokal, wo ich meinen Hunger stillen wollte, an meinem Wein nippte, kam ein Freund aus Kindertagen auf mich zu, dessen Namen ich vergessen hatte:

»Also zurück?«

»Ja.«

»Der Boden holt einen zurück, nicht wahr?«

»Nein, nicht der Boden sondern das Meer.«

»Es ist das gleiche.«

»Wie hast du das Haus vorgefunden?«

»Voller Spinnweben.«

»Ist nicht so schlimm!«

»Einige Fensterscheiben sind kaputt.«

»Es sind ja so viele Jahre vergangen.«

»Ja.«

»Diesmal für immer?«

»Ich weiß es nicht. Mal sehen. Vielleicht.«

»Ganz allein?«

»Wie immer.«

Er wunderte sich. Oder er hatte Mitleid mit mir.

»Was ist daran so verwunderlich?«

»Gar nichts. Aber... weißt du, das Alter, wir sind alle älter geworden.«

(Was hatte das Alter mit Alleinsein zu tun?)

»Du hast recht. Willst du mir aus dem Dorf eine Frau finden, die für mich sorgt?«

»Warum nicht?«

Warum nicht?

Eine, die für mich kocht, meine Wäsche wäscht, mein Bett macht, mich in kalten Nächten wärmt. Eine, die mich am Ufer erwartet, wenn ich vom Fischen komme.

Warum nicht?

Es geschah. Sie haben eine gefunden.

Sie war die gutmütigste Frau der Welt.

Sie konnte mir nicht ins Gesicht schauen, ohne zu erröten.

Sie kam, wenn ich rief, und ging, wenn ich sie gehen hieß.

Sie schwieg, wenn ich schwieg.

Sie fragte nur, was ich zu essen wünschte.

Sie fragte nur, welche Blumen ich im Garten sehen möchte.

Und nicht, was ich bis heute gemacht habe.

Und sie fragte nicht, was ich in Zukunft machen wolle.

Sie nahm das, was ich ihr gab. Sie zog an, was ich ihr kaufte.

Nur eines Tages, genaugenommen eines Nachts, bevor wir uns auszogen und ins Bett gingen, sagte sie in ihrer ganzen Naivität etwas, das mein Herz, das ich für felsenfest hielt, durchbohrte:

»Weißt du, vor dir hat es mich so gut wie gar nicht gegeben.«

Ich weiß, das war eher die Stimme der Armut. Ich hatte dieser Frau nichts gegeben. Fast gar nichts. Ein bedrucktes Kleid im Sommer, ein paar Ellen Bibertuch, wenn der Winter nahte. Eine Liebkosung, wenn mir danach war. Oder vielleicht etwas mehr. Ich hatte sie weder himmelhoch gelobt noch in den Boden getadelt, sondern sie einfach so leben lassen, wie ich auch lebte: still, monoton. Zum ersten Mal seitdem sie mein Haus betrat und mein Bett teilte, verspürte ich das Bedürfnis, ihr etwas zu sagen, was Hand und Fuß hatte. Aber die Wörter verknoteten sich in meiner Kehle. Ich konnte nur sagen:

»Ich habe nichts für dich getan.« Dann brachte ich mein Lieblingswort hervor, das ich schon so vielen sagen wollte und nicht konnte:

»Verzeih mir.«

Diese Frau, die sich scheute, das Wort an mich zu richten – geschweige denn, mich zu berühren – die fürchtete, ich könnte ihr das Begehren anmerken, von mir geliebt zu werden, und die ihre Lust schon gar nicht einzuklagen wagte, stieg nun – zum ersten Mal in unserem Zusammenleben – vor mir ins Bett. Sie legte sich auf den Rücken, breitete die Arme aus, schloß die Augen.

»Verzeih du mir und gib mir ein Kind«, sagte sie. Ich glaubte, die Insel hätte angefangen, zu beben oder ein Sturm wäre draußen angebrochen. Sie hatte es mit einer solchen Selbstverständlichkeit gesagt, daß es den Anschein hatte, als wäre eine ausgedorrte Pflanze zur Sprache gekommen, um Wasser von mir zu verlangen. Dabei war sie das Wasser, das Leben, die Sonne.

Als ich mich zu ihr legte, sagte ich, daß sie mir nicht vertrauen dürfe, weil ich selbst kein Vertrauen in mich habe. Ich würde eines Tages gehen, wie ich gekommen bin.«

»Ich weiß«, sagte sie. »Deshalb will ich es ja.«

Mit den Herbstregen erwachte in mir der Wunsch, die Insel zu verlassen. Ich hatte Angst davor, den Winter hier zu verbringen. Hier: eine Insel. Rundherum vom Meer umgeben. Wie auf das Meer geklebt. Und wenn sich eines Tages die Felsen am Meeresboden auflösen, wenn die Insel untergehen sollte? Hatte ich davor Angst? Ich weiß es nicht. War es die Angst vor den Stürmen, die sich im Winter austoben, tagelang nicht zur Ruhe kommen würden? Ich weiß es nicht.

Eines Morgens ging ich zum Anleger. Ich wollte eine Fahrkarte für das Schiff, das in zwei Tagen fahren sollte. Eine einzige Fahrkarte.

Der Schalterbeamte schob mein Geld zurück:

»Wo wollen Sie hin?« fragte er. »Fühlen Sie sich auf unserer Insel nicht wohl?«

»Ich werden meine Angelegenheiten in Ordnung bringen und dann wieder kommen«, sagte ich.

»Welche Angelegenheiten? Was wollen Sie in Ordnung bringen? Redensarten! Bleiben Sie da, wo Sie eben sind. Schauen Sie, die Fremden haben auch alle schon unsere Insel verlassen.«

»Ich habe Sie nicht nach Ihrer Meinung gefragt«, entgegnete ich. »Ich möchte eine Fahrkarte fürs nächste Schiff.«

»Eine Fahrkarte?« sagte er. »Im nächsten Schiff ist kein einziger Platz für Sie da.«

»Es ist also ausgebucht?« fragte ich.

»Nein«, sagte er, »für Sie gibt es keine Karte.«

»Was heißt das?« fragte ich.

»Das heißt, Sie benötigen eine Sondererlaubnis, um die Insel zu verlassen.«

»Von wem?« wollte ich wissen.

»Von der Obrigkeit der Insel«, sagte er.

»Ich werden von niemandem eine Erlaubnis holen«, sagte ich. »Und wenn Sie mir keine Fahrkarte geben, steige ich eben in ein Fischerboot und fahre so weg.«

»Das würde ich Ihnen nicht empfehlen«, sagte er. »Es könnte Ihnen etwas zustoßen.«

Dann flehte er mich an, damit ich bleibe:

»Warum wollen Sie weg? Hier ist Ihr Haus und Hof. Keiner stört Sie. Diese Insel ist Ihre Insel. Ihr Geburtsort. Ihre väterliche Heimat. Dazu haben Sie jetzt noch eine Frau, die ein Kind erwartet.«

»Das ist aber kein Leben, das ich gewählt hätte«, sagte ich.

»Wer von uns wählt schon sein eigenes Leben?« meinte der Schalterbeamte. »Wer wählt schon das Leben, das er leben möchte?«

Das Geld, das ich in der Hand hielt, steckte ich in die Tasche.

»Sie geben mir also keine Karte«, sagte ich.

»Nein«, sagte er.

Als ich seine Bude verließ, rief er:

»Vergessen Sie das mit den Fischerbooten. Sonst lassen sie sich's teuer bezahlen.«

»Das sollen sie mal«, sagte ich.

Was hatte ich zu bezahlen?
Wer sollte mich zur Rechenschaft ziehen?
Und wie?
Und warum?
Ich bin niemandem was schuldig, murmelte ich in mich hinein, aber wenn es sein muß, bezahle ich es eben.
Dazu sagte eine Stimme in mir: »Aber es gibt auch Dinge, die bezahlbar sind.«
»Ich bezahle es mit meinem Leben«, sagte ich.
»Es gibt Dinge, die mit deinem Leben auch nicht zu bezahlen sind.«
Ich hatte eine recht karge Lebenserfahrung.
Ich stellte die passende Frage (»Und was soll das sein?«), konnte sie aber nicht beantworten.

Ich ging zurück an den Strand. An den nicht mehr heißen Strand.
Es war kein einziger Mensch da.
Ich wußte nicht, wohin ich gehen sollte.
Ich war hierher zurückgekehrt, um nicht zu schreiben, bis zum Tode nicht mehr zu schreiben, um Blumen in meinem Garten zu züchten und von den Fischen zu leben, die ich im Meer fing.
Die Sonne ging gerade unter.
Das Schiff, das mich in zwei Tagen von der Insel wegbringen sollte, wenn es nach meinem Wunsch ginge, hatte am Kai angelegt. Es war hell erleuchtet.
Es würde die Anker lichten, und ich würde nicht an Bord sein.
Morgen ist auch ein Tag, sagte ich.
Und ging auf mein Haus zu.
Ich öffnete die Gartentür.
Das Haus war hell erleuchtet.
Ich näherte mich einem Erdgeschoßfenster.
Am Eßtisch saß ein Mann, er hatte seine Papiere auf dem Tisch ausgebreitet, eine Zigarette im Mundwinkel, tippte irgend etwas auf seiner Schreibmaschine.
Meine Frau brachte ihm den Kaffee. Er dankte lächelnd.
Und nahm einen Schluck von seinem Kaffee.

Dann kramte er in den Papieren.

Und begann, auf den Tasten der Schreibmaschine zu hämmern, als zöge er das tetik[1] eines
ins Leere gerichteten
Maschinengewehrs.

1 türkisch: Abzug, Auslöser einer Schußwaffe.

Selim İleri

Das Böse

Ich möchte von einigen traurigen, ja fürchterlichen Dingen berichten. Ja, ich denke, daß diese Dinge, die ich zur Sprache bringe, auch so erlebt wurden – und zwar in meiner direkten Umgebung, direkt vor unseren Augen. Unterdrückte Tränen, krankhafte Verbitterung, komplizierte Seelenvorgänge, Haß und Rache, mehrfache Selbstmordversuche ... Eben derartiges.

Aber wie soll ich diese »Dinge« erzählen? Ich bin ein gefühlskalter, in Geld schwimmender, roher Kerl. Die schrecklichsten Todesnachrichten, Kriegskatastrophen, Ereignisse, die selbst den Normalbürger zu Tränen rühren würden durch die Kraft, die großem Schmerz entspringt ... bei allem habe ich bis heute mit der Schulter gezuckt, wenn ich derartiges hörte, sah, ja selbst, wenn ich direkt mitbetroffen war. »Mir doch egal!« Die Erschütterungen des Lebens ließen mich kalt. Ich erlitt ja keinen Schmerz, brauchte nicht zu leiden. Ich war nie in Geldnot, niemand rührte an meinen Privilegien – alles andere konnte mir wirklich egal sein.

Aber nun hat mich eine Todesnachricht völlig durcheinandergebracht, die vor einigen Wochen in den Tageszeitungen auf der ersten Seite erschienen ist und deren Echo in den Kunst- und Literaturzeitschriften (solche Zeitschriften gibt es also auch!) immer noch anhält und wohl noch lange andauern wird. Tränen habe ich dabei wahrscheinlich wieder keine vergossen, aber zum erstenmal spüre ich Gewissensbisse. Immerhin.

Von außen betrachtet hatte die Todesnachricht mit mir nichts zu tun. Der Verstorbene war weder ein Verwandter oder Nahestehender noch ein Freund von mir (ich kenne ihn aus weit zurückliegender Zeit). Wie gesagt, das geheime Band zwischen dem Romanautor A. S. und mir (meine Scham läßt es leider nicht zu, seinen vollen Namen zu nennen; meine Scham, mein Abscheu, weil ich mich ekle) kann niemand lösen. Selbst meine Frau weiß nichts davon.

Ich bin verheiratet und habe zwei gesunde Söhne, deren Zukunft abgesichert ist. Seit zwanzig Jahren bin ich verheiratet. Meine Frau Neslihan ist eine ehemalige Sopranistin. Hin und wieder erscheint in den Familienmagazinen eine Reportage über sie. Darin steht dann, daß »unsere glückliche Ehe« sie ihre »Liebe zur Kunst vergessen ließ«, aber »die unvergleichliche Stimme der schönen Sopranistin Neslihan jedermann noch gegenwärtig ist«. Ich, Nesli und meine Kinder quetschen uns dann für das Photo auf das Sofa.

Beide Söhne gehen auf ein renommiertes Gymnasium. Ihr Altersunterschied beträgt viereinhalb Jahre. Deshalb empfand eine entfernte Verwandte, die »lustige Witwe« Halide Hanım, das gemeinsame Beschneidungsfest, bei dem wir uns nach dem Jüngeren gerichtet hatten, so belustigend. Nachdem sich Halide Hanım über das Bett meines älteren Sohnes Akat gebeugt und in schallendes anzügliches Gelächter ausgebrochen war, sagte sie: »Bis ihr den nun endlich beschnitten habt, ist er fast eine alte Jungfer geworden.« Diese peinliche Anekdote, an die ich mich jahrelang nicht erinnert hatte, geht mir seit einigen Wochen nicht mehr aus dem Sinn.

Ist unsere Ehe wirklich glücklich? Es drängt mich seltsam oft, darüber nachzudenken. Neslihan und ich hatten aus Liebe geheiratet. Danach hatte ich aber mit unzähligen Frauen intime Verhältnisse. Mit einigen hatte ich monatelang zusammen gelebt.

Meine Söhne, die das Gymnasium besuchen, können alles haben, was sie möchten. Beispielsweise habe ich im letzten Sommer meinem älteren Sohn, als er sein Achtzehntes vollendete, eine Jolle gekauft, und der Kleine – Sümer – hatte sich zu Silvester einen hochempfindlichen Plattenspieler gewünscht, ein technisches Wunderwerk. Nur, meine Frau, sie singt seit Jahren nicht mehr. Wie ein Mensch, der die großen Komponisten kennt und gesungen hat, über Jahre hinweg leben kann, ohne zu singen, habe ich mich das erste Mal gefragt, nachdem sich A. S. das Leben genommen hatte. Ja, A. S. hatte sich das Leben genommen, indem er sich die Pulsadern aufschnitt. Ich war immer dafür, daß meine Söhne ihre Freundinnen mit nach Hause bringen. Aber ob ihnen die sexuelle Freizügigkeit von heute wirklich etwas bringt?

Vor einigen Wochen ging mir noch nichts von alledem durch den Kopf.

Vor einigen Wochen trank ich, so wie jeden Morgen, meinen Kaffee und ging die Zeitungen durch. Es war ein nebliger, trüber Junimorgen (wir sind im Sommerhaus auf Büyükada). Schon zu dieser frühen Stunde drückte einen die Sommerhitze (seit Tagen läuft mir nur noch ein kalter Schauer über den Rücken). Außer mir und dem Dienstmädchen schliefen noch alle. Weiter weg, unterhalb des Nadelwaldes, lag das Meer, mit fernen, rötlichen Punkten übersät.

Einerseits war alles sehr schön. Neslihan wollte für zweieinhalb bis zwei Monate nach Venedig fahren. Während ihrer Zeit als Sopranistin hatte sie Italien liebgewonnen und nie vergessen können. Jedes Jahr wurde die Reise – alleine – wiederholt.

Während ich davon träumte, daß sie bald abreiste, versprach ich mir neue Abenteuer, junge und warme Haut (das Leben war wunderschön). Deshalb las ich die Nachrichten in den Zeitungen – Steuermaßnahmen, das bevorstehende internationale Kunstfestival, neue politische Gesetze und dergleichen – mit einem von Wollust getrübten Verstand.

Wir leben, wie jeder weiß, in einem großen und schönen Land. Die Erde ist fruchtbar und reich. Die Rohstoffvorkommen sind unbegrenzt, aber es fehlt uns an Industrie. Fürs erste wird uns – wie auch Mr. Hawthorne zum Ausdruck gebracht hat – das Auslandskapital unterstützen müssen, da es für uns keine andere Möglichkeit gibt, uns zu entwickeln. Schon als frühpubertärer Junge – meine Söhne sind in dieser Hinsicht viel weiter zurück – bin ich von diesen Einsichten geprägt worden. Der Kontakt der Ausländer zu den Leuten hier ist nicht unkompliziert. Die Kenntnisse, die Sprache, die sie sprechen, die Traditionen dieser Menschen passen irgendwie nicht zusammen. Aber aufgeklärte Geschäftsmänner wie wir, die ausländische Schulen besucht haben, Fremdsprachen können und die westliche Kultur umfassend kennengelernt haben, sind dabei in dieser Sache viel geschickter.

Nun, ich beschäftige mich auch mit Im- und Export. Ich kaufe hier Rohstoffe und vermittle den Verkauf von Fertigwaren.

Einige Menschen wundern sich zwar über die große Gewinnspanne, aber das kommt eigentlich nur daher, weil wir noch nicht industrialisiert sind. Wie dem auch sei, ich will nicht zu sehr in die technischen Details gehen, sondern nur sagen, daß meine Lage stabil ist. Ich bin der Generalvertreter eines großen ausländischen Unternehmens. Deshalb verfolge ich auch die Arbeits- und Wirtschaftsseiten der Zeitungen lückenlos. In einer Zeitung stieß ich auf die Nachricht vom Tode A. S.', und zwar in jener Zeitung, die nur deshalb in mein Haus kommt, damit ich die Haltung meiner Opponenten verfolgen kann, und von der ich ansonsten weiß, daß sie ideologisch gegen das Privatunternehmertum gerichtet ist; für die ich aber trotzdem jeden Tag 10 Lira opfere, um mich abzureagieren, ausgiebig zu schimpfen und zu fluchen. Diese Zeitung hatte detaillierter über die Nachricht vom Tode A. S.' berichtet:

»Der bekannte Romanautor A. S. (in den Zeitungen stand der volle Name von A. S.) hat seinem Leben ein Ende gesetzt. Er hat sich gestern nacht im Hotel das Leben genommen, indem er sich die Pulsadern mit einer Klinge aufschnitt. A. S. war zu später Stunde in das Hotel Pera Palas in Tepebaşi gekommen und hatte ein Zimmer im dritten Stock gemietet. Als heute morgen der Etagendiener eine Blutlache vor der Tür des Zimmers 307 sah, schöpfte er Verdacht. Unter Polizeiaufsicht wurde das Zimmer geöffnet. Die Zuständigen teilten mit, daß sich A. S., nachdem er seine Adern aufgeschnitten hatte, bis zur Tür geschleppt habe, durch den Blutverlust aber dort zusammengebrochen sei. Der 46jährige A. S. hat eine handschriftliche Erklärung hinterlassen, in der er in etwa schreibt: ›Den Tod habe ich selbst gewollt. Niemand ist dafür verantwortlich.‹ Der mehr durch seine psychologischen Romane bekannte und ...«

Für einen Moment war ich wie erstarrt. Oder ich hatte in dem Augenblick nichts verspürt. Bis zu der Minute des Zweifels, in der die Vergangenheit, einige Erinnerungen, wohl die Essenz des Lebens, zusammenkamen, habe ich, so glaube ich, ohne etwas zu verspüren mit leeren Augen das Foto von A. S. angestarrt. Ja, ich glaube so war es.

Wir hatten uns jahrelang nicht gesehen. Ich denke auch nicht, daß wir von Zeit zu Zeit aneinander gedacht haben. Für meinen Teil kann ich sagen, daß ich über all die langen Jahre, in denen wir uns nicht gesehen haben, kein einziges Mal an ihn gedacht hatte. Aber Gülümser, das Dienstmädchen, fragte: »Ist etwas passiert, Kenan Bey?« Ich legte die Zeitung auf den Tisch und sagte: »Nein, wieso?« Mein Gesicht soll kreidebleich gewesen sein. Die weit entfernten roten Feuerpunkte auf dem Meer schienen jetzt noch zahlreicher und reger. Am Strand stand Akats Jolle, standen der Sommer, die Freude und der Geschmack eines ganzen Lebens. Hier oben auf dem Hügel, auf dem Balkon der Villa verströmten Monatsrosen und der Flieder betäubenden Duft.

Was war geschehen, daß plötzlich dieser Selbstmord, diese Dummheit alles durcheinanderwirbelte? Gülümser stand immer noch steif, regungslos, ganz starr, so als wolle sie mich zur Rede stellen ... Mein einziger Gedanke war, schnell aufstehen und die Fähre noch erreichen. Ich wollte fliehen von Büyükada, vor meiner Frau, meinen Kindern, meiner Arbeit, vor allem, ohne Wenn und Aber. Ich schaffte es gerade noch, aufzustehen.

Meine Bewegungen hatte ich nicht mehr unter Kontrolle. Als wäre eine Revolution ausgebrochen, und ich stürzte blutüberströmt zu Boden. Ich hielt mich an den Rohrstühlen fest und ging weiter.

»Möchten Sie Wasser haben, gnädiger Herr?«

Ich hörte zwar Gülümsers Worte, aber die Wirklichkeit erreichte mich nicht. Die Kindheits- und Jugendgesichter von A. S., sein orientierungsloses Verhalten, als er jung war, die braune Locke, die ihm immer auf die Stirn fiel (auf dem Foto in der Zeitung war sein Haar ziemlich licht geworden), seine zarten Hände, die eher an die eines Pianisten erinnerten, all das begann vor meinen Augen vorbeizuziehen.

Ich fuhr nicht zur Arbeit, sondern direkt zu unserem Appartement in der Valikonağı Caddesi. Es war fast so, als lenkte mich irgendeine Eingebung. Ich suchte die Fotos unserer Schuljahre, unserer Kinder- und Jugendtage heraus. Da stand A. S., genau neben mir. Er war ja sowieso nie von meiner Seite gewichen. Diese lästige, wahnsinnig machende Geschichte voller Perversitäten würgte noch einmal meine Kehle; mir war so, als erstickte ich. Zum Glück war A. S. gestorben. Solche Leute sollten so früh wie möglich einen Rückzieher aus dieser Welt machen. Wenn sie das nicht tun, muß die Gesellschaft sie relegieren. Es sollte unbedingt verboten werden, daß sie unter uns leben!

Aber da begann ich schon wieder die lange Allee zur Les Frères-Schule in Kadıköy entlangzugehen. Es war ein nebliger, kühler Morgen im September. Mein seliger Vater brachte mich dorthin, wo ich als Internatsschüler bleiben sollte, und übergab mich unserem Lehrer Pater Arthur.

Ich ging einige Wege entlang, an denen die Bäume selbst nach dem Blätterfall mit ihren verzweigten Ästen den Himmel bedeckten; ging Korridore aus Stein entlang, in denen jeder Schritt widerhallte; saß in Bankreihen, auf die Hunderte von Wörtern gekritzelt waren; öffnete meine Schublade und holte meine Lehrbücher aufs Geratewohl heraus. Oben im Schlafsaal, im obersten Geschoß, wo das Laken, das Kissen und die Bettdecke numeriert waren – meine Schülernummer war 307 – legte ich mich aufs Bett... Ich lebte, egal was ich auch tat, unter A. S.' Blicken, die mich beobachteten oder mit verzweifelter Gutherzigkeit auf Zuwendung warteten. Ihn zu verprügeln, niederzumachen und zu mißhandeln, ihn zu quälen, bedeutete für mich unvergleichlichen Genuß und große Befriedigung.

Ich fing an, die Bilder ganz schnell anzuschauen. Nervös blätterte ich die Seiten des Albums um.

Pater Arthur war ein unbegreiflicher Mann; vielleicht auch ein schlimmer Perverser, denn er unterwarf uns gleich am ersten Tag seiner Autorität, und von da an waren wir seine Gefangenen, ja seine Opfersklaven.

Die Vorbereitungsklasse war im Erdgeschoß untergebracht. Wir alle, ein Haufen Kinder, die einander bis dahin nie gesehen hatten, drängten in den Raum und ergatterten einen Platz. Während die meisten die vorderen Sitzreihen bevorzugten, verzog ich mich recht träge nach hinten. Aber Pater Arthur war die erste Unterrichtsstunde damit beschäftigt, jeden umzusetzen. Dieses Umsetzen, daß ich damals nicht begreifen konnte, quälte mich jetzt durch die Art und die Denkweise, die dahintersteckte. Unser Klassenlehrer setzte unbedingt neben jeden kräftig gebauten, älter aussehenden Schüler mit großer Sorgfalt jemanden, der schwächlich und schmächtig war, ein Muttersöhnchen oder, wie man im Internat sagte, ein »Mädchen«. So bekamen wir neue Sitzplätze, die während des ganzen Schuljahres nicht geändert werden durften.

An meine Seite – natürlich war ich der kräftig Gebaute – geriet ein Kind mit großen braunen Augen, auf die Stirn fallenden Locken, kleinwüchsig, das vor Aufregung wie Espenlaub zitterte: A. S.! Zudem wurden wir auch nicht in die zweitvordere Reihe gesetzt. Nach der Unterrichtsstunde stürzte ich auf den Schulhof mit dem Wunsch, ihn loszuwerden und neue, mir ähnliche »männliche« Freunde zu suchen. Aber ich hatte keine Sekunde übrig, ihm zuzuhören und zu antworten.

Ich hätte nicht im Traum daran gedacht, daß ich all diese Tage, diese Erinnerungen aus der Schulzeit noch einmal bis ins kleinste Detail erleben würde. Nun scheint es so, als hätte ich nur noch für diese Erinnerungen gelebt.

Das Schulgebäude, ein einziger Alptraum, war eher von der Festungsarchitektur inspiriert. Die hohen Gartenmauern aus rotem Ziegelstein, die gewaltigen Türme mit den Windhähnen, die ineinander übergehenden, gewundenen, verwinkelten Flure, die schweren himmelblauen Atlasvorhänge der Aula, die Klassenzimmer mit den niedrigen Decken, die ekelhaften Speiseräume, die immer nach Fett, Zwiebeln und Hackfleisch rochen, die ganze Ansammlung von Erinnerungen mit ihren Bildern, Farben und Gerüchen stürzen auf mich ein. Ich werde erdrückt von ihnen.

In der zweiten Stunde begannen wir mit dem Französisch-Unterricht. Wir schlugen die erste Seite eines der Hefte auf, die das Wappen der Les-Frères-Schule trugen und die unsere Eltern zuvor in der Schul-Kooperative gekauft hatten. Wir unterteilten die Seiten durch einen Strich, den wir mit einem Lineal von oben nach unten durchzogen. – Oh mein Gott! Warum habe ich dieses Heft aufgehoben? Aber ich kann mich gar nicht daran erinnern, es aubewahrt zu haben! Oder hat etwa jemand ... jemand anderes ... ein Toter, ein Leiche, ein Geist es hier hingelegt, der mit dem Geschrei eines Kindes endlose Schmerzen hervorrufen möchte, hier in das Geheimfach des Rosenholztisches! – Am 26. September lernten wir folgende Wörter: le livre – das Buch, le crayon – der Bleistift, le papier – das Papier, le tableau – die Tafel, le porte-plume – der Federhalter.

Und die Tage vergingen wie im Fluge. Mit dem Fallen der Blätter, dem Verblassen, den schäumenden Wellen des Meeres, das man durch das Eisengitter zum Hinterhof halbwegs erkennen konnte, zog der Herbst ein. Der Herbst! Ich kann ihn nur mit den Zeilen beschreiben, die mir A. S. in meiner Gymnasialzeit immer wieder vortrug (Baudelaire habe ich also nicht vergessen):

Bientôt nous plongerons dans les froides ténèbres
Adieu, vive clarté de nos étés trop courts!

Andererseits beeindruckten mich derartige Verse und Ähnliches nicht. Das waren Dinge, von denen A. S. begeistert war ... für mich irgendwelche Spinnereien. Pater Arthur hatte uns zwar nebeneinandergesetzt, aber es gab wohl auf der Welt nur zwei Charaktere, die so gegensätzlich sein konnten. So nachgiebig A. S. war, so eigensinnig war ich; sosehr er in der Welt lebte, die aus den Wörtern geflochten war, die wir am ersten Tag in unser »cahier de vocabulaire« geschrieben hatten, so war ich der totale Gegensatz, der laufen, spielen und immer mit den »älteren« Schülern der höheren Klassen zusammen sein wollte. Ich war als Mensch mit ganz anderen Leidenschaften und Wünschen auf diese Welt gekommen. Statt Romane habe ich nichts anderes als unsittliche Bücher gelesen. Als ich meinen Flaum bekam, habe ich mich mit einem »älteren Bruder« aus der ersten Gymnasialklasse auf den Weg ins Bordell gemacht. Mit dem Gedanken an die Beine unserer Lehrerinnen aufzuwachen, war ein unbeschreibliches Gefühl für mich ... Das war eben ich, der Freuden und Leidenschaften wegen auf diese Welt gekommen! Mein Banknachbar A. S. hingegen verschloß sich gegen die Freuden der Welt, des Lebens, sosehr dies möglich war. Er lebte in einer Welt aus Träumen, Illusionen und der Metaphysik.

Während wir auf dem großen Hof Ball spielten, setzte sich A. S. vor die verzierten gotischen Fenster, hatte natürlich unbedingt einen Roman oder einen Gedichtband in der Hand und schaute manchmal uns – meistens aber mich – an und suchte, glaube ich, eine Rettung in der Kunst. Einen Ausweg, denn er lebte anscheinend ganz allein in einem völlig unbewohnten Tal.

Unsere Banknachbarschaft dauerte die ganze Mittelstufe hindurch. Ich fand ihn nur widerlich. Trotzdem war es A. S., der in den Klassenarbeiten die Fragen für mich beantwortete und – außer den Aufgaben in der Schule – meine Hausaufgaben machte.

Aber wieso?

Vor dieser Frage habe ich mich immer gedrückt. Ich zog es immer vor, ihr mit dem Spott meiner anderen Freunde, die so waren wie ich, zu begegnen und nie an etwas anderes zu denken. Selbst heute noch zeugen die gewundenen, verwinkelten Korridore der Les-Frères-Schule von einem kleinen Jungen, der davonläuft, um den Rufen »Garçonne A. S.«, den Schreien und dem Echo »Fräulein A. S.!« zu entkommen.

Er ist nicht ein einziges Mal mit uns in die Bordelle in den häßlichen Straßen der Stadt gekommen, die für uns so erregend waren, für die dort Beschäftigten hingegen ein wer weiß wie übler Sumpf. Auch nicht in die luxuriösen Privatklubs, die wir aufsuchten, als wir älter waren und mehr Taschengeld bekamen. Ich habe A. S. weder Fußball noch Volleyball oder Basketball spielen sehen. Aber Schachmeister unserer Schule wurde er in den letzten beiden Jahren zweimal hintereinander.

»Fräulein A. S.! Garçonne A. S.!« Ich habe mich auch nicht einen einzigen Tag gefragt, warum wir ihm diese ordinären, erniedrigenden Namen gegeben haben. Für mich verlief alles so, wie es sein sollte. Irgendwie schaffte ich jedes Jahr mit einer oder zwei Wiederholungsprüfungen als mittelmäßiger, durchschnittlicher Schüler die Versetzung. Es schien, als würde A. S., den wir verachteten, erniedrigten und nicht an uns heranließen (dabei hätte er sich sowieso nicht getraut, in unsere Nähe zu kommen), ohne in die Wiederholungsprüfung gehen zu müssen, die Les-Frères-Schule abschließen, obwohl er vielleicht nicht gerade der Liebling der Lehrer war, da er ja nicht in der Schulmannschaft spielte und seine Familie anscheinend nicht wohlhabend genug war, einen Privatlehrer zu nehmen. Mein Tischnachbar war unauffällig und immer schreckhaft.

Wir waren um die dreizehn Jahre alt. Aus irgendeinem Grund, an den ich mich nicht erinnern kann, hatte man uns zum Karacaahmet-Friedhof geführt. In wenigen Sekunden war die ganze Klasse zerstreut, alle liefen zwischen den umgestürzten Grabsteinen im Schatten der hohen Zypressen herum. Möglicherweise war es eine Beerdigung, an der wir teilnahmen. Aber die Disziplin war im Nu dahin. In dem Durcheinander hatten wir A. S. ertappt, der gerade an einer Zypresse lehnte. Noch am Tage zuvor hatte er in der Geometrie-Arbeit meinen Zettel ausgefüllt und dabei die Fragen und Probleme nicht vollständig richtig beantwortet, so daß ich Mademoiselle Calvez nicht auffiel. Ich erinnere mich, daß wir A. S. Pullover, Hemd und Unterhemd auszogen und mit einer stark animalischen Freude auf ihn pinkelten. Unsere Tat, die mich heute wie eine unheilbare Wunde schmerzt, hatte uns eine unendliche, kitzelnde Befriedigung verschafft. Nicht meiner drei Freunde wegen, nein, nur meinetwegen hatte A. S. Tränen vergossen. Immer wenn er mit den Händen die Augen verschließen wollte, hielten wir seine Arme fest und pinkelten der Reihe nach. Um insbesondere mich dabei nicht anzusehen, versuchte er seinen Kopf woandershin zu drehen. Und wir gaben ein gräßliches Gelächter von uns. Wie riesig der Karacaahmet-Friedhof doch war. Wie konnte es nur geschehen, daß zu unserer Gewalt noch eine solche tödliche Grausamkeit hinzukam?

Zum nächsten Tag mußte ich als Hausaufgabe im Zeichnen ein Bild malen. Aber vom Zeichnen verstand ich überhaupt nichts. An diesem Tag lief ich nach dem Unterricht statt zum Ballspielen auf den Hof, A. S. hinterher, der immer alleine in dem dunklen stillen Korridor umherging. Mein Banknachbar versuchte wegzulaufen, weil er dachte, ihm stünden erneute Qualen bevor. Aber der Ärmste war es nicht gewohnt zu laufen. Ich erwischte ihn in einer Kurve und packte ihn.

»Ich flehe dich an, tu mir nichts. Hab Mitleid«, sagte er.

Oh mein Gott! Wie weit unsere »Männlichkeit« doch von Mut und Ehre entfernt war. Es ging mir nur darum, A. S. für die

Zeichenaufgabe zu gewinnen. Ich hielt seine Arme, gab ihm einen Kuß und sagte »Verzeihe mir«.

»Warum hast du das getan?« fragte er.

»Ich konnte doch nicht anders, sonst hätten sie sich über mich lustig gemacht«.

»Über mich macht man sich ja immer nur lustig…«.

»Du bist eben anders. Verzeihe mir, laß uns wieder Freunde sein«, sagte ich.

»Ich mag dich«, sagte A. S. und fing wieder an zu weinen, und ich umarmte ihn mit einer Anteilnahme, die ich nie wirklich begreifen und auch nicht erklären konnte. Wir gingen Arm in Arm weiter. Er weinte noch eine Weile, dann hörte er auf und lachte. Sein Lachen war kindlich, seine Freude stach einem ins Herz.

Wir gingen zusammen auf den Friedhof. Dort ist nur Gestrüpp, das Meer, das man durch die Spalten in der hohen Mauer sehen kann, der Strand des Deutschen Clubs, der in diesen Frühjahrsmonaten menschenleer ist und der Leuchtturm in der weiter weg liegenden Bucht.

»Wenn du doch nur Bücher lesen würdest«, sagte A. S. zu mir. »Dann wäre alles ganz anders gewesen. Ich mag die Romane von Reşat Nuri sehr gern. Ich gebe sie dir, wenn du möchtest. Sie sind so schön… Du kannst durch sie Zärtlichkeit lernen. *Von der Lippe zum Herzen* ist ein sehr schöner Roman.« Er schlug das Buch, das er ganz fest unter seinem Arm hielt, auf und begann vorzulesen.

»Kenan war ein Künstler, in dessen Seele andere Welten existierten, der immer in diesen lebte und liebte. Seine frühe Jugend, die aus der Ferne betrachtet so bedeutungslos, träge und leblos schien, lebte er in seiner zweiten Welt, mit einer endlosen, unsichtbaren Begeisterung, fast in einem Rausch. Kenan hatte diese Phantasiewelt erstmalig wahrgenommen, als er in Zeybek Pinarı der Flöte von Şem'i Dede lauschte. Sein alter Freund war eine andere Art Traumtänzer. Er hatte eine Angewohnheit: Wenn er ein Stück spielen wollte, trug er zuerst die Verse vor und erläuterte sie. – Schau, mein Sohn…

Der Mond geht auf ... Der Verliebte macht sich im Mondenschein barfüßig und barhäuptig auf die Suche nach der Geliebten. Die Geliebte muß endlich aus ihrem Schlaf erwachen. Denn der Geliebte, der nicht in ihrem Traum erscheint, erscheint an ihrer Seite ... Du verstehst das noch nicht ... Wenn sich ein Mensch sehr nach seiner Geliebten sehnt, vermag er nicht mehr, sie sich vorzustellen«.

»Ich wünschte mir so sehr, daß du diesem Kenan ähnlich wärst, Kenan. Dann hätte ich dir, so wie Şem'i Dede, alles erzählt, was ich weiß. Ich fülle immer nur deine Prüfungsbögen aus. Könntest du nicht so werden wie dieser Kenan?«

(Was hat *Von der Lippe zum Herzen* in Sümers Bücherschrank zu suchen? Was findet mein kleiner Sohn nur an solchen Romanen, die so aus der Mode sind? Ich begreife es nicht! Ja, und ich? Kaum schlage ich das Buch auf, da habe ich die Seite vor mir, die mir A. S. vor fünfunddreißig Jahren vorgelesen hat!)

Wir hatten uns wieder nebeneinander auf eine Bank gesetzt. Der Frühlingswind strich über unsere Haare und Gesichter. A. S. schob seine Stirnlocke zurück und hielt meine Hände. »Ich denke jederzeit an dich; deshalb kann ich mir auch manchmal dein Gesicht nicht mehr vorstellen«, sagte er.

Eine gewisse Zeit, ich glaube sogar den ganzen Frühsommer, hatten wir friedlich verlebt. Selbst im Sommer hatten wir uns oft getroffen. Ich erinnere mich daran, daß ich sogar Gefallen an der Freundschaft mit A. S. fand. Wir gingen zusammen ans Meer und sahen uns trotz der Sommerhitze Filme in stickigen Kinos an. Ich hatte schon lange davor zu rauchen angefangen. A. S. nahm natürlich keine Zigarette in den Mund. Er hatte das Leben geradezu über Bücher kennengelernt. Er erzählte mir ständig Dinge, von denen ich nichts wußte, die mir nie in den Sinn gekommen wären und die mich auch nicht sonderlich interessierten. Der Sommer verging schnell und angenehm.

Aber als wir in die Schule zurückkamen, fand ich den Sommer und die enge Freundschaft sehr unsinnig, sogar bedauerlich. A. S. hing wie zuvor an mir und erwartete eine, zumindest eine kleine Erwiderung. Ich vernachlässigte ihn auch nicht gänzlich. Es standen ja wieder Unmengen von Schulaufgaben an. An den Wochenenden suchte ich Wege, ihm zu entgehen, und erfand diverse Ausreden. Einmal erwischte er mich, als ich mir mit meinen Freunden – meinen starken, kräftigen Freunden, die so waren wie ich – im Kino *Vom Winde verweht* ansah. Dabei hatte ich ihm gesagt, ich müsse an dem Wochenende unbedingt zu meiner Großmutter fahren. Er machte mir keine Vorhaltungen. Meine Freunde waren auch seine Klassenkameraden, und keiner von uns machte sich so wie früher lustig über ihn (entweder hatten wir uns mit seinem Dasein abgefunden oder ... na ja, was weiß ich ...). Er kam zu uns und fragte, wie wir den Film fanden. Mein Busenfreund Necmi, mit dem ich auch später im Berufsleben oft zusammen war, sagte: »Mensch, was ist denn das für ein Film! Keine Beine! Keine nackten Weiber! Absolut nichts!« A. S. hingegen sagte, daß der Film nach einem berühmten Roman gedreht sei und daß *Vom Winde verweht* meisterhaft den amerikanischen individuellen Unternehmergeist zur Sprache bringe usw. Den Kampf um Aufstieg in der Landwirtschaft, die Eigeninitiative einer jungen Frau nach zahlreichen Enttäuschungen in der Liebe ... Und für Scarlett hatte der Wind das Leben fortgefegt. Die Liebe, die Hoffnungen, die Beziehungen ...

Da erkannte ich plötzlich ganz deutlich, daß sich mein Nachbar von uns, sogar von mir entfernt hatte. Ich merkte ganz deutlich, daß wir, ganz gleich was wir ihm antäten, welche unmenschliche Qual wir ihm auch zufügen würden, ihm damit keine Schmerzen mehr bereiten könnten. Wann war er bloß so groß, so erwachsen geworden? Er trennte sich ganz besonnen, mit sicheren Schritten, wie ein reifer Mann von uns. »... Scarlett erleidet so viel Schmerz, daß sie zum Schluß keinen Schmerz mehr verspürt, das ist genau wie die Gefühllosigkeit eines Menschen im ersten Moment nach einer Verletzung.« Auch wenn Necmi meinte: »Schaut euch mal die Besserwisserei von Garçonne an« – keiner von uns wagte, sich über A. S. lustig zu machen. Dies schien uns fast ein wenig zu bedrücken.

Ich vermute einmal, daß er schon in diesen Jahren mit der Schriftstellerei begonnen hatte. Er schrieb unaufhörlich irgendwelche Sachen in karierte Hefte. Wenn er sich dann in die eckigen gotischen Fenster setzte, las er es noch einmal durch. Aber er schaute uns nicht mehr wie ein Malaria-Kranker an, als wir die Schüler aus den unteren Klassen vom Fußballplatz prügelten.

Nun war er von der Welt der Literatur und der schönen Künste gefangen. Er las unaufhörlich, ohne Unterlaß. Er kam spät in den Schlafsaal, blieb bis zu später Stunde im Lesesaal, der für die Gymanasialschüler bis Mitternacht geöffnet war, und lernte die französische Literatur von vorne bis hinten geradezu auswendig.

Den Vorschlag, einen Artikel für die Kultur- und Literaturzeitschrift unserer Schule zu schreiben, lehnte er selbstbewußt und trotzig ab. Er erklärte, daß er für ›derartige Hobbies‹ keine Zeit habe. Ich erinnere mich, daß er sich mit der Literatur nicht begnügte und sich für Diderot genauso sehr interessierte wie für Flaubert. Er wanderte ganz unauffällig in den Tälern der Philosophie.

Was erwartete er vom Leben? Da A. S. nun schon gestorben ist, werde ich dies nicht mehr in Erfahrung bringen. Manchmal trafen sich unsere Blicke, und ich verspürte in seinen großen braunen Augen komischerweise wie einen Herzensbrand das Erlebnis von damals im Hintergarten, seine Träumereien, die mit der einfältigen Sentimentalität von *Von der Lippe zum Herzen* verwoben waren. Aber wir wendeten sofort die Blicke voneinander ab. Ich spürte, daß er mir gegenüber mehr und mehr unverletzlich wurde.

Später las ich ganz verblüfft in einem Nachruf auf A. S., womit er sich zu der Zeit beschäftigte: »Die individuelle Unabhängigkeit und Freiheit kann auch in der heutigen westlichen Welt des Bürgertums nicht mehr verwirklicht werden, denn das bürgerliche Leben kann sein Überleben nur dadurch sichern, daß es eine Wirkung erzeugt, die – im Namen der Moral – das Individuum unterjocht. In der bürgerlichen Gesellschaft kann sich kein aufrichtiger Intellektueller, auch wenn er wollte, individuell einem Aufstiegsdrang entziehen. Das eigentlich Tragische ist, daß sich ein ›Asket‹ unter Halbintellektuellen befindet, die ihn nicht verstehen und an nichts anderes als ihren persönlichen Aufstieg denken...« Ich muß zugeben, ich konnte nicht einem Wort einen Sinn geben. Das hat der Nachrufschreiber wortwörtlich geschrieben und wollte wohl auf etwas Bestimmtes hinaus: »... All diese Gedanken und Bewertungen hatten ihn mehr und mehr dazu geführt, sich mit dem Totalitarismus auseinanderzusetzen. Auch in der Diktatur des Proletariats erblickte er deutliche Spuren des Totalitarismus...«

Ein anderer Autor wiederum hebt hervor, daß A. S. schon in diesen Jahren »unsere Welt im Vergleich zur westlichen Lebensart sehr viel differenzierter beurteilte«, und fügte hinzu: »Auch wenn seine Romane vielschichtige Seelenzustände untersuchen, ist es offensichtlich, daß sie zwei unterschiedliche menschliche Haltungen darstellen: einerseits die Klasse der Reichen, die entfesselt unter das Joch des Aufstiegsdranges geraten und alle Hindernisse niederreißen, die Gruppe der Intellektuellen ohne Solidarität, die in höchstem Grade intolerant sind, die sogar untereinander in höchstem Maße isoliert leben und sich völlig sinnlos vernichten...«

1948 wurde der erste Artikel, in dem er den Krieg, Faschismus und das Nazi-Reich eindeutig verurteilte, veröffentlicht. Wir hatten vor und auch während des Krieges Deutschland immer bejubelt. A. S. hatte ganz andere Vorstellungen als wir. Dieser Schwächling, mein Banknachbar, den ich alles machen lassen konnte, was ich wollte. Diese ängstliche, feige Kreatur, der wir auf dem Karacaahmet-Friedhof ins Gesicht und auf die nackte Brust gepinkelt hatten. Er behauptete, daß der Krieg niemals ohne das engstirnige Kleinbürgertum zustande gekommen wäre, in dem jeder seines Nächsten Führer sein wollte; in dem es einen ständigen Wechsel zwischen Herrschen und Beherrschtwerden gebe. Er brachte insbesondere zum Ausdruck, daß dieses Phänomen nicht allein aus der Geschichte und der Ökonomie zu erklären sei.

Ich muß zugeben, A. S. war in meinen Augen gewachsen. Ich lud ihn beim Verlassen der Schule ins Café Bellevue zu einem Bier ein. Er nahm meine Einladung mit einer Begeisterung an, die sich aus unseren Kindheitsjahren erhalten hatte. Wir fuhren nach Fenerbahçe.

Da für mich nun alles beendet ist und ich mein ganzes Elend zur Schau stelle, in dem ich ein Leben lang vegetiert habe – ich hielt es für das wahre Leben –; da ich nun weiß, daß meine Hoffnungen und Auswege nur mir rosarot erschienen, für die anderen dagegen pechschwarz, muß ich die Dinge, die mir A. S. an jenem Tag im Café Bellevue gesagt hat, ganz ehrlich zur Sprache bringen, ohne etwas zu verheimlichen oder zu vergessen.

»Ich wollte eigentlich nicht mit so einem Aufsatz beginnen, aber ich war dazu gezwungen. Denn alles, was ich von nun an schreiben will, wäre vielen Leuten, obwohl es durchaus politisch ist, völlig theoretisch vorgekommen, da es seine Methode von der Dichtkunst erhält. Andererseits wollte ich mit jedem Satz, den ich schreibe und den ich für druckenswert erachte, eine Politik des Fortschritts und der Zivilisation vertreten. Aber man wird denken, ich trauere unaufhörlich der Vergangenheit nach. Ich möchte eine Zeitlang die Geschichte der Dinge schreiben, die uns bis zum heutigen Tag abhanden gekommen sind, weshalb wir sie verloren haben und was wir dafür an ihrer Stelle errungen haben. Nur darüber. Danach, so hoffe ich, kann ich über die Verkommenheit schreiben, die uns mit ihrem Feuer verbrennt, immer wenn wir sie verspüren, die sich aber auch selber verbrennt und zu Asche wird. Über den Wahnsinn, den seelischen Zusammenbruch, den Schmerz und das Böse...«

»Das sind Dinge, die ich nicht verstehe, die zu hoch sind für mich«, sagte ich zu A. S. und lachte dabei.

»Nein, du verstehst es schon, aber du läßt dich nicht darauf ein, darüber nachzudenken. Ich wollte dir nur die Zärtlichkeit zeigen. Mehr wollte ich nicht. Schon als Kind war ich bereit, für dich jede Mühe auf mich zu nehmen. Das war etwas sehr Schönes, denn es war ein menschliches Gefühl. Aber du – denk nicht, daß ich dir einen Vorwurf mache, denn inzwischen bin ich auch kein so guter Mensch mehr –, du hast statt der Liebe nur die Wildheit und Gefühllosigkeit, statt der Güte nur die rohe Gewalt geliebt. Ich spürte, wie meine Seele buchstäblich zu riechen begann, aber ich wollte dich nicht von deiner Wahl abbringen. Denn ich kann nur dann zu euch in das niederträchtige Leben zurückkehren, wenn ich diese krankhafte Verkommenheit, diesen Schmerz, der wie ein Brand ist, wenn ich das Dasein zur Sprache bringe.«

Der Nachmittag im Café Bellevue war der zweite und letzte Tag, an dem A. S. und ich miteinander, von Angesicht zu Angesicht, gesprochen, genauer gesagt, an dem wir miteinander abgerechnet hatten. Nachdem wir die Les-Frères-Schule abgeschlossen hatten, besuchten wir einander nie wieder, als hätten wir nie jahrelang nebeneinander gesessen.

Ich ging zum Studium ins Ausland. Aber an der Universität konnte ich nicht recht Fuß fassen, zog viel umher, tat nicht viel. Ziemlich lange waren all meine Bindungen zur Türkei abgerissen.

Als ich in die Heimat zurückkehrte, ging ich gezwungenermaßen ins Berufsleben. Mein Vater hinterließ bei seinem Tode unzählige Möglichkeiten. So mußte ich mich nicht damit abplagen, mir eine geschäftliche Existenz aufzubauen. Ich benötigte nur ein bis zwei Fachkräfte im Bereich der Betriebsführung.

Zu der Zeit hatte ich eine Liebschaft mit der »lustigen Witwe« Halide Hanım, einer entfernten Verwandten. Zu meinen alten Schulkameraden hatte ich – ausgenommen zu Necmi, den ich in Geschäftskreisen, bei einigen Mittagessen und Vereinsversammlungen traf – keinen Kontakt. Woher hätte ich wissen sollen, daß A. S. von sich reden machte – Necmi hatte im Radio ein Gespräch mit ihm gehört – und durch seinen ersten Roman ziemlich bekannt wurde? Wie ich schon sagte, wenn ich mal einen Roman las, dann wegen meiner Vorliebe für den Sex. Und die Bücher las ich nicht selber, sondern Halide las sie mir im Bett vor. Halide liebte es, solche freizügigen Bücher zu lesen, bevor wir uns liebten. Aber A. S. schrieb, glaube ich, beständig.

In einem Text (ich glaube, es war eine Erzählung), den ich erst sehr viel später – gerade vor ein paar Wochen – in die Hände bekam, hatte A. S. geschrieben:

»Wir trennten uns, um einander nie wieder zu sehen. Es begannen zwei verschiedene Leben, die für uns beide nicht neu waren, sondern nur trivial und schmutzig. Ich erkannte voller

Skepsis, daß mein Freund aufsteigen und Firmenimperien aufbauen und allen Werten außer dem Geld keine Bedeutung beimessen würde und daß all diese Werte mit diesem Geld zu kaufen wären. Ich hingegen nahm in der Welt des Bellevue-Cafés, das dem Zusammenbruch nahe war und nach einer gewissen Zeit auch zusammenbrach, meine eigene Jugend wahr, die dunkel, einsam und deshalb ziemlich egoistisch war. Ich sah vor meinen Augen die Tage und Nächte, die genauso vergehen würden ...«

Hatte mein Banknachbar all dieses wirklich schon in jenen Tagen geahnt? Welch bestürzende, verblüffende und ungewohnte Einsicht, dies alles.

Ach, ade, du Helligkeit unserer kurzen Sommer, auf Nimmerwiedersehen. Diese Vergeßlichkeit, die nie ihr Fenster schließt! Wie viele Rätsel sich plötzlich lösen. Lauter Sackgassen, Probleme, Sorgen ...

Und ich frage mich immer wieder, ob meine Jugend einen Sinn hatte. Meine Jugend, die angefüllt mit Tollheiten, Schamlosigkeit und einer raffinierten Unverschämtheit verging. Diese eigene Stille eines Sommernachmittags, die einen wahnsinnig macht. Es ist so, als hörte ich die Stimme von A. S., der mir Verse von Baudelaire vorträgt, als wir eines Tages gemeinsam – aus welchem Grunde auch immer – die Treppen des Deutschen Clubs hinuntersteigen und den Strand entlangspazieren, und der mir sagt, daß manche Menschen das Leben als ständigen, unheilbaren Schmerz, als Gift erleben. »... Sosehr ich mich auch bemühe, ich kann diesen Vers nicht so übersetzen, wie ich möchte ...«. Was mein Banknachbar alles erreicht hat, was ich alles erworben oder an mich gerissen habe – gerät, als wäre es nie in den Sand geschrieben worden, unter die Wellen und wird für immer verwischt und verschwindet.

Trotzdem lausche ich den Erinnerungen von vor zwanzig Jahren. Am Ende einer Liebesaffäre, bei der man von den Nächten ziemlich erschöpft ist, finde ich mich in Venedig wieder. Gondeln und Liebeshandel; ich lerne dort Nesli kennen. Meine zukünftige Frau ist noch sehr jung. Eine Sopranistin mit glänzender Zukunft, die jeden mit ihrer Stimme verzaubert und unschuldig ist. Ich erzähle ihr, daß ich aus demselben Ort wie sie stamme, zwecks Hochschulstudiums in Paris lebe und daß die Bekanntschaft in dieser »Stadt der Abwässer« von unerträglicher Schönheit ist, Gondeln und Liebeshandel.

Nesli war damals unglücklich verliebt. Ein Schriftsteller, dessen Namen sie nicht nennen wollte und den sie durch seine Romane kennengelernt hatte und bewunderte, hatte sie verlassen; sie hatte Angst in die Heimat zurückzukehren. Ich ließ Neslihan eine Woche später in all ihrer mädchenhaften Unschuld allein, die ich sehr anstrengend fand, und verließ Venedig. Ich hatte, ehrlich gesagt, nicht daran gedacht, daß wir einander noch einmal begegnen würden.

Aber drei Jahre später gingen wir auf Wunsch eines deutschen Kunden in die Oper *Salome* von Strauss. Das Foyer der Stadtoper war zum Bersten voll mit Frauen in Abendkleidern und langen Handschuhen und schwarzgekleideten Männern. Wir nahmen unsere Plätze in der Loge ein. Schließlich gingen die glitzernden Lichter aus, die Bühne wurde erleuchtet und der Samtvorhang hochgezogen. Ich verfolgte die Geschehnisse ziemlich unbeteiligt und lustlos. Ich wünschte mir, daß dieser langweilige Abend so schnell wie möglich zu Ende gehe, und stellte mir die ganze Zeit die Freude bei der Poker-Party vor, die ich zu später Stunde noch vorhatte.

Da erschien plötzlich auf der Terrasse von Herodes' Palast Salome. Zuerst erkannte ich die Frau nicht, die außergewöhnlich schön war und sich schon in jungen Jahren einer Art reifen Alters bewußt war. Salome sang davon, daß die Nacht der Seide ähnele.

Wir heirateten zwei Monate darauf. Der Romanautor, den sie nicht namentlich nannte und auch nicht beschrieb, hatte Neslihan, die ihm von meinem Heiratsantrag erzählte, in einer verschneiten Winternacht unter einer Laterne stehenlassen und war unter Lachen in die Hintergassen des Stadtviertels verschwunden. Nesli tröstete sich über diese Affäre hinweg. Wir waren jung und gesund. Meine Frau trat noch eine Zeit lang in der Oper auf. Als sie mit unserem ersten Sohn Akat schwanger war, gab sie ihre Kunst vollständig auf.

Die Schlange des Mißtrauens kriecht zu meinem Herzen, wenn ich einen Blick auf das werfe, was A. S. geschrieben hat:

»... Was sollte es außer der Liebe auch sonst sein, was uns in jedem Frühsommer hierher lockte. Und es war eine Liebe, die uns allzu teuer zu stehen kam, deren Kraft sich aber immer wieder bewiesen hat.«
»Die Hotelbesitzerin würde, kaum daß ich durch die Drehtür aus Glas hereinkomme, nicht mich anschauen, sondern nur die in den Kanälen vorbeifließenden, übelriechenden Abwässer betrachten und dabei sagen: ›Signore, signore, sie ist schon wieder vor Ihnen eingetroffen.‹ Aber ich höre ganz deutlich, wie sie über die Frau, die ich liebe, sagt: ›Niederträchtige Signoraccio!‹«

Ich blätterte die Seiten um:

»... Es gibt Tage, an denen sich der Mensch noch einsamer als sonst fühlt. Sie hat gesagt, daß sie ihre Ehe völlig leer und bedeutungslos finde.«

A. S. soll in diesem Roman »seine eigene Kunst verraten« haben und »mit der von ihm gewohnten subtilen Meisterschaft die Liebe zwischen einer Frau, die sich für ein konventionelles Leben entschieden hat, und einem Dichter, der nur von den Bedürfnissen seines eigenen Ichs gefangen ist«, beschrieben haben!

Ich dachte an die jährlichen Reisen meiner Frau nach Venedig. Ich konnte das Klopfen meines Herzens, das Dröhnen in meinem Gehirn durch nichts aufhalten.

War das, was A. S. geschrieben hatte, nur Phantasie, nur Fiktion oder etwa Widerspiegelung seines wirklichen Lebens? Ich wollte auf der Insel anrufen, aber ich wagte es nicht. Wer war diese Frau? Neslihan sonnte sich um diese Uhrzeit auf der Jolle.

Auch wenn es Betrug war, ich würde es nie mehr erfahren. Meine Frau würde die Morgenzeitungen sehen und – wie sehr sie auch betroffen wäre – trotzdem nach Venedig fahren, um mit den

Erinnerungen an die vergangenen Sommer allein zu sein. Zudem ist Nesli eine gelassene Frau. Man wird ihr nichts anmerken.

Ich hatte noch einen anderen Verdacht. In dem Bücherschrank von Sümer standen alle Werke von A. S. nebeneinander. Daß mein kleiner Sohn sie mehrere Male gelesen hatte, war ganz deutlich daran zu erkennen. (Wieso fangen die Namen meiner Kinder mit den Buchstaben A und S an?)

Der Schüler in Mädchengestalt der Les-Frères-Schule hatte auf mein ganzes Leben eingewirkt und am Ende gnadenlos Rache geübt! Könnte es so gewesen sein? Die Zweifel, die an mir nagten, flüsterten »ja!« Kann Kunst so niederträchtig, so abstoßend sein? Aber ich hatte ja nicht einen Tag daran verschwendet, zu überlegen, was Kunst wohl ist.

Schließlich begann ich, ziellos in der Wohnung umherzugehen. Dieses Haus! Der Salon mit seinen vergoldeten Gegenständen. Das Eßzimmer mit dem Mobiliar, das mit Blumenornamenten verziert ist. Unser Bett, daß meine Frau und ich seit zwanzig Jahren teilen, in dem wir uns liebten, uns alles gaben – welch eine Täuschung! Das Haus, in dem meine Kinder, meine einzigen Söhne aufwuchsen, in dem sie lachten, weinten, sich freuten. Es kam mir jetzt wie die reinste Hölle vor. Alles war im Zweifel erstickt.

Dann stand ich vor einer Reihe von Farbfotos, die in Akats Zimmer an die Wand geklebt waren. Akat auf dem Boot. Akat mit seinen Freunden in Bodrum beim Braten eines Lammes am Spieß. Akat in einem Nachtlokal, wie er gerade einer Bauchtänzerin Geld in den Busen steckt. Akat am Eingang der Les-Frères-Schule! Akat im Hintergarten der Les-Frères-Schule, wie er den Leuchtturm in der Bucht von Fenerbahçe betrachtet! Akat am Strand. Und auf allen Fotos die Anwesenheit eines Mannes in meinem Alter, dessen Gesicht man nicht erkennen kann! Eines anderen Mannes! Wessen ... Oder etwa?

»Andere Städte
einsame Hotelzimmer
im Exil der Liebe
zugrundegegangene Städtchen, die die Züge anfahren in den

Herbergen das Feuer, das uns anzieht
Schneestürme, die tagelang nicht aufhören«

»Die Reisenden, die die Holztreppen mit ihren Holztruhen herabsteigen, werden gleich in den Minibus steigen und die Herberge Kavaklıkoz verlassen. Die Tage sind für Reisende ohne Zukunft zu kurz.«

»In den Dorfhäusern, in denen der Abend nur durch die rußigen Lampen dunkel erscheint, öffne ich die Fenster meines Zimmers, in dem außer einer Polsterbank, einem Tonkrug und einem zerbrochenen Spiegel nichts steht... – wie fern wir einander sind. Ich habe keine einzige Adresse im Kopf behalten. Ich habe alle Telefonnummern, die ich auswendig wußte, vergessen. Ich zünde diese rußige Lampe für die Nacht an.«

»Mich ekelt inzwischen jedes Wort, das über uns beide und jede Liebe gesagt wird. Über uns und auch jede andere Liebe wird man kein schönes Wort mehr sagen.«

»Dem Leben sehr fern
dem Tode sehr nahe
Nur noch Wege
wieder andere Städte«

»Erinnerst du dich daran, daß ich zu dir gekommen bin? Erinnerst du dich an mich?«

»... wir hätten gemeinsam sehr menschliche, sehr schmerzhafte und sehr schöne...«

»... denke nicht, daß ich dir einen Vorwurf mache, denn inzwischen bin ich auch kein guter Mensch mehr...«

»... schon als Kind hätte ich für dich jede Mühe auf mich genommen...«

»... ich wünschte mir sehr, daß du diesem Kenan ähnlich wärst, Kenan...«

Ich konnte die Bilder, die Stimmen und die Erinnerungsbruchstücke nicht deuten. Sie rissen mich in einem endlosen Sturm von der sichtbaren fühlbaren Realität dieser Welt fort und warfen mich in die Kralle des Todes. Als sich die Hitze des Nachmittags über die Valikon Caddesi senkte, war ich in der Stadtwohnung mit allem – meinem ganzen Reichtum, Vermögen, meinem glänzenden Leben, das seit sechsundvierzig Jahren nicht den geringsten Schaden erlitten hatte, mit meiner ganzen Existenz von Zweifeln überschüttet, die unerträglich waren und die niemand hätte aushalten können. Einsam, ohne irgend jemanden, mit dem Gefühl zu ersticken. Die Angst vor morgen und übermorgen nahm mir den Lebensmut. Es war nichts anderes, genau das war es. Und ich sah, daß seit dem Tag, an dem uns Pater Arthur zusammensetzte, daß seit dem heillosen Augenblick, in dem mich nach dem Unterricht ein Junge »Entschuldigen Sie bitte, wie heißen Sie, Bruder« fragte bis zum heutigen Tag ... ich dazu verurteilt war, das Leben wie ein Schmerz-Gequälter zu erleben. Die Alpträume des letzten Augenblicks vor dem Ende führten mich zu den Beschreibungen der Hölle in den Heiligen Büchern.

Ich spürte voller Entsetzen, daß meine langjährige Ehefrau, meine geliebte Partnerin, immer wenn sie fragte, »was ist los mit dir, Kenan?«, im Grunde nur auf meinen Selbstmord wartete. Meine Söhne, mit denen ich nun nicht mehr reden kann, hören Musik und fahren in den Sommernächten mit dem Motorboot raus, um den sternenbedeckten Himmel des Meeres bei Adalar zu beobachten.

Nach einigen Wochen, in denen ich mich mit dunklen Träumen und Halluzinationen herumgeschlagen hatte, ging ich zum Karacaahmet-Friedhof. Man hatte A. S, meinen ehemaligen Banknachbarn, über den die Kunst- und Literaturzeitschriften nach seinem Selbstmord immer wieder schrieben, dort begraben. Ich würde herausfinden, wo der Tote begraben wurde, als hätte ich ihn mit eigenen Händen dort hineingelegt. Man hatte A. S. bei der Zypresse begraben, wo wir ihm Pullover, Hemd und Unterhemd ausgezogen und mit animalischer Freude auf ihn gepinkelt hatten. Nun erscheint alles; dieses schmächtige Kind, das Necmi fest gepackt hatte, der Moment, in dem wir auf ihn pinkelten und ich den sich wehrenden Menschen wie ein Tier anschaute, das gerade geschlachtet wird, dieses Kind, diese Wildheit, diese Schreie ... wie die Essenz des Lebens oder unserer Erlebnisse ...

In der Dunkelheit der Nacht rufen die Eulen, und ein schummriges Licht von irgendwoher wirft die Schatten der jungen Fledermäuse. Ein leichter Wind streift durch die Zypressen. Die verblaßten September- und Oktobermonate vergangener Jahre wandern gemeinsam mit mir auf dem Friedhof. Ich sehe, wie die regenschweren Wolken auf die Landspitze von Fenerbahçe zutreiben. Bald werden die Pistazienbäume auf der Landspitze und der schneeweiße Leuchtturm unter Regen stehen.

Hier ruht A. S.

Hier ruht A. S., und ich erinnere mich noch daran, als wäre es gestern gewesen, wie wir zum Café Bellevue gefahren waren, um seinen ersten Artikel, in dem er Krieg und Faschismus verurteilte, bei einem Bier zu feiern. Warum hat er seine Versprechen vergessen? Und ich? Was ist mit mir?

Hier ruht A. S.

Ich zog die Kränze vom Grab weg und schleuderte sie irgendwohin (Kunst ist also etwas derart Niederträchtiges ...). Der Leichnam unter der Erde ist wahrscheinlich schon dem Hunger der Würmer und Grabkäfer überlassen ... die stinkende Leiche ... der Tote unter der Erde mit seinen aufgeschnittenen Pulsadern muß mir etwas sagen. (»Mir ist nichts mehr geblieben, was ich vertreten könnte, außer dem Schmerz des Bösen und die Qualen, die die Seele erlitten hatte.«) Ich begann die Erde aufzuwühlen. Sie drang unter meine Fingernägel.

Der Sommerregen mit seiner unendlichen Helligkeit und den blendenden Blitzen, der heulende endlose Sturm kam mir schließlich wie der Tod vor. Die höchsten Zypressen wurden durch den Sturm umgerissen und fielen auf die Marmorsteine. Meine Kindheit, meine Jugend; die lebenswichtigen Entscheidungen, die wir bei unseren Vereinssitzungen trafen, die Liebe, die Befriedigung, wie Pater Arthur noch einmal mich und A. S. in die zweitvordere Reihe setzte, die Flöte von Şem'i Dede, die geheimen Vorschläge von Mr. Robert Hawthorne für die Türkei, der Roman *Von der Lippe zum Herzen* von Reşat Nuri, der Film *Vom Winde verweht* mit Vivien Leigh und Clark Gable in den Hauptrollen ... all das verspürte ich bei jedem Blitz, als wäre es jeweils ein ganzes Leben. Ich wühlte immer noch die Erde, das

Grab von A. S. auf. Aber als ich das Grab völlig leer fand, bin ich dort zusammengebrochen.

An meinem Begräbnis zwei Tage darauf nahm eine große Menschenmenge teil. In der Menge war auch A. S. Mein ehemaliger Banknachbar trug ebenso wie meine Frau und meine Kinder dunkle Kleidung. Er wirkte traurig und besonnen. Gleich hinter ihm war Halide Hanim – trotz der Beerdigung stark geschminkt – eingehakt bei Necmi, zu dem mein Kontakt über Jahre nicht abgerissen war. Aber während sie meinem Sarg folgten, erzählte sie Mr. Hawthorne etwas. Man legte mich in das Grab, welches ich in der fürchterlich regnerischen Sommernacht mit meinen eigenen Händen gegraben hatte, in dieses schreckliche Loch, aus dem es keine Rettung gibt. Meine Frau warf einen Strauß Jasmin auf den Sarg, noch vor der ersten Schaufel Erde. A. S. und mein Sohn Akat schauten sich eine Weile an. Als Neslihan ihren Kopf hob, wendete A. S. seinen Blick von Akat ab und richtete ihn zum Himmel. Er war wie immer weit entfernt.

Nedim Gürsel

Verbannung

Der 1940er Generation gewidmet

Zuerst sieht er die Berge. Im Winter durch die beschlagenen Scheiben, im Sommer einen weiten Himmel abgrenzend, im Herbst, wenn der Regen gegen die Fenster schlägt, sieht er diese zwei vom Regen verwischten Formen. Seit Jahren aufwachen mit immer derselben Aussicht: zuerst die Berge, ihre Gipfel im Dunst, dann die lehmige, schmale Straße.

Die Sonne scheint schon ins Zimmer. Wenn sie auch noch nicht wärmt, scheint sie doch auf die feuchte Wand mit dem abbröckelnden Putz, auf den Schimmel am Boden, das schmutzige Bett. Das heißt, daß draußen der Frühling begonnen hat. Er weiß es, weil die Sonne nun bis zu dem Kanonenofen mitten im Zimmer kommt. Er läßt seinen Blick eine Zeitlang über die neben dem Holztisch gestapelten Bücher wandern. Ziemlich lange schon hat er nichts mehr gelesen. Morgens fühlt er eine erschöpfende Starre von den Füßen bis zur Brust sich ausbreiten. Ob er alt geworden ist? Er kann sich noch daran erinnern, mit welcher Freude er die Sonne begrüßt hatte in den Jahren, nachdem man ihn hierhingeschickt hatte.

Damals zog er sich sofort an, ging nach draußen und lange im Park spazieren. Während er nachdenklich unter den Bäumen umherging, schloß die Schweigsamkeit allmählich den Himmel. Das Leben, das er vorher in Polizeipräsidien, in Gefängnissen verbracht hatte, setzte er nun in dieser abgelegenen Kleinstadt fort. Die alten, klobigen Schuhe an seinen Füßen, auf seinem Kopf der schmutzige Hut. Eine Verbannung mit Blicken, die ständig in die Ferne tauchten ... Er war nicht müde. Wenn er an die Fabriken dachte, die in İstanbul gebaut wurden, an die täglich wachsenden Slums, glänzten seine Augen vor Hoffnung. Nochmal dahin und wieder da anfangen, wo er aufgehört hatte. Dieser Wunsch wärmte sein Herz, zusammen mit dem Frühling, der die Blumen sprießen ließ und die vom Winter schneebedeckten Felder umfing. Und jetzt? Warum empfindet er nicht mehr dieselbe Wärme?

In seinem Bett liegend, läßt er sein Bewußtsein, das vor Kälte erstarrt ist, in tiefem Vergessen ruhen. Als er die Brille auf den Tisch legt, findet er mit einer Handbewegung das Päckchen Zigaretten. Mit zitternden Fingern zündet er sich eine Zigarette an und bläst gleichgültig den Rauch in das Tageslicht. Wenn er den Park verließ, ging er die Hauptstraße der kleinen Kreisstadt entlang. Die Getreidehändler, die ihn ärgerlich beobachteten, die vor den früh geöffneten Kaffeehäusern wartenden Arbeitslosen beachtete er gar nicht. Er schlug den Kragen seines Kamelhaarmantels hoch und ging am Verwaltungsgebäude vorbei und den Fluß entlang. Er hörte den Lauten des Wassers zu, wie es gegen die Pfeiler der alten Steinbrücke schlug.

Wenn der Schnee schmolz, wurde das Flußbett breiter und der Fluß führte Gebüsch und Gestrüpp mit sich, das er von den Hängen der Berge gerissen hatte. Der Frühling stieg von den Bergen herunter. Das Eis schmolz, das Leben, das in die Vögel und Insekten zurückgekehrt war, verband ihn mit seinem eigenen. Der Fluß strömte zwischen alten Tannen und Zitterpappeln hindurch. Fern von der Stadt verschmolz er mit dem Morgennebel. Die Natur so nahe zu spüren, war ein Gefühl, das ihm jahrelang fremd gewesen war: ein eigenartiges, erfrischendes Empfinden, das der kindlichen Verwirrung eines Stadtmenschen glich, der zum ersten Mal in seinem Leben einen Acker pflügt. Später dehnte er seine Spaziergänge aus, um Ruhe vor den Blikken zu finden. Durch die abbröckelnden Mauern, die die Farben der Sonne wiedergaben, kehrte er zurück ins Zimmer.

Aber er will jetzt nicht aufstehen von dort, wo er liegt. Alles wird mit der Zeit zu einer unangenehmen Gewohnheit. Zweimal am Tag zur Revierwache zu gehen, sich in das Heft eintragen, im Sommer im Teegarten sitzen, an einem Tisch, weit weg von allen anderen. Die langen Spaziergänge, wenn es auf den Frühling zugeht ... Aber immer im selben Park, dieselben Gebäude an der Hauptstraße. Jedes Jahr dieselbe Heiterkeit, mit der sich die Natur wiederholt. Nach Jahren weiß er es sehr gut, ein Verbannter kann nur seinen Erinnerungen leben. Wenn die kleine Stadt einen Bahnhof hätte, denkt er, könnte ich den Reisenden zusehen, wenn die Züge kommen; dann könnte ich vielleicht andere Leute sehen – die Ahnung von anderen Städten in ihren Gesichtern würde mich ablenken. Er erinnert sich, wie der Zug, mit dem man ihn in ein Steppengefängnis brachte, eine Nacht in einem Bahnhof stand. Er sieht die müden Augen wieder vor sich, mit denen die Bauern, die dritter Klasse fuhren, ihn während der Fahrt mißtrauisch musterten. Sie krempelten sich die Hemdsärmel hoch, die vom Schweiß dunkel geworden waren, und spritzten sich am Brunnen Wasser ins Gesicht. Die Morgenkühle läßt ihn die sengende Sonne der Steppe vergessen. Wieder hat er vor Augen, wie er – mit Handschellen gefesselt – in Haydarpaşa in den Zug steigt, wie die blaue Nacht draußen am Waggon vorbeifließt. Das Mondlicht läßt die Wolken silbern werden. Wie hatte er so glücklich sein können, als er die vier Wände bezog, zwischen denen er zehn Jahre seines Lebens verbringen sollte? Wie ein langsam gesungenes Lied erfüllte ihn bei der Vorstellung eines Bahnhofs die Sehnsucht nach İstanbul. Ob er noch einmal dorthin zurückkehrte? Er denkt an das Gedränge auf der Galata-Brücke, an die Schreie der weißen Möwen am blauen Himmel. Plötzlich erinnert er sich an das Lied Leylas, als sie in Emirgan Arm in Arm gingen. »Geliebter, hast du in İstanbul deine Heimat gefunden?« Als sie sich über die Holzhäuser am anderen Ufer freuen, läßt sich eine schlanke, weiße Möwe auf das Meer nieder. Wie viele Jahre sind seitdem vergangen? Leyla hat sicherlich geheiratet und ist jetzt eine zufriedene Frau, die ihre Kinder liebt. Er erinnert sich, mit welcher Bestimmtheit er seinen Standpunkt bei ihrem damaligen Streit verteidigte.

Zuerst nehmen Leylas Hände Gestalt an. Ihre Hände mit den kräftigen Fingern auf dem Marmortisch in der Konditorei. Beim Sprechen sieht er die ganze Zeit auf ihre Hände. »Der Krieg ist gerade zu Ende. Zuviel Elend gab es nicht, aber nachts die Verdunklung, die haben auch wir erlebt. Brot gab es auf Bezugsscheinen. Du aber willst für die Gerechtigkeit kämpfen. Mit dieser Parteitätigkeit wirst du dir schön was einbrocken. Und wenn sie dich umbringen?« »Den Krieg haben Hitler und seine Schweinehunde angefangen, das weißt du auch«, schreit er, »wie kannst du uns und diese Bestien, die Millionen Menschen verbrannt und ihre Asche in die Luft gejagt haben, in einen Topf werfen?« ... Dann bedauert er, sie so angefahren zu haben. Sanft sagt er: »Sieh mal, Schatz, wir werden wieder neu anfangen. Alles wird anders sein, alles muß anders sein. Denk an eine Welt, in der das Brot gerecht verteilt ist, denk an den fruchtbaren Boden, der von allen gemeinsam bearbeitet wird, an die ewig strömenden Flüsse... Wenn es sein muß, für eine solche Welt zu sterben, gerne zu sterben! Stell dir das mal vor, Leyla!« Aber sie kann es sich nicht vorstellen. In ihren blauen Augen ist die Verwirrung deutlich. Er redet weiter: »Solange du mit mir zusammen bist, du auf meiner Seite und der meiner Freunde stehst, kann ich dich lieben.« Er lauscht seinem Herzschlag. Warum schlägt es nicht mehr wie in jenen Tagen mit derselben Begeisterung an diesem strahlenden Kleinstadtmorgen? Wenn er jetzt in einen Zug steigen könnte, in einen Zug, der ihn aus dieser bergigen Gegend in Richtung İstanbul brächte? Wenn er sich Tage darauf auf den sonnenbeschienen, schneeweißen Bahnhofstreppen in Haydarpaşa wiederfände?

Er denkt an das blinde Kind, das sich an seinen Tisch drängte, als er in der Blumen-Passage saß. Die dünne Stimme, die um Geld bettelte, die sich in den Lärm der Straßenbahnen von der Istiklal-Straße nach Galatasaray mischte. Ein Betrunkener schimpft auf den alten Mann, der die Laute spielt. Sofort gibt es Krach in der Kneipe. Irgend jemand wirft eine leere Rakıflasche, die am Kopf des Kindes zerspringt. Ein Strom von dunklem Blut fließt aus den schmutzigen Haaren über die Stirn. Er springt von seinem Platz auf, wie um das Kind zu umarmen. Er hört das lautlose Weinen, während er eine offene Apotheke auf dem Fisch-Bazar sucht, ein von der Welt ausgestoßenes Kätzchen mit weichem, warmem Fell.

Warum um alles fällt ihm jetzt dieses graue Abenddunkel ein, das sich auf den Innenhof einer Moschee senkt? Er denkt an die Winternächte in seiner Kindheit, wenn er aus dem Fenster auf die zerbröckelnden Mauern der Moschee sah. An etwas, das, weich wie der fallende Schnee, in jenen Nächten den Himmel erhellte. Wie er, während sein Großvater neben dem Ofen eingenickt war, das runde Gesicht seiner Mutter, das auf den verblaßten Bildern noch lebte, auf Zeichenpapier malte. Immer wenn es schneite, mußte er an seine Mutter denken. Sie war eine Frau, die sie nachts besuchte und bei ihnen blieb. Wenn er schlief, erschien sie im Nachthemd, an dem über und über die Wicken blühten, strich ihm über das Haar, und wenn der Morgen kam, kehrte sie zurück in den Himmel, zurück in das Schneeland. Daß seine Mutter tot war, wußte er, aber es gab etwas Herzliches in diesen Nächten, das dem blassen Gesicht seiner Mutter ähnlich war.

Er denkt daran, wie er die Katze fühlte, die damals in seinem Bett lag, als er das Kind auf seinen Armen trägt. Der Wind fegt durch die Äste und läßt die gelben Blätter des Maulbeerbaumes rauschen. Es ist warm im Zimmer. Der Großvater, mit dem grauen Käppchen auf dem Kopf, liest aus dem Koran. Er selbst zeichnet das Schneeland, die gutherzigen Feen aus dem Märchen und die bösen Hexen auf Malpapier. Dann steigt der Schlaf von den Bergen. Er läßt sich, mit dem weißen Kätzchen in den Armen, ins ruhige Wasser eines Sees gleiten. Zusammen sinken sie langsam auf den Grund. Im Herzen fühlt er das weiche Fell der Katze. Ungewiß und weit ist die Welt hinter dem Fenster, so wie die abbröckelnden Mauern der Moschee.

Wie schnell die Jahre vorbeigegangen sind! Die Vergangenheit gleicht einem beschlagenen Spiegel, einem riesigen Spiegel, der einige Formen nicht zeigt: die Bilder aus der Haft und dem Gefängnis. Aber den nackten Beton der Beobachtungskammer zeigt er vollkommen. Die Gesichter, die er kennt, geraten alle durcheinander. Sogar das seiner Mutter. Aber eines gibt es in ihm, eines, an das er sich klar erinnert. Er erinnert sich an den Keller des Ersten Dezernats, in den man ihn mit einem der Arbeiter nach dem Streik in den politischen Gewahrsam bringt, nach dem ersten Verhör. Draußen hört man das Plätschern des Regens. Die nassen Schiffssirenen gehen im Lärm der Stadt unter. Man drängt sich zusammen, um nicht noch mehr zu frieren. Da erkennt er ein Gesicht mit schmaler Nase und Augen, die vor Freude strahlen. »Ich kenne dich«, sagt eine rauhe Stimme, »du hast bei der Eröffnung des Parteibüros in unserer Stadt eine Rede gehalten.« Plötzlich sieht er sich selbst im obersten Stockwerk in einem hohen Gebäude in Gaziantep. Er strengt sich an, die Gesichter der teilnehmenden Leute durch den Zigarettenrauch zu erkennen. Die meisten enttäuschen ihn durch ihr Aussehen: Zwischen gut angezogenen Intellektuellen mit Krawatte sucht er Arbeiter. Während sein Blick auf die scheuen Blicke einiger Bauern trifft, beginnt er die Bekanntmachung zu lesen: »He, ihr in den Fabriken, ihr an den Werktischen, ihr, die ihr auf den Feldern schweißtriefend soviel Zeit verbringt! Ihr, die ihr euer Augenlicht an den Tischen ruiniert, die ihr eure Köpfe zum Bersten bringt. Ihr, die ihr in den Läden oder zu Hause den Hammer schwingt oder das Weberschiffchen führt! Ihr, die ihr an der Feuersglut das Eisen schlagt! Die ihr das Brot backt, die ihr die Saat sät! Die ihr in der beißendsten Kälte beim ersten Hahnenschrei aufsteht und aufs Feld geht, die ihr in sengender Hitze Unkraut jätet, die ihr Weizen erntet, aber Spreu eßt, und he, ihr Freunde, die ihr nur Schweiß als Zukost zu eurem Brot habt, ihr mit nur ein paar klobigen Schuhen und den zerrissenen Jacken! Wißt und gebt weiter, lernt und lehrt, lest und lest vor, hört und erzählt weiter, daß dies unsere Hauptforderung ist: Das Essen dem, der es kocht, die Arbeit dem, der sie verrichtet, der Boden dem, der ihn pflügt, das Getreide dem, der es einbringt. Das Pferd gehört nicht dem, der es reitet, das Schwert nicht dem, der es sich umgürtet. Dem, der es füttert, gehört das Pferd, dem, der es macht, das Schwert ..., wie der Spruch sagt.« Er denkt daran, wie in der Zeit, die er wegen der Propagandaarbeiten in Gaziantep verbrachte, die Zahl der Parteimitglieder immer schneller wuchs, durch die Arbeiter, die kleinen Händler, die Bauern, die ins Parteibüro kamen. »Kommst du aus Gaziantep?« fragte er. »Ja, komm' ich. Aber ich lebe in İstanbul«, sagte er mit rauher Stimme. »Ich bin Dreher in der Fabrik. Alle Freunde kennen dich. Wir mögen dich.« Eine grenzenlose Erregung spürt er in seinem Herzen, wie er sie vielleicht nie wieder fühlen wird. Plötzlich wird die Tür geöffnet, ohne auch nur nach dem Namen zu fragen, ergreifen Polizisten den Arbeiter und bringen ihn weg.

Nachdem sie ihn wieder hereingebracht haben, krümmt er sich wimmernd auf dem kalten Beton. Er kann sein Gesicht in der Dunkelheit nicht erkennen. Er zündet ein Streichholz an und beleuchtet das blaugeschwollene Gesicht zu seinen Füßen. Blut fließt aus dem Mund und färbt das weiße Hemd. Mühsam öffnet der Arbeiter einen Spalt breit seine Augen. »Sie haben ... mich geschlagen«, kann er sagen. »Sie haben meine Mutter verflucht, weil ich Kommunist bin... und dann geschlagen.« Er wendet seinen Blick zu dem zitternden Schatten, den die Flamme des Streicholzes an die Wand wirft. Immer, wenn er ins Polizeipräsidium gerufen wird, wenn er allein im Gefängnis ist, an die Decke starrt, muß er bei jedem Zigarettenzug an dieses Gesicht denken. Bis er unter der Bastonade lag, wie wirr waren da seine Gedanken über seine Liebe zu den Menschen. Als eine vor Wut zitternde Hand ihn dann bei den Haaren griff und sein Gesicht ins Licht drehte, lernte er Abscheu zu empfinden. Als sie ihn in den Polizei-Jeep steigen ließen, empfand er nicht mehr die Angst, wie das erste Mal, als sie zur Hausdurchsuchung gekommen waren. Und jedesmal, wenn er bei der Polizei die Brille abnahm, bevor sie ihn schlugen, blickte er mit der gleichen Wut in diese Gesichter, die ihn so hämisch angrinsten. Jetzt gibt es das alles nicht mehr. Nach und nach undeutlicher werdend, zerfloß es in einem blinden Spiegel. Die durch die Fenster fallenden Sonnenstrahlen ergießen sich über das Bett.

Unten singt jemand ein Lied. Plötzlich fällt ihm ein, daß er seit gestern morgen nichts mehr gegessen hat. Aber er hat keinen Hunger. Er weiß schon, daß alles nur noch Gewohnheit ist: das Hungern oder auch das Essen ab und zu in der kleinen Schnellküche gegenüber der Reparaturwerkstatt. Nur an diesem kleinen Ort hat er Ruhe. Niemand beobachtet ihn beim Essen, so wie man es in dem Restaurant am Markt tat. Die Gehilfen, die in der Reparaturwerkstatt arbeiten, heben nicht einmal ihre schmutzigen Gesichter von den Tellern mit dem Bohneneintopf. Sie essen eilig zu Ende und kehren schleunigst zu ihrer Arbeit zurück. Der Koch ist ein netter Albaner. Ab und zu erzählt er, wie gut es ihm in seiner Heimat gegangen war, von den glücklichen Tagen früher. Dann plötzlich denkt er daran, daß es gefährlich sein könnte, noch mehr mit ihm zu sprechen, und schweigt.

Ängstlich wandern seine grauen Augen von einem seiner Gäste zum anderen: Ob jemand mithört? Auf seinem Gesicht breitet sich eine kaum merkliche Röte aus. Offenbar schämt sich der Koch, aber er kann ja nicht anders. Er weiß, daß Polizisten in Zivil jeden beobachten, der mit dem Verbannten spricht, ihn auf die Wache schleppen und mit Fragen bombardieren. Ist er tatsächlich allein? Wenn auch in dieser Kleinstadt sich nie jemand zu ihm gesellt, hat er dann auch in anderen Städten keine Freunde?

Er denkt an seine Streitgefährten in all den fernen Ländern, deren Namen er nicht einmal weiß. Nicht ein einziges Mal würde er ihre Gesichter sehen, die Gesichter dieser Menschen mit derselben Sehnsucht, die für dieselbe Welt kämpften. Vor seinen Augen entsteht ein dicht belaubter, sattgrüner Wald. Gelbgesichtige, müde Soldaten durchqueren ein Gewässer. Damit ihre Gewehre nicht naß werden, halten sie sie beim Waten hoch. Ein junger Bursche wird vor einer bröckelnden Mauer erschossen, die Hände auf dem Rücken gefesselt, um den Arm eine rote Binde. Mit schmerzverzerrtem Gesicht blickt er auf die auf ihn gerichteten Gewehrläufe. Manche wirft man in die Brennkessel von Lokomotiven, und nicht das kleinste bißchen Gejammer ist zu hören. Von den Außenbezirken der Stadt ertönen Schüsse. Er selbst lebt, an diesem Frühlingsmorgen. Weit entfernt vom Kampf, weit entfernt davon, selbst dem Tode ins Gesicht zu sehen.

Mit all diesen Gedanken flüchtet er sich, wenn auch nur ein wenig, vor der Einsamkeit. Nicht etwa, daß er keine Freunde hat, ab und zu schreiben sie ihm sogar. Er denkt an den letzten Brief von Ömer, den er im Gefängnis kennengelernt hatte.

24. Februar 1956, Unkapanı

Sicher bist Du böse auf mich, weil Du denkst, ich hätte Dich vergessen. Aber glaube mir, mein lieber Freund, es ist gar nicht möglich, Dich aus meinen Gedanken zu streichen. Wir beide haben im Gefängnis die gleiche Sehnsucht nach Freiheit gehabt. Wir sind weit entfernt und jeder mit der eigenen Einsamkeit konfrontiert. Während ich Dir diese Zeilen schreibe, bereiten sich meine Frau und Kinder darauf vor, umzuziehen. Das kennst Du ja. Ein Bettgestell, Matratzen, Kleidung, einige

Kelims, diese alte Schreibmaschine und aus was unsere Habe sonst noch besteht; auf einen Pferdewagen geladen, das alles so zu sehen, daran habe ich mich schon so gewöhnt, es macht mir nichts mehr aus. Es ist nicht mal einen Monat her, daß wir in dieses Viertel gezogen sind. Erst fing der Lebensmittelhändler an. Wenn meine Frau ging, Brot zu kaufen, sagte er: »Dein Mann ist Kommunist, Kommunisten verkaufe ich kein Brot.« Als ich gestern runter in die Teestube ging, um mit meinen Freunden eine Partie Tavla zu spielen, hat mich niemand angesehen. Klar, daß man ihnen etwas geflüstert hat. Seit ich mich daran gewöhnt habe, macht es mir nicht viel aus, aber meine Frau und die Kinder leiden darunter. Es ist schon länger her, da kam mein Junge weinend nach Hause. Seine Klassenkameraden hatten in der Schule gesagt: »Dein Vater ist ja Kommunist, dann bist du ein Bastard.« So läuft das, mein Freund! Es ist nicht leicht, das eigene Volk zu lieben. Wir haben uns bemüht zu tun, was wir können. Sicher ist unsere Situation nicht so verschieden von der, in der Du lebst. Aber das Leben geht weiter. Wir müssen, müssen leben. Ich bin kürzlich in Babıali[1] gewesen. Mein Roman wird in der Zeitung V.... in Fortsetzung erscheinen. Der Chefredakteur hat mir eine gewisse Summe als Vorschuß geboten. Wenn mir etwas Geld bleibt, wenn ich meine Schulden abgezahlt habe, kaufe ich meinem Sohn eine Spielzeugpistole und meiner Tochter einen blauen Kleiderstoff. Meine Frau hat schon gesagt: »Was sollen wir diesen Winter bloß anziehen?!« Gerade ist ihr Bruder gekommen; sie spricht mit ihm. Ich schreibe diesen Brief im Zimmer der Kinder. Kalt ist es hier! Daß die Kinder sich hier noch nicht erkältet haben, ist mir rätselhaft. Draußen wechseln Regen und Hagelschauer. Erinnerst du dich an die bedrückenden Nächte, die wir im Gefängnis verbrachten? Wie wir beide von der Glückseligkeit und der Freiheit, ohne Handschellen zu sein, geträumt haben? Trotz allem, ich habe über mein Schicksal nicht zu klagen. Das Romanmanuskript, das ich im Gefängnis geschrieben habe, halte ich in meinen Hän-

1 »Hohe Pforte«, Presse- u. Verlagsviertel in İstanbul.

den. Weißt Du noch? Dir habe ich es auch vorgelesen. Es ist der Roman, der in unserer Gemeinschaftszelle entstanden ist: »Der Kalfaktor Halil«. Ich habe mich entschlossen, es mit der Veröffentlichung nicht so eilig zu machen. Ich will ihn noch ein bißchen überarbeiten. Vielleicht finde ich ja, auch wenn es unwahrscheinlich ist, eine Arbeit. Meine Frau ruft mich von nebenan. Ich glaube, ich muß jetzt dem Kutscher beim Aufladen der Sachen zu Hilfe kommen. Ich umarme Dich von ganzem Herzen, mein Freund. Ömer

Was er jetzt wohl macht? Er sitzt an seiner Schreibmaschine in seinen gemieteten zwei Zimmern eines Holzhauses. Oder er zieht sich an, um rauszugehen. Er hat Frau und Kinder und lebt dazu noch in İstanbul.

Es ist warm unter der Decke. Lust, nach draußen zu gehen, hat er nicht. Dabei hat er den ganzen Winter auf die Sonne gewartet. Als der Schnee auf die Kleinstadt fiel, dachte er an die hellen Frühlingstage, daran, wie in den Bergen der Schnee schmolz. Aber jetzt umhüllt seinen ganzen Körper eine Lethargie. Er sollte aufstehen aus dem Bett. Aber um zum Teegarten zu gelangen, muß er die Hauptstraße runtergehen. Einen anderen Weg gibt es nicht. Er schreckt vor den trüben, verständnislosen Blikken der Leute zurück. Er denkt an den Holztisch unter der Akazie, an dem er immer sitzt. Ein kleiner Tisch in einer Ecke des Teegartens, gleich am Fluß. Während er Schluck für Schluck den Tee schlürft, sieht er die Berge durch die Akazienzweige. Ab und zu fliegen Schwalben über die roten Ziegeldächer.

Vielleicht kommt auch dieser blonde Junge wieder an seinen Tisch. Als er gestern zusah, wie die Kinder aus der Schule kamen, kam einer – er hatte ihn vorher schon einige Male gesehen – zu ihm hingelaufen, »Onkel, warum sitzt du hier so alleine?« fragte er auf einmal. Das ging so schnell, wie im Frühjahr die Schwalben kommen. Als er an das Kind denkt, verzieht er die Lippen. Seine vom Tabak gelb gewordenen Zähne sind zu sehen. Er lächelt ja richtig! Zum ersten Mal vielleicht lächelt er seit Jahren. Ein Gefühl, zärtlich wie der warme Lodos, erfüllt ihn.

»Weil ich keine Freunde hab', deshalb.«

»Also bist du ein Taugenichts!«

»Vielleicht bin ich das. Nun setz' dich mal her und trink erst einmal Tee mit mir!« Der Junge legt seine Schultasche auf den Tisch und setzt sich sofort. Er ist ein Grundschüler mit kurzen Haaren und schwarzem Schulkittel mit weißem Kragen.

»Was bist du von Beruf?« fragt er neugierig. Was soll er antworten? Eine Zeitlang überlegt er. Mit Nachdruck sagt er dann:

»Ich reise.«

»Reisen?! Reisen heißt, in der Welt rumzufahren. Aber du sitzt doch immer hier!«

»Ich ruh' mich jetzt aus. In meiner Jugend bin ich in der Welt rumgereist.«

Dann erzählt er ihm ausgiebig von den Ländern, die er gesehen hat. Von Dampfern, Spielzeugläden, von Jahrmärkten, so groß wie eine ganze Stadt. Er erzählt von Europa, wo er sich einige Jahre vor dem Krieg aufhielt. Das Kind hört schweigend zu, funkelnde Sterne in den blauen Augen. Mit seinen schmutzigen Händen dreht es dauernd an dem Radiergummi, der ihm vor der Brust baumelt. Auch es wird einmal groß sein. In seiner eigenen Welt wird er ein Mensch sein wie alle anderen.

Zögernd fragt er: »Was willst du mal machen, wenn du groß bist?«

»Ich werde Staatspräsident.« Wie überzeugt er davon ist, als er das sagt! Er zieht die schmalen Augenbrauen zusammen und spielt den großen Mann. Seine zweiten Schneidezähne sind erst gerade nachgewachsen. Einer davon wächst schräg zur Seite.

»Dann bist du also fleißig?«

»Na klar«, antwortet er, »mein Zeugnis ist immer sehr gut.«

»Und wie ist das mit dem Zähneputzen?«

»Um die Zähne kümmert sich unser Lehrer nicht.«

»Welches Fach hast du am liebsten?«

»Gemeinschaftskunde. Vom letzten Taschengeld habe ich mir ein Buch gekauft, das heißt: *Die großen Entdecker.* Alle Fragen kann ich dann beantworten.«

Gemeinschaftskunde also mag er. Er denkt, das Leben aus Büchern kennenzulernen, ist dasselbe, als wenn man einen Gegenstand kennenlernt, indem man ihn anfaßt. Wie soll man ihm das erklären? Er muß ein ganz heller Kopf sein. Offensichtlich hat er ja Interesse am Lesen. Wenn er jetzt zum Teegarten ginge und dort auf seinen einzigen Freund in dieser Stadt wartete? Vielleicht würde er sich wieder – mit seinem schwarzen Kittel, der Schultasche auf dem Rücken – zu ihm an den Tisch setzen. »Wie geht's, Onkel?« würde er sagen und von seinen Freunden erzählen, von den bunten Bildern in *»Die großen Entdecker«*. Er stößt die Decke zurück und steht eilig auf. Bevor er sich eine weitere Zigarette ansteckt, denkt er an die kleinen Hände des Kindes, an die kurzgeschorenen blonden Haare.

Ganz langsam breitet sich ein Wärme in ihm aus. Die Sonne berührt die müden Schatten in seinen Augen und wischt sie weg. Einen Moment sieht er zu den Bergen. Er sieht, wie sie sich im Blau des Himmels allmählich entfernen.

Orhan Pamuk

Das Gesicht und sein Henker

Vor nicht allzu langer Zeit, in einer Frühlingsnacht vor dreihundert Jahren, näherte sich Kara Ömer, der meistbekannte Henker dazumal, auf seinem Pferde der Burg von Erzurum. Durch Beschluß des Padischahs war er zwölf Tage zuvor mit einem Ferman, den ihm der Leibgardenoberst in die Hand gedrückt hatte, zur Hinrichtung des dortigen Befehlshabers, Abdi Pascha, auf den Weg geschickt worden. Er war zufrieden, weil er die zu dieser Jahreszeit gewöhnlich einen Monat dauernde Reise von İstanbul nach Erzurum in so kurzer Zeit bewältigt hatte, und die Kühle der Frühlingsnacht ließ ihn seine Müdigkeit vergessen. Dennoch nagte ein Gefühl der Kraftlosigkeit an ihm, das er vor dem Auftrag nicht verspürt hatte. Es war die schemenhafte Ahnung eines Fluches oder eines unentschlossenen Zauderns, die ihn daran hindern könnte, seine Arbeit in Recht und Würden zu verrichten.

Die Aufgabe war schwer genug: Er mußte allein die Residenz eines ihm völlig unbekannten Paschas betreten, die ganz und gar mit dessen Gefolgschaft besetzt war, mußte den Ferman überreichen und durch sein unerschütterliches Wesen den Pascha und dessen Umgebung die Vergeblichkeit fühlen lassen, sich des Sultans Entscheid entgegenzustellen, falls aber, was kaum anzunehmen war, der Pascha die Vergeblichkeit doch nicht einsehen sollte, mußte er denselben auf der Stelle töten, um nicht etwa das Gefolge zu sträflicher Tat zu ermuntern. Er durfte eigentlich keine Unentschlossenheit empfinden nach soviel Erfahrung in dieser Tätigkeit: In den 30 Jahren der Ausübung seines Gewerbes hatte er an die 20 Kronprinzen, 2 Großwesire, 6 Wesire, 23 Paschas, Diebe, Nichtdiebe, Schuldig-Unschuldige, Frauen, Männer, Kinder, Alte, Christen, Moslems, alles in allem mehr als 600 Personen hingerichtet, hatte von seiner Lehrzeit angefangen bis heute an Tausenden von Menschen die Folter vollzogen.

Bevor der Henker morgens die Stadt betrat, stieg er am Ufer eines Gewässers von seinem Pferd, reinigte sich und verrichtete unter dem frühlingsseligen Zwitschern der Vögel sein Gebet. Es geschah selten, daß er betete, daß er Allah um gutes Gelingen seines Tuns anflehte. Jedoch wie stets zuvor, erhörte Gott auch diesmal seinen fleißigen Diener.

So verlief denn alles wie vorgesehen. Ein Blick auf den eingefetteten Riemen am Gürtel und die rote Filzkappe auf dem kahlgeschorenen Schädel genügte dem Pascha, um seinen Henker zu erkennen und zu wissen, was ihm bevorstand, doch unternahm er nichts, was regelwidrig zu nennen wäre. Vielleicht hatte ihn sein Schuldbewußtsein schon lange auf dieses Geschick vorbereitet.

Er las zunächst den Ferman mindestens zehnmal hintereinander und stets mit der gleichen Aufmerksamkeit (ein Merkmal derer, die sich an die Regeln halten). Er küßte den Ferman mit großartiger Geste und bedeckte sein Haupt damit (Verhalten jener, die noch imstande sind, für nachhaltigen Eindruch in ihrer Umgebung zu sorgen, was Kara Ömer für einfältig hielt). Er äußerte den Wunsch, im Koran zu lesen und zu beten (Verhalten derer, die Zeit gewinnen wollen, wie auch solcher, die wahrhaft gläubig sind). Nach dem Gebet verteilte er mit den Worten »Erinnert euch meiner!« seine Juwelen, Gehänge und Ringe unter sein Gefolge, damit sie nicht dem Henker zufielen (so taten jene, die hängen an dieser Welt, und solche, die oberflächlich genug sind, ihrem Henker zu grollen). Und wie die meisten derer, die sich nicht nur in dieser oder jener beschriebenen Weise verhalten, sondern sie alle zeigen, begann er zu fluchen, bevor ihm die Schlinge um den Hals gelegt wurde, und handgemein zu werden. Nach einem kräftigen Faustschlag aufs Kinn jedoch sank er in sich zusammen und wartete auf den Tod – und er weinte.

Obwohl das Weinen nur eine der gewöhnlichen Äußerungen war, welche bei den Opfern in dieser Lage bewirkt wurden, so erblickte der Henker doch etwas auf dem tränenströmenden Antlitz des Paschas, das ihn nach dreißig Jahren in diesem Beruf zum ersten Mal zögern ließ. Darum bedeckte er vor dem Erwürgen das Gesicht des Todgeweihten mit einem Tuchfetzen – was er nie zuvor getan hatte. War dies doch ein Benehmen, das er stets tadelte, wenn er es bei anderen Vertretern seines Gewerbes beobachtete. Denn er glaubte, ein Henker müsse, um seine Arbeit ohne Verzug und fehlerlos auszuführen, seinem Opfer bis zuletzt ins Auge blicken können.

Nach dem sicheren Eintritt des Todes trennte er mit seiner »Chiffre« genannten, besonders scharfen Klinge unverzüglich den Kopf vom Rumpfe des Leichnams und ließ ihn frisch und warm in einen Haarsack voller Honig gleiten, den er bei sich trug. Um die erfolgreiche Ausführung seines Auftrages beweisen zu können, mußte er das abgetrennte Haupt des Opfers zur Erkennung der Person unversehrt nach İstanbul zurückbringen. Während er den Kopf sehr vorsichtig dem honiggefüllten Beutel einverleibte, sah er noch einmal voller Staunen den weinenden Ausdruck auf des Paschas Angesicht, diesen erschreckenden, unbegreiflichen Ausdruck, der ihm bis zu seinem nicht mehr allzu weit entfernten Lebensende im Gedächtnis haften bleiben sollte.

Unverzüglich bestieg er sein Pferd und verließ die Stadt. Wenn man den Leichnam des Geköpften unter herzzerreißendem Wehklagen zu Grabe trug, wollte der Henker, wie stets, mit dem Kopf im Beutel hinter dem Sattel zumindest zwei Tagesreisen entfernt sein vom Ort des Geschehens. So gelangte er nach anderthalb Tagen Ritt ohne Rast zur Festung Kemah, stillte seinen Hunger in der dortigen Karawanserei und zog sich mitsamt seinem Haarsack zu einem guten langen Schlaf in seine Zelle zurück.

Einige Stunden schlief er ungestört, dann holte ihn ein Traum aus dem Schlaf, und er sah Edirne, die Stadt seiner Kindheit wieder: Während er sich einem riesengroßen Gefäß voller Feigenkonfitüre näherte, die seine Mutter unermüdlich kochte und deren süßsaurer Duft nicht nur Haus und Garten erfüllte, sondern das ganze Viertel durchzog, begriff er zunächst einmal, daß die kleinen, Feigen genannten Rundlinge die Augen eines weinenden Kopfes waren. Dann öffnete er das verschlossene Gefäß, sah mit dem schlechten Gewissen des Beobachters den unbegreiflichen Schrecken auf dem Antlitz, das Tränen vergießt über verbotenes Tun, und erstarrte in lähmender Hilflosigkeit, als aus dem Innern das Schluchzen eines reifen Mannes drang.

Nachts darauf in einer andern Karawanserei, auf einem anderen Lager, da war es eine der Abendstunden aus seiner Jugendzeit, die seinen Schlaf zerriß: In einer der kleinen Gassen Edirnes lenkte ein Freund, den er nicht erkannte, seine Aufmerksamkeit kurz vor dem Dunkelwerden zum Himmel. Hier zeigte sich an einem Ende die sinkende Sonne, am anderen das Bleichgesicht des Mondes. Bald darauf, in der Dunkelheit nach Sonnenuntergang, als das kugelrunde Mondgesicht heller und klarer wurde, da konnte man's deutlich erkennen – ein lichtglänzendes, weinendes Menschenantlitz! Was aber nun die Straßen von Edirne so schrecklich fremd wie die einer ganz anderen Stadt erscheinen ließ, war nicht die traurige Seite an der Verwandlung des Mondes in ein wehklagendes Gesicht, oh nein! es war die rätselhaft unverständliche Seite daran.

Diese inmitten seines Schlummers entdeckte Wahrheit, so meinte er am nächsten Morgen, stand durchaus im Einvernehmen mit seinen Erfahrungen. Tausende von weinenden Mannsgesichtern waren ihm im Laufe seines Henker-Daseins begegnet, doch keines davon hatte ihn erbarmungslos oder furchtsam werden lassen oder gar zu Schuldgefühlen getrieben. Ganz anders, als gemeinhin angenommen, bedauerte er die Opfer, trauerte um sie, doch wurden diese Gefühle stets wieder aufgewogen durch den logischen Sinn des Gerechten, des Notwendigen und des Unwiderruflichen. Er wußte nur allzu gut, daß die Opfer, die er geköpft, erwürgt oder durch Genickbruch getötet hatte, viel besser als ihr Henker über die Verkettung der zu ihrem Tode führenden Umstände unterrichtet waren. Und ein Mann, der angesichts des Todes tränenüberströmt um sich schlägt, schleimrinnend bettelt und fleht, schluchzt und sich windet, war für ihn kein unerträglicher Anblick, überwältigte ihn nicht. Der Henker verachtete weder die weinenden Männer, wie manche Toren, die großartige, legende- oder geschichtemachende Gesten erwarteten von den Todeskandidaten, noch überließ er sich hemmenden Mitleidsgefühlen für sie, wie eine andere Art einfältiger Leute, die des Lebens zufällige, unwiderrufliche Grausamkeit durchaus nicht zu begreifen vermochten.

Was aber konnte es sein, das ihn zu fesseln drohte in seinen Träumen? Während der Henker in der strahlenden Morgensonne mit dem Haarsack am Hinterzwiesel des Sattels die felsigen Abgründe passierte, meinte er schließlich, dieses lähmende Gefühl müsse mit dem Zaudern, mit der Ahnung eines Fluches verbunden sein, von denen sein Gemüt vor der Ankunft in Erzurum überschattet worden war. Auf dem Antlitz des Opfers, daß er vergessen sollte, war etwas Geheimnisvolles gewesen, was ihn zwang, es vor dem tödlichen Würgegriff mit einem Stück Tuch zu bedecken. Als er im weiteren Lauf des Tages zwischen den wirren Felsengestalten (hier ein Segler mit Kesselrumpf, dort ein Löwe mit Feigenkopf!), zwischen den weitaus fremdartiger als sonst erscheinenden Nadelbäumen und Buchen, an den Ufern der Bäche mit eisigem Wasser und seltsam geformten Kieselsteinen dahinritt, dachte er nicht mehr an den Ausdruck jenes Gesichts, das er auf des Pferdes Rücken bei sich trug. Jetzt war's die Welt, die ihn weit mehr aus der Fassung brachte, eine neue Welt, zum ersten Mal von ihm wahrgenommen.

Plötzlich merkte er, daß alle Bäume jenen dunklen Schatten glichen, welche durch die Erinnerungen seiner schlaflosen Nächte geisterten. Und erkannte zum ersten Mal, daß die an den grünen Hängen ihre Schafherden weidenden harmlosen Hirten ihre Köpfe wie Dinge auf den Schultern trugen, die eigentlich anderen gehörten. Und verstand zum ersten Mal, daß die zehn Häuser zählenden Dörflein an den Berghängen den leeren Schuhen glichen, welche man vor dem Tor zur Moschee aufgereiht vorfindet. Und sah zum ersten Mal, daß die schwebenden Miniatur-Wölkchen und die purpurfarbenen Berge im Westen, die er in einigen Stunden durchqueren würde, ein Zeichen dafür waren, daß die Welt ein kahler, splitterfasernackter Ort war. Und begriff jetzt, daß alle Pflanzen, Dinge, scheuen Tiere nur Merkmale eines denkbar alten, hilflos einfachen und schrecklich beklemmenden Weltreiches sein konnten. Je weiter er nach Westen ritt mit den länger werdenden Schatten und ihrem steten Bedeutungswandel, desto stärker fühlte der Henker, daß die Anzeichen eines für ihn unlösbaren Rätsels in seiner Umgebung aussickerten, wie Blut aus einer gesprungenen Schüssel dringt.

Er stillte seinen Hunger in der Karawanserei, die er bei Dunkelwerden betrat, wußte aber zugleich, daß es zwecklos war, sich zum Schlafen mit seinem Haarsack in eine Zelle zu verkriechen. Denn der Nachtmahr würde sich ausbreiten inmitten seines Schlummers, zäh wie der Eiterfluß einer platzenden Wunde, und er würde diesem verzweifelt weinenden, sich Nacht für Nacht in diesem Angsttraum mit einem anderen Erinnerungsgewand umhüllenden Antlitz nicht länger standhalten können. Während er im Gedränge der Karawanserei verwundert die Gesichter betrachtete, ruhte er sich ein wenig aus und setzte dann seine Reise fort.

Die Nacht war kalt und still, kein Windhauch wehte, kein Zweiglein regte sich, und der müde Gaul fand seinen Weg allein. Für lange Zeit ritt der Henker blindlings weiter, ohne sich den Kopf mit unerfreulichen Fragen zu beschweren, ganz wie in den alten glücklichen Tagen. Später schien es ihm, als habe dies an der Dunkelheit gelegen. Denn als der Mond zwischen den Wolken hervortrat, wurden Bäume, Schatten und Felsen nach und nach zu kryptischen Zeichen eines unlösbaren Rätsels. Weder die traurigen Steine auf den Friedhöfen noch die einsamen Zypressen noch das Wolfsgeheul in der Weite der Nacht erregten seine Furcht. Was ihn an der Welt so entsetzlich verwirrte, war ihre augenscheinliche Absicht, eine Geschichte zu erzählen. Sie verwies auf bestimmte Bedeutungen, als wolle sie ihm etwas sagen, doch verlor sich der Sinn der Worte, wie im Traum, in einem ungewissen Dunst. Gegen Morgen begannen dem Henker schluchzende Laute ans Ohr zu schlagen.

Als der Tag heraufzog, meinte er, das Schluchzen sei ein Spiel des wieder aufkommenden Windes in den Zweigen, später schrieb er es seiner Übermüdung und Schlaflosigkeit zu. Gegen Mittag aber wurden die vom Hinterzwiesel des Sattels kommenden Laute so deutlich, daß er wie jemand, der um Mitternacht sein warmes Bett verläßt, um dem nervtötenden Quietschen eines schlecht geschlossenen Fensters ein Ende zu machen, vom Pferd stieg und die Riemen nochmals straff zog, mit denen der

Beutel hinter dem Sattel festgemacht war. Doch nicht genug damit, daß er unter dem bald darauf niederprasselnden Regenguß immer noch das Schluchzen hörte, er fühlte auch die von dem weinenden Angesicht fallenden Tränen auf seiner Haut.

Und als die Sonne abermals aufging, wußte er, daß der Welt Geheimnis auf wundersame Weise mit der wehklagenden Miene verbunden war. Was die verständliche, gut bekannte Welt bisher aufrechterhalten hatte, schien der ganz alltägliche Ausdruck auf den Gesichtern der Menschen mit seinem ganz gewöhnlichen Sinn gewesen zu sein, und gleich dem bösen Wirrwarr beim klirrenden Brechen einer Talisman-Schale, beim Zerspringen einer zauberhaften Karaffe, so war auch mit dem Erscheinen jenes seltsamen Ausdrucks auf dem weinenden Antlitz die Bedeutung der Welt verlorengegangen und hatte den Henker in einer furchtbaren Einsamkeit zurückgelassen. Während er seine nassen Kleider von der Sonne trocknen ließ, wurde ihm klar, daß er den maskenhaften Ausdruck auf dem Gesicht im Beutel unbedingt ändern mußte, damit die alte Ordnung wiederhergestellt werden könne. Wogegen aber seine Berufsehre von ihm verlangte, den abgetrennten, noch frisch und warm in den Honig des Haarsacks versenkten Kopf unbeschadet und wie er war nach İstanbul zu bringen.

Nach einer schlaflos auf dem Pferderücken verbrachten Nacht, in deren Verlauf sich das endlose Schluchzen aus dem Haarbeutel in eine nervenzerreißende Wahnsinnsmusik verwandelt hatte, fand der Henker morgens die Welt so verändert vor, daß er an sich selbst zu zweifeln begann. Die Pinien und Platanen, die schlammigen Wege, die Dorfbrunnen, vor denen das Volk bei seinem Anblick auseinanderstob, all das mußte zu einer ihm unbekannten Welt gehören, von der er nichts gewußt hatte. Seine Nahrung sogar, die er zur Mittagszeit in einer bisher unbekannten Kleinstadt mit tierischem Instinkt herunterschlang, erkannte er kaum als das, was sie war. Er hatte sich im Freien vor der Stadt unter einen Baum gelegt, um auch seinem Gaule etwas Rast zu gönnen, da begriff er, daß ein vormals für das Himmelszelt gehaltenes Ding nur eine merkwürdige, blaue, nie zuvor erblickte Kuppel war. Bei Sonnenuntergang bestieg er sein Pferd und zog weiter, doch sechs Tagesreisen lagen noch vor ihm. Wenn er das Geschluchze aus dem Beutel nicht zum Stillstand bringen, die wehklagende Miene nicht verändern, diese verhexte Arbeit nicht ausführen konnte, die seine Umwelt zurückverwandelte in die alte, wohlbekannte Sphäre, dann würde er nimmermehr nach İstanbul zurückgelangen, das hatte er inzwischen wohl verstanden.

Nach dem Dunkelwerden traf der Henker vor einem Dorf, in dem die Hunde bellten, auf einen Brunnen, an dem er von seinem Pferde stieg. Er nahm den Fellbeutel vom Hinterzwiesel, öffnete ihn und zog den Kopf behutsam an den Haaren aus dem Honig hervor. Umsichtig wusch er ihn dann wie ein Neugeborenes mit dem Wasser, das er kübelweise aus dem Brunnen holte. Und nach dem Trocknen mit einem Tuchlappen von den Wurzeln der Haare bis zu den Gehörgängen der Ohren betrachtete er das Gesicht im Licht des Mondes. Es weinte, war unverändert, trug immer noch denselben verzeifelten Ausdruck, den man nicht ertragen und nicht vergessen konnte.

Während der Kopf auf dem Brunnenrand lag, kehrte der Henker nochmals zu seinem Pferd zurück, um zwei spezielle Messer und die stumpfkantigen, eisernen Folterstäbe aus seinem Handwerkszeug hinter dem Sattel zu holen. Zunächst begann er, Haut und Knochen ziehend und stemmend, die Ränder des Mundes allmählich zu berichtigen. Obwohl dabei die Lippen arg zerrupft worden waren, hatte er mit sehr viel Mühe den Mund schließlich zum Lächeln gebracht, wenn's auch etwas ungewiß und schief geraten war. Dann machte er sich an die Feinheiten, fing an, die schmerzverkniffenen Augen zu dehnen. Als es ihm nach langer, harter Arbeit gelungen war, das Lächeln über das ganze Gesicht zu verbreiten, kam endlich die erlösende Müdigkeit. Die Spur des Faustschlages aber, den er Abdi Pascha vor dem Erwürgen versetzt hatte, der purpurfarbene Fleck an der Kante des Kinns bereitete ihm Genugtuung. Und mit geradezu kindischer Freude über das Gelungene beeilte er sich, die Instrumente wieder am Sattelende zu verstauen.

Als er wieder zurückkam, war der Brunnenrand leer. Er hielt's im ersten Augenblick für einen Schabernack des lächelnden

Hauptes. Doch dann begriff er, daß der Kopf in den Brunnen gefallen war, lief unverzüglich zum nächstliegenden Haus und weckte dessen Insassen auf. Der Anblick des Henkers allein genügte einem alten Mann und seinem Sohn, um die zutiefst Erschrockenen den Befehlen ihres Gegenübers gefügig zu machen. Bis in den Morgen hinein mühten die drei sich gemeinsam ab, das Verlorene aus dem nicht allzu tiefen Brunnen herauszuholen. Als der Tag graute, kam der vor Entsetzen schreiende Junge, den sie an der Würgeschnur um den Leib in den Schacht hinuntergelassen hatten, wieder nach oben, den Kopf an den Haaren gepackt. Der hatte schwer gelitten, doch er weinte nicht mehr. Der Henker, nunmehr ganz beruhigt, steckte ihn wieder in den honiggefüllten Beutel, drückte Vater und Sohn ein paar Kuruş in die Hände und verließ ihr Dorf glücklich gen Westen.

Die Sonne ging auf, die Vögel zwitscherten in den Frühlingsbäumen, und der Henker verstand voll himmelhochjauchzender Lebensfreude, daß die Welt von neuem die altbekannte war. Aus dem Haarsack drang kein Schluchzen mehr. Noch vor der Mittagsstunde stieg er am Ufer eines zwischen pinienbedeckten Hügelkuppen gelegenen Sees von seinem Gaul, um sich lang ausgestreckt zu einem tiefen, glücklichen, ungestörten Schlummer niederzulegen, wie er ihn seit Tagen umsonst ersehnt hatte. Doch war er zuvor noch einmal aufgestanden, um an das Ufer zu treten, sein Bild im Spiegel des Wassers zu betrachten und einmal mehr zu erkennen, daß die Welt um ihn herum wieder war, wie sie sein sollte.

Als einige Zeugen, denen Abdi Pascha gut bekannt war, in İstanbul fünf Tage später erklärten, der Kopf aus der Felltasche sei nicht der des Genannten und die lächelnde Miene erinnere keineswegs an die des Paschas, sollte dem Henker sein glücklich lächelndes Gesicht in den Sinn kommen, das er im Spiegel des Sees voller Frieden betrachtet hatte. Auf die Beschuldigung, er habe, von Abdi Pascha bestochen, den Kopf irgendeines anderen, womöglich den eines unschuldig gemordeten Hirten in den Haarsack getan und hergebracht und außerdem dessen Gesicht so entstellt, daß man den Betrug nicht entdecken solle, gab er keine Antwort, weil er wußte, es würde müßig sein. Denn den

Henker, der seinen Kopf vom Rumpf trennen würde, hatte er schon in der Tür bei seinem Eintritt erblickt.

Was aber das Gerede betrifft, demzufolge ein unschuldiger Hirte anstelle des Paschas geköpft worden sei, so fand es schnell Verbreitung; so schnell, daß der in der Residenz zu Erzurum sitzende Abdi Pascha den zweiten dorthin entsandten Henker selbst empfing und sofort hinrichten ließ. Auf diese Weise begann – obwohl so mancher bei näherem Hinschauen an der Echtheit der Züge dieses Mannes zweifelte – des Abdi Paschas Revolte, die zwanzig Jahre dauern und sechstausendfünfhundert Köpfe kosten sollte.

Nachwort

In der traditionellen türkischen Literatur fiel der Prosa gegenüber der Poesie eine untergeordnete Rolle zu. Erst im 19. Jahrhundert, als sich das Osmanische Reich stärker westlichen Kultureinflüssen zu öffnen begann, entwickelte sich auch eine türkische Roman- und Erzählliteratur, die lange besonders stark von französischen Vorbildern geprägt war.

Nach Gründung der Türkischen Republik 1923, etwa um die Mitte unseres Jahrhunderts, scheint der Abnabelungsprozeß der türkischen Prosa von ausländischen Vorbildern dann sehr weit vorangeschritten. Obwohl es zum Modernisierungskonzept des Republikgründers Kemal Atatürk (1881–1938) und seiner Mitstreiter gehört hatte, Werke der europäischen Wissenschaft und Belletristik durch ein großes Übersetzungsprogramm in der Türkei zugänglich zu machen (auch erleichtert durch die Einführung des lateinischen Alphabets anstelle des arabischen 1928), hatten die Erzähler des Landes seit den vierziger Jahren eigene Themen und Wege gefunden, die Fragen und Probleme ihrer Gegenwart einzufangen und literarisch darzustellen.

Prägend für eine solche eigenständige moderne Erzählliteratur wurde das Werk vor allem zweier türkischer Autoren: das des 1906 geborenen *Sait Faik* und das des *Sabahattin Ali* (geboren 1907). Obwohl beide früh verstarben, ist ihr literarischer Einfluß auf die Prosa der Türkei bis in die Gegenwart spürbar geblieben.

Sait Faik gewann seine überragende Bedeutung für die Erzählliteratur der Nachkriegstürkei als Verfasser von Kurzgeschichten, einem Genre, als dessen bester türkischer Vertreter er noch bis heute gelten kann. Er porträtierte die Welt, in der er lebte und die er – bis auf einige frühe Auslandsaufenthalte – nie verlassen hat: İstanbul mit seiner zwischen den beiden Kriegen noch bunt gemischten Bevölkerung aus Griechen, Türken, Armeniern und Levantinern. Die Helden seiner lyrisch-impressionistischen Kurzprosa entstammen meist den Randbezirken des urbanen Lebens, sie sind kleine Handwerker, Fischer, aber auch Trinker, Bettler und Nichtstuer. Die Schauplätze, an denen eigentlich

»nichts passiert«, sind unspektakulär – Kneipen, Cafés, kleinbürgerliche Viertel am Bosporus oder auf den Prinzeninseln. Der Autor schildert Stimmungen, Eindrücke, Reflexionen, ausschnitthafte Begebenheiten aus der Welt der »kleinen Leute«, unter denen er lebte. Zeit und Entwicklung von Menschen und Geschehnissen spielen in seinen Geschichten keine Rolle, er läßt in ihnen kein *Panorama* der Realität, sondern nur beiläufige, zufällig scheinende Momentaufnahmen erstehen. Dieser pointillistischen Betrachtungsweise entspricht sein *lyrischer* Prosastil, der viele Beobachtungen nur in Andeutungen wiedergibt, ohne ihnen durch genaueres Ausführen den Charakter des Leichten, Impressionistischen zu nehmen. Der Grundton seiner Erzählungen ist elegisch, nicht sentimental. Sait Faik schildert eine Art *heitere Agonie*, knapp, unaufdringlich, doch von nie nachlassender poetischer Intensität. Die Methode seines literarischen *understatements* hat in der nachfolgenden Generation viele Nachahmer gefunden, die ihr Vorbild doch selten erreichten.

Der Erzähler *Sabahattin Ali* leitet mit seinem Werk eine neue Periode in der türkischen Belletristik ein, die des *engagierten Realismus*, der für die vierziger und fünfziger Jahre in der Literatur seiner Heimat kennzeichnend werden sollte. Die Thematik seines Œuvres führt in die anatolische Provinz – noch höchst ungewöhnlich für seine Zeit, in der literarische Sujets wie selbstverständlich dem Leben der gesellschaftlichen Oberschicht in den großen Städten des Landes entnommen werden. Wenn Ali sich statt dessen den Themen des anatolischen Provinzalltags zuwendet, dann ist es sogar seine – als »unerhört« empfundene – Absicht, »Literatur nicht *über*, sondern aus der Sicht der Betroffenen« zu schreiben: ein Ansinnen, das dem engagierten linken Intellektuellen, dessen gewaltsamer Tod 1948 nie ganz geklärt wurde, in den politisch restaurativen vierziger Jahren viel staatliches Mißtrauen und rigide Eingriffe der Zensur bescherte. Seinem bis heute legendären Ruhm als Meister einer schnörkellosen, sachlichen Prosa konnte dies freilich nichts anhaben.

Hatte Sabahattin Ali den Blick des türkischen Lesers auf *Anatolien* als eine neue literarische Provinz zu lenken begonnen, so griffen Autoren nach seinem Tod, insbesondere in den fünfziger

Jahren, diesen Stoff vehement auf und machten die Problematik des dörflichen Lebens in den unterentwickelten und zurückgebliebenen ländlichen Regionen zu *dem* Thema der frühen türkischen Nachkriegsliteratur. Die sogenannte *Dorfprosa* ist jahrzehntelang ein besonders farbiger Bestandteil und, wie manche Betrachter meinen, vielleicht sogar so etwas wie das »Herzstück« einer republikanischen Nationalliteratur der Türkei geworden. Ihr widmeten sich Autoren, die mit ihren Werken weit über ihre Heimat auch international bekannt wurden, wie *Yaşar Kemal, Fakir Baykurt* oder *Orhan Kemal*, die ebenfalls in dieser Anthologie vertreten sind. Sie alle wußten, wovon sie schrieben, entstammten sie doch selber dem ländlichen Milieu und hatte sie doch oft erst ein wechselhafter und mühseliger Weg vom unterprivilegierten Dörfler oder Provinzler zum angesehenen Schriftsteller werden lassen. Die vehementen sozialen Spannungen und Konflikte, die das Leben in den Dörfern Anatoliens bis in die türkische Gegenwart hinein prägen: Armut, Unwissenheit, Traditionalismus und Bigotterie, aber auch Vitalität und Zähigkeit seiner Bewohner als Zustands- und Handlungsmuster in der dörflichen Gemeinschaft, fangen diese Erzählungen exemplarisch ein. Im Grunde das uralte Sujet von der Auseinandersetzung zwischen Arm und Reich, Mächtig und Ohnmächtig, das auch in den Balladen und Epen der – nie schriftlich fixierten – Volksliteratur das Hauptthema gewesen war. In diesen Geschichten aus einer noch ganz patriarchalisch strukturierten Welt sind – man mag es vielleicht überraschend finden – nicht selten Frauen als Protagonistinnen und »Heldinnen« gewählt worden, wie bei *Orhan Kemal, Fakir Baykurt* oder *Füruzan*. Neben den sozusagen selbstverständlichen »weiblichen Tugenden« wie Opferbereitschaft und Gehorsam zeichnen diese Frauengestalten eher ein bemerkenswerter Witz, Selbstbewußtsein und Unabhängigkeitswillen aus, eigentlich die Kehrseiten von dumpfer Unterordnung und Resignation. Die Frauenfiguren dieses Literaturgenres zählen zu den farbigsten Gestalten der neueren türkischen Prosa.

Der quantitativ hohe Anteil der *Dorfliteratur* in den ersten Jahrzehnten nach 1945 darf nicht darüber hinwegtäuschen, daß die sich nach dem Krieg schnell verändernden politischen und sozialen Strukturen der türkischen Gesellschaft für die Belletristik des Landes auch andere, neue Themen brachten. Zu den brennendsten Problemen der Nachkriegstürkei gehörte die sich in den fünfziger Jahren rapide verstärkende Landfluchtbewegung einerseits und die Verstädterung andererseits.

Schon seit den achtziger Jahren lebt mehr als die Hälfte der Bevölkerung der Türkei in der Stadt. Dieser rapide Wandel vom Agrarstaat zu einem Land mit forciert vorangetriebener Industralisierung und großem Bevölkerungswachstum veränderte die sozialen und ökonomischen Lebensbedingungen entscheidend. Erfahren wurde dieser Umbruch häufig als Entwurzelung, Einsamkeit, Bindungslosigkeit sowie Unangepaßtheit, Sehnsucht nach dem früheren (scheinbar geborgenen) Leben in einem überschaubaren, festgefügten gesellschaftlichen Umfeld und als Lethargie gegenüber der ungewohnten Anonymität in der Großstadt.

All dies wurde zum Gegenstand der Erzählliteratur seit den fünfziger Jahren. Dabei muß betont werden, daß – formal gesehen – ohne den Hyperrealismus der *Dorfliteratur* die ungefähr gleichzeitig erscheinende Prosa mit städtischem Sujet nicht denkbar wäre. Ihr verdankt sie die entscheidenden künstlerischen Impulse.

Im Mittelpunkt dieser Geschichten steht der einzelne, häufig der Intellektuelle, der den Wandel der Gesellschaft zwar mitbestimmt, aber auch als problematisch erlebt, der sich als Handelnder und Opfer zugleich erkennt und auch gelegentlich bemitleidet.

Nüchtern und zugleich einfühlsam schildert *Tahsin Yücel* in der Erzählung *Großvater* den Typus des von den Reformideen Kemal Atatürks geprägten Schulpädagogen, der bei aller äußeren Anstrengung mit diesen Prinzipien im Grunde nicht mehr anzufangen weiß, als sie in sinnlosen Ritualen akribisch zur Anwendung zu bringen und in dieser reduzierten Form eigentlich die tatsächlichen Reformvorstellungen *ad absurdum* zu führen. Zurückhaltend und mit leiser Ironie legt Yücel hier den Finger auf ein bis heute unbewältigtes gesellschaftliches Problem in der neuen Türkei: Hatte das Modernismuskonzept des *Kemalismus* ausreichend Schwung und Sprengkraft, um das Land nicht nur oberflächlich, sondern dauerhaft und von innen heraus zu reformieren? Der Autor vermeidet eine eindeutige – positive oder negative – Antwort hierauf, doch ist der skeptische Unterton in seiner Erzählung unüberhörbar.

Auch *Ahmet Hamdi Tanpınar* greift in seiner Geschichte *Kapitulation* eine ähnliche Problematik auf. Die Handlung führt in die ersten Jahrzehnte der türkischen Republik zurück, als junge reformerische Militärs die Durchführung der an westlichen Vorstellungen orientierten Neuerungen in Verwaltung und Gesetzgebung vorantreiben sollten. In dieser Erzählung »kapituliert« der Reformer – durch eine persönliche Begegnung endgültig entmutigt – vor der Provinz mit ihren eigenen, unbegreiflichen Wurzeln und ihrer Gesetzmäßigkeit, die ihm, dem Fremden, wie eine Kette »von lauter verschlüsselten Botschaften« erscheinen muß. In beiden Geschichten wird überdeutlich, wie nachhaltig ein äußerer – politischer oder sozialer – Wandlungsprozeß seine Protagonisten zu typisieren und »abzustempeln« vermag.

Wenn die *Dorfprosa* wesentlich zum Entstehen einer unverwechselbaren, genuin türkischen *Nationalliteratur* beigetragen hat, so kann man andererseits feststellen, daß damit und danach die Notwendigkeit eines krampfhaften »Sich-Abgrenzens« von internationalen literarischen Strömungen vorüber war. Die Reaktion auf enorme gesellschaftliche Umbrüche nach dem zweiten Weltkrieg, wie sie sich weltweit in Romanen und Erzählungen niederschlug, brachte auch in der Türkei vergleichbare thematische Umsetzungen hervor. Als ein sehr typisches Beispiel hierfür erscheint mir die Vorliebe in der türkischen Prosa, den *Schriftsteller* als den Prototyp des modernen intellektuellen Individuums darzustellen, das von der übrigen Welt einerseits isoliert, andererseits magisch angezogen ist und das den Außenseiter, aber natürlich auch den »Besserwisser« verkörpert – den auf sich selbst gestellten *Einzelnen* schlechthin.

Gleich vier Autoren der vorliegenden Anthologie haben dies zum Thema ihrer Erzählungen gemacht: In seiner Knappheit vielleicht am eindrucksvollsten *Ferit Edgü* mit seiner archaisierenden Parabel vom – buchstäblich – ausweglosen Inseldasein des Schriftstellers, das vielleicht in Selbstzerstörung enden wird; akribisch genau in der Beobachtung und nicht ohne Larmoyanz *Demir Özlü*, der mit seiner Erzählung vom Lebensüberdruß und Ekel die Weltschmerzgefühle junger İstanbuler Intellektueller in den fünfziger Jahren zum Ausdruck brachte; romantisierend-sentimental überzeichnend *Selim İleri* und mit wohltuender Ironie, ja humoristisch, die ganze Thematik mit der der Mutter-Tochter-Beziehung verbindend, die Autorin *Adalet Ağaoğlu.*

Von dem letzten Beispiel einmal abgesehen, ist jenen Geschichten mit dem Sujet »*der Einzelne gegen den Rest der Welt*« ein gewisser selbstmitleidiger Eskapismus nicht ganz abzusprechen. Dieser wiederum mag typisch sein als literarische Reaktion oder als Verweigerungsmechanismus angesichts äußerer Entwicklungen im Lande, die in den sechziger und siebziger Jahren die Polarisierung des politischen Lebens und den verheerenden Straßenterror gebracht und schließlich zum Militärputsch vom September 1980 geführt hatten. Die politischen Ereignisse jener Jahre haben in der Türkei eine Flut ideologisierender Gesinnungsprosa hervorgebracht, der man mehrheitlich kaum literarische Ambitionen nachsagen kann. Dennoch ist es manchen Autoren gelungen, die revolutionäre Aufbruchsstimmung unter den linken Arbeitern und Intellektuellen jener Zeit erzählerisch überzeugend darzustellen und nicht auf Agitprop-Lehrstücke zu reduzieren. *Nedim Gürsel* hat dieses Thema in seiner distanziert und gedämpft erzählten Geschichte *Die Verbannung* aufgegriffen, und *Onat Kutlar* hat versucht, in einem metaphernreichen, kurzen Prosastück Entsetzen und eine vage Hoffnung angesichts von Haft und Folter zum Ausdruck zu bringen.

Die Satire hat in der türkischen Gesellschaft eine lange zurückreichende, intensiv gepflegte Tradition. Über mangelnde Aufmerksamkeit oder Wirkungslosigkeit ihrer Prosa im öffentlichen – literarischen wie politischen – Leben brauchten sich die Autoren satirischer Erzählungen auch in der Türkischen Republik nie zu beklagen. So ist die Liste der in diesem Jahrhundert in der Türkei entstandenen literarisch-satirischen Zeitschriften ebenso lang wie die ihrer immer wieder verhängten Verbote, Konfiszierung oder Zensur. Andererseits zählen die Auflagen satirischer Literatur zu den höchsten im Lande überhaupt.

Es hat den Anschein, als würde in den letzten Jahren neben der politischen Satire – in diesem Band durch einen Text der Autorin *Leyla Erbil* vertreten – die unverbindlichere und gleichzeitig »literarischere« Persiflage bestimmter, dem Westen abgeguckter gesellschaftlicher Trends wie Massentourismus, Spekulantentum etc. immer beliebter. Diese »zahmer« gewordene Satire, wie die Erzählung *Der Hermaphrodit* von *Orhan Duru*, belegt wohl, daß vom heutigen Lesepublikum in der Türkei das literarische Raffinement genauso oder mehr geschätzt wird als die überdeutliche politische Anspielung aus den Tagen, da sich die Satire noch in ihrer unvermeidlichen gesellschaftlichen »Ventilfunktion« staatlicherseits einer nur eingeschränkten Duldung erfreute.

Man hat sich hierzulande angewöhnt, in der Literatur der »Dritten Welt« oder des Orients immer das »Typische«, das Exotische und Pittoreske – die Folklore schlechthin – zu suchen bzw. ihr diese Charakteristika auch abzuverlangen. Hingegen finden wir in jenen Nationalliteraturen nicht wenige Vertreter, die sich gerade solchen Erwartungen verweigern und statt dessen erklären, sie wollten »Weltliteratur« schreiben, und genau das wird ihnen dann als Dreistigkeit oder Unbescheidenheit verübelt.

Ein solches Vorverständnis mag ins Spiel kommen, wenn man mit zeitgenössischer türkischer Literatur konfrontiert ist, deren Handlungsschauplatz oder -zeitpunkt durch Verfremdung undeutlich oder untypisch erscheinen und die die »vertraute Exotik« vermissen läßt.

In gewisser Weise repräsentieren drei Erzählungen in der Anthologie Texte von dieser Art: *Als sich Henker Fuchs unter die Stadtbewohner mischte* von der früh verstorbenen *Sevgi Soysal*, die die Fabel vom Alleinschuldigen oder »Sündenbock«, den eine Gesellschaft so dringend zum Leben benötigt wie die Luft oder Wasser und Brot, in eine deutsche Kleinstadt mit biedermeierlichem Ambiente verlegt. Die Symbolfigur des Henkers, ein archaisches Relikt aus mittelalterlichen Tagen, verwandelt sich vom Täter zum Verfolgten, vom Sündenbock zum Opferlamm. Das verfremdende »altdeutsche« Gewand, in dem sich die Geschichte präsentiert, erscheint als ein legitimes Mittel, die Zeitlosigkeit des Sujets zu unterstreichen.

Auch *Orhan Pamuk* verwendet die Figur des Henkers, der in Jahrhunderte zurückliegender osmanischer Zeit (der türkischen Gegenwart also weit entrückt), vom Sultan beauftragt, seine grausame Pflicht tut – wie ihm scheint. Die unheimlich düstere Barbarei folgt einer eigenen, ungeahnten Logik, wie der Henker erst spät zu »dechiffrieren« vermag; auch er dann schon unversehens ein Opfer. Pamuk wählt ebenfalls die Transponierung in ein entlegenes historisierendes Milieu, wohl um dem Verdacht zu entgehen, etwas nur *einmal* Gültiges zu beschreiben.

Bilge Karasu wählt in *So töte mich doch, Meister!* die Form der Parabel mit einem strengen, stillen Text, der die Grenzen zum philosophischen Diskurs verwischt. Das vorangestellte Motto einer japanischen Geschichte aus dem 12. Jahrhundert soll Karasus Erzählung kaum ins Exotische wenden, vielmehr eher den angestellten Überlegungen zur »Unzeitgemäßheit« des Todes den Charakter des Grundsätzlichen verleihen.

Unverkennbar verlassen die Autoren mit solchen Texten die Bahnen eines gängigen Realismus, der durch türkeispezifische Charakteristika hierzulande auf einen Wiedererkennungseffekt bauen kann.

Ähnliches gilt für die beiden Erzählungen von *Aziz Nesin* und *Oğuz Atay*. Beiden ist jedoch ein Zug gemeinsam, der sie von den anderen Geschichten der Anthologie unterscheidet. Man möchte die Texte irgendwo zwischen Märchen und Satire ansiedeln, wäre da nicht der elegische Grundton, der sie zu poetischen Gebilden ganz eigener Art macht.

Aziz Nesin, der große alte Mann der türkischen Gegenwartsliteratur, vor allem als Satiriker bekannt, beliebt und auch gefürchtet, setzt in *Eine Liebe zu Tülsü* dem Melancholiker ein Denkmal, der der wahrhaft Liebende wohl immer ist, da bekanntlich *alle* Liebesgeschichten schlecht enden (gehen sie doch auseinander oder zu Ende – oder sie beginnen gar nicht erst).

Zwischen dem Erscheinen (1984) der Geschichte von dem

Mann, der Adressen erfindet, um an diese Telegramme mit der »bewegenden« Kunde von seiner Liebe schicken zu können – weil bereits dies zu seinem Lebensinhalt geworden ist – und *Die Erzähler von der Bahnstation* (1975) von *Oğuz Atay* liegen fast zehn Jahre. Auch in dieser Geschichte ist die Suche nach einer Adresse (die des Lesers) der Griff nach dem Leben. Freilich nicht wie bei Nesin getragen von einem letztlich selbstüberzeugten *Dennoch*, das auch in scheinbar absurdem Tun seinen Sinn findet. Der jungverstorbene Atay formuliert mit seiner halblaut geäußerten Sentenz »irgendeine Adresse würde mir schon genügen« zweifelnde Fragen, wenn nicht Verzweiflung. Zwischen diesen beiden Polen, den angedeuteten Positionen Nesins und Atays, steht die Literatur allenthalben: die türkische befindet sich mitten darin.

Die vorliegende Anthologie enthält Erzählungen von vierundzwanzig Autoren, die das breite Spektrum der türkischen Prosaliteratur seit der Jahrhundertmitte repräsentieren. Die Anordnung der Geschichten erfolgte nach der Ancienniṫät der Verfasser – eine Möglichkeit, die den Eindruck der großen Unterschiedlichkeit und Vielfalt vermitteln hilft und die thematische Gruppierung bewußt vermeidet.

Petra Kappert

Anhang

Zur Aussprache der türkischen Wörter

Das türkische Alphabet enthält folgende besondere Buchstaben, die im Deutschen nicht vorkommen oder anders gesprochen werden:

C,c	wie das dsch in »Hodscha«, g in »Giotto«, j in »Jane«
Ç,ç,	wie das tsch in »Deutsch«
Ğ,ğ	ist ein gleitender Übergang zwischen Vokalen (wie das h in »sehen«); bewirkt sonst Dehnung des vorangegangenen Vokals (wie das h in »sah«)
I,ı	ein ungerundeter Hintervokal, enger als das e in »alle«; der Kleinbuchstabe hat keinen Punkt
İ,i	wie im Deutschen, jedoch der Großbuchstabe hat einen Punkt
J,j	wie das j in »Journal«
S,s	stimmlos wie in »Tasse«
Ş,ş	entspricht dem deutschen sch in: »Tasche«
V,v	wie das deutsche w in »Wien«
Y,y	wie das deutsche j in »ja«
Z,z	stimmhaft wie das s in »Bluse«

Kurzbiographien

Ahmet Hamdi W. Tanpinar, geboren 1901, gestorben 1962, Erzähler und Literaturwissenschaftler. Veröffentlichte seit 1921 Lyrik und Prosa. Seine Themen waren die Auseinandersetzung des Individuums mit den veränderten gesellschaftlichen Bedingungen der Türkei des 20. Jahrhunderts, etwa dem Aufeinanderprall von Provinz und städtischem Leben.
Kapitulation ist dem Band *Hikayeler* (1983) entnommen.
Übersetzung: Dorothee Schüth

Sait Faik (Abasiyanik), geboren 1906 in Adapazarı, gestorben 1954 in Istanbul. Einer der bedeutendsten türkischen Erzähler dieses Jahrhunderts, besonders ein Meister der Kurzprosa. Seine lyrisch gefärbten Kurzgeschichten sind häufig kopiert worden und doch unverwechselbar geblieben. Auf deutsch liegen vor: *Ein Lastkahn namens Leben* (R., 1991), *Ein Punkt auf der Landkarte* (En., 1991).
Der Samowar ist dem Band *Semave* (1936) entnommen.
Übersetzung: Tevfik Turan

Sabahattin Ali, geboren 1907 in Gümülcine, gestorben 1948 in Kırklareli, zählt zu den wichtigen Prosaautoren der Türkischen Republik. Veröffentlichte seit 1925 Prosastücke, zum Teil in Zeitschriften. Trat auch als Herausgeber (zusammen mit Aziz Nesin) satirischer und literarischer Zeitschriften hervor. Sein Stil, eine lapidare Sachlichkeit, gepaart mit politischem und sozialem Engagement, setzte Akzente für die Nachkriegsprosa in der Türkei.
Der Ochsenkarren ist dem Band *Kağnı* (1936) entnommen.
Übersetzung: Tevfik Turan

Orhan Kemal, geboren 1914 in Ceyhan, gestorben 1970 in İstanbul. Erzähler und Romancier, der in farbigem Realismus

das Leben im ländlichen und kleinstädtischen Anatolien mit all seinen sozialen Spannungen porträtierte.
Hühnerfleisch ist dem Band *Çağdaş Türk,* Edebiyati 2 (1987), entnommen.
Übersetzung: Börte Sagaster

Aziz Nesin; geboren 1915 in İstanbul; international bekannter Publizist, Erzähler und Satiriker. Veröffentlichte seit 1944 über 70 Werke, darunter auch Theaterstücke und Lyrik, meist satirisch-kritisch die gesellschaftliche Entwicklung der Türkei in ihrer ganzen Widersprüchlichkeit darstellend. Nach 1980 kommen auch Erzählungen im Fabel- oder lyrischen Märchenton dazu.
Eine Liebe zu Tülsü ist dem Band *Yetmiş Yaşim Merhaba* (1984) entnommen.
Übersetzung: Petra Kappert

Yaşar Kemal; geboren 1922 in Gökceli (Anatolien), Romancier und Erzähler. Begann mit Lyrik, schrieb dann realistische Romane und Erzählungen, in denen er das Landleben des südöstlichen Anatolien schildert; gilt als einer der großen türkischen Realisten der Gegenwart, in dessen Werk folkloristische und sozialkritische Elemente bestimmend sind. Aus seinem umfangreichen Erzählwerk erschienen auf deutsch u. a. *Gelbe Hitze* (En., 1982), *Anatolischer Reis* (E., 1962), *Ince Memed* (R., 1960, 1965 u. d. T. *Memed, mein Falke), Der Wind aus der Ebene* (R., 1985), *Eisenerde, Kupferhimmel* (R., 1986), *Das Unsterblichkeitskraut* (R., 1986), *Die Disteln brennen* (R., 1983), *Die Ararat-Legende* (1981), *Das Lied der tausend Stiere* (R., 1979), *Auch die Vögel sind fort* (R., 1984).
Der Besen wurde dem Band *Sarı Sıcak* (1952) entnommen.
Übersetzung: Petra Wurzel

Vüsat O. Bener, geboren 1922 in Samsun. Veröffentlichte seit 1951 zeitkritische und satirische Prosatexte, die ihm verschiedene türkische Literaturpreise einbrachten.
Der Komödiant wurde dem Band *Dost* (1952) entnommen.
Übersetzung: Yasemin Karakaşoğlu

Nezihe Meriç, geboren 1925 in Gemlik (Anatolien). Seit 1953 veröffentlichte sie Erzählungen (u. a. *Gänzlich bedeckt*, 1953) und vier Romane, in denen die Themen traditioneller Frauenliteratur zur Sprache kommen: der Alltag junger Mädchen und Frauen aus der städtischen Mittelschicht, die den Zwängen einer immer noch patriarchalisch strukturierten Gesellschaft nicht entkommen können, auch wenn sie scheinbar emanzipiert sind und einen Beruf ausüben.
Ohne Wasser ist dem Band *Topal Koşma* (1956) entnommen.
Übersetzung: Daniela Beißel

Fakir Baykurt, geboren 1929 in Akçaköy, lebt seit 1979 in Deutschland. Bedeutendster Vertreter der sogenannten Dorfroman-Prosa, in der erstmals das Leben im ländlichen Anatolien zum literarischen Thema wurde. Auf deutsch liegen vor: *Die Rache der Schlangen* (1959), *Mutter Iraza und ihre Kinder* (1961), *Das Epos von Kara Ahmet* (1977).
Dann krieg ich mein Kind in den Bergen ist dem Band *Anadolu Garajc* (1984) entnommen.
Übersetzung: Börte Sagaster

Adalet Ağaoğlu, geboren 1929 in Nallıhan (Verwaltungsgebiet Ankara). Eine der wichtigsten Vertreterinnen der zeitgenössischen türkischen Prosaliteratur, Verfasserin von Romanen, Erzählungen, Theaterstücken und Hörspielen.
Auf deutsch erschien: *Die zarte Rose meiner Sehnsucht* (1979).
Das Gedicht und die Fliege ist dem Band *Hadi Gidelim* (1982) entnommen.
Übersetzung: Mark Kirchner

Bilge Karasu, geboren 1930 in İstanbul. Veröffentlicht seit 1950 in verschiedenen Zeitschriften Prosa. Seine Erzählungen sind von philosophischen Themen und der inneren Befindlichkeit des Individuums gekennzeichnet.
So töte mich doch, Meister ist der Anthologie *Bir Pencereden* (1982) entnommen.
Übersetzung: Mark Kirchner

Leyla Erbil, geboren 1931 in İstanbul, seit 1961 veröffentlicht sie Prosa, die zum Teil unter dem Einfluß des Existenzialismus steht.
Ankündigung eines Zauberkünstlers ist dem Band *Gecede* (1983) entnommen.
Übersetzung: Ingrid Iren

Sevim Burak, geboren 1931 in İstanbul, dort 1984 gestorben. Veröffentlichte seit 1959 Prosa, in der auch formale Experimente eine wichtige Rolle spielten.
Glü... ist dem Band *Türk Dili* (1983) entnommen.
Übersetzung: Tevfik Turan

Tasin Yücel, geboren 1933 in Elbistan, Erzähler, Romanautor und Essayist. Sein literarisches Thema sind oft die Erfahrungen seiner Kindheit im Südosten der Türkei in den frühen Jahren der Republik und die Problematik der kemalistischen Gesellschaftsreformen.
Großvater ist dem Band *Aykırı Öyküler* (1989) entnommen.
Übersetzung: Tevfik Turan

Orhan Duru, geboren 1933 in İstanbul, Erzähler und Essayist. Veröffentlicht seit 1959 Prosa, darunter kritische Satiren und Erzählungen, die die gesellschaftlichen Umbrüche in der Türkei seit den sechziger Jahren zum Thema haben.
Der Hermaphrodit ist dem Band *Agır İşçiler* (1974) entnommen.
Übersetzung: Hayrettin Aydın

Demir Özlü, geboren 1935 in İstanbul, Romancier und Erzähler; lebt heute in Schweden. Veröffentlicht seit 1955 Prosa. Sein erzählerisches Werk steht stark unter dem Einfluß des Existenzialismus, aus dessen Sicht die kulturelle und gesellschaftliche Entwicklung in der Türkei negativ beurteilt wird.
Ekel ist dem Band *Bunaltı* (1958) entnommen.
Übersetzung: Petra Wurzel

Oğuz Atay, geboren 1934 in İstanbul, dort 1979 gestorben, Romancier. In seinem Hauptwerk, dem zweibändigen Roman *Die Haltlosen* (1971/72) werden in verschiedenen virtuos gehandhabten Erzähltechniken u. a. die Lebenssituationen und Probleme türkischer Intellektueller veranschaulicht, die ihre Wurzeln in der Mittel- und Kleinbürgerschicht des Landes haben.
Die Erzähler von der Bahnstation ist dem Band *Korkuyu Beklerken* (1975) entnommen.
Übersetzung: Daniela Beißel

Füruzan (Selçuk), geboren 1935 in İstanbul. Veröffentlicht seit 1956 Prosa, in der häufig aus der Perspektive von Frauen aus der Unterschicht deren Schicksal im gesellschaftlichen Umbruch der Türkischen Republik beleuchtet wird.
Vergiß das Blut nicht ist der Anthologie *Bir Pencereden* (1982) entnommen.
Übersetzung: Yasemin Karakaşoğlu

Sevgi Soysal, geboren 1936 in İstanbul, dort 1976 gestorben. Sie schrieb Erzählungen und Romane, in denen Emanzipationsstreben intellektueller junger Frauen der bürgerlichen Schicht, oft verbunden mit politisch-ideologischer Neuorientierung, ein wiederholt behandeltes Thema sind. Die enge Affinität zu Deutschland ergibt sich durch die Herkunft ihrer Mutter.
Als sich Henker Fuchs unter die Stadtbewohner mischte ist der Anthologie *Bir Pencereden* (1982) entnommen.
Übersetzung: Yasemin Karakaşoğlu

Onat Kutlar, geboren 1936 in Alanya. Veröffentlicht seit 1952 Lyrik und Prosa, in der auch aktuelle politische Spannungen in der Türkei vor deren gesellschaftlichem Hintergrund thematisiert werden.
Nur dunkel soll es nicht werden ist der Zeitschrift *Milliyet Sanat Dergisi* (1983) entnommen.
Übersetzung: Ingrid Iren

Ferit Edgü, geboren 1936 in İstanbul. Sein Werk ist von einem vielschichtigen Realismus geprägt und durch vielfach wechselnde Erzählebenen und -perspektiven gekennzeichnet.
Die Rückkehr ist der Anthologie *Bir Gemide* (1984) entnommen.
Übersetzung: Tevfik Turan

Selim İleri, geboren 1949 in İstanbul, Erzähler und Romancier. Veröffentlicht seit 1968 Prosa, die thematisch von den Problemen einer städtischen intellektuellen Jugend ohne tiefgehendes gesellschaftliches Engagement bestimmt ist.
Das Böse ist der Anthologie *Bir Pencereden* (1982) entnommen.
Übersetzung: Hayrettin Aydın

Nedim Gürsel, geboren 1951 in Gaziantep, Erzähler und Essayist, lebt heute in Frankreich. Veröffentlicht seit 1975 Prosa. Soziales und politisches Engagement verbindet sich in seinen Schriften mit starkem Interesse auch für die historische Vergangenheit der Türkei.
Die Verbannung ist der Zeitschrift *Türkiye Yazıları* (1978) entnommen.
Übersetzung: Wolfgang Scharlipp

Orhan Pamuk, geboren 1952 in İstanbul. Einer der begabtesten und erfolgreichsten jüngeren Prosaschriftsteller in der Türkei. In seinen Romanen wird meist ein weites Panorama aus osmanisch-türkischer Vergangenheit und türkischer Gegenwart zeitkritischer Betrachtung unterworfen. Sein Roman *Die weiße Festung* erschien 1990 im Insel Verlag.
Das Gesicht und sein Henker ist dem Roman *Kara Kitap* (1990) entnommen.
Übersetzung: Ingrid Iren